2023 年度河北省哲学社会科学学术著作出版资助

# 京津冀工业绿色协同发展水平测度及空间相关性分析

王韶华　张　伟　刘　晔　何美璇　著

中国财经出版传媒集团

经济科学出版社

Economic Science Press

**图书在版编目（CIP）数据**

京津冀工业绿色协同发展水平测度及空间相关性分析 /
王韶华等著．-- 北京：经济科学出版社，2023.4
ISBN 978 - 7 - 5218 - 4743 - 7

Ⅰ. ①京…　Ⅱ. ①王…　Ⅲ. ①工业经济 - 绿色经济 -
协调发展 - 研究 - 华北地区　Ⅳ. ①F427.2

中国国家版本馆 CIP 数据核字（2023）第 076718 号

责任编辑：刘　莎
责任校对：王肖楠
责任印制：邱　天

**京津冀工业绿色协同发展水平测度及空间相关性分析**
王韶华　张　伟　刘　晔　何美璇　著
经济科学出版社出版、发行　新华书店经销
社址：北京市海淀区阜成路甲 28 号　邮编：100142
总编部电话：010 - 88191217　发行部电话：010 - 88191522
网址：www. esp. com. cn
电子邮件：esp@ esp. com. cn
天猫网店：经济科学出版社旗舰店
网址：http：//jjkxcbs. tmall. com
固安华明印业有限公司印装
710 × 1000　16 开　19.25 印张　300000 字
2023 年 4 月第 1 版　2023 年 4 月第 1 次印刷
ISBN 978 - 7 - 5218 - 4743 - 7　定价：86.00 元

# 前　　言

　　京津冀协同发展作为一项重大国家战略，是探索生态文明建设、促进人口经济资源环境相协调的有效路径，是引领高质量发展、形成以国内大循环为主体、国内国际双循环相互促进的新发展格局的重要动力源。《京津冀协同发展规划纲要》指出，生态环境保护是京津冀协同发展率先突破的重点领域之一。可见，加强生态文明建设对京津冀协同发展具有基础性、决定性作用，利用五大发展理念之一的"绿色"引领发展是新时代京津冀生态文明建设的治本之策。绿色发展作为新一轮工业革命中提升我国产业全球价值链地位的必然选择，势必会对工业转型升级起到重要的助推作用；京津冀协同发展作为新时代实施区域协调发展战略的重要组成部分，必定会对工业绿色协同发展起到良好的带动作用。有鉴于此，本书以京津冀工业绿色协同发展（绿色发展＋绿色区域协同）为研究对象，立足绿色发展实践始于 2012 年、"绿色发展"提出于 2015 年的理论认知以及京津冀工业绿色发展不平衡的现状分析，探讨京津冀工业绿色协同发展水平的时间和空间双重异质性，提炼能够实现京津冀优势互补、错位发展、协同共进的绿色发展路径。具体内容包括：

　　（1）概念界定及相关理论基础。在界定绿色发展、工业绿色发展、绿色协同发展、绿色区域协同等核心概念的基础上，梳理相关理论基础，明确研究前提。

（2）京津冀工业绿色协同发展水平测度。参考权威指标体系，基于绿色发展内涵构建工业绿色发展指标体系，兼顾主观与客观，综合运用 AHP 和引入时间变量的改进熵权法计算权重，在此基础上：①设置分级标准，结合未确知模型，对 2012～2018 年京津冀工业绿色发展的相对水平和绝对水平进行测度并总结时间变化趋势，进而引入时间加权向量描述绿色发展的空间格局；②综合运用协同度模型和收敛性模型，设置分级标准，对 2012～2018 年京津冀工业绿色区域协同的相对指数和绝对指数进行测度并总结时间变化趋势，进而引入时间加权向量描述绿色区域协同的空间格局；③对京津冀供给侧改革效率与供给侧改革区域协同的互动关系进行格兰杰因果检验。

（3）京津冀工业绿色协同发展水平的障碍因素诊断。通过个体累加求和改进传统障碍度模型，对 2012～2018 年京津冀工业绿色发展及其区域协同障碍因素的障碍度进行测算并总结时间变化趋势，进而引入时间加权向量描述障碍因素的空间格局。

（4）京津冀工业绿色协同发展水平的空间相关性分析。运用探索性空间数据分析方法对京津冀工业绿色发展及其区域协同的空间相关性进行检验与判别，并运用变形地图识别空间关联。

（5）京津冀工业绿色协同发展水平的提升策略分析。根据京津冀工业绿色协同发展的双重异质性水平及其障碍因素，在分析短板地区工业绿色协同发展水平不高的原因基础上，以绿色产业协同为目标，沿绿色产业创新、绿色产业分工、绿色产业转移和绿色产业合作的脉络分析促进京津冀工业绿色协同发展的策略。

本书的完成离不开河北省社科院（社科联）提供的完善的政策支持和资助（获得 2023 年度河北省哲学社会科学学术著作出版资助），离不开燕山大学提供的优越的工作条件和学术环境，离不开燕山大学区域经济发展研究中心的激励，离不开经济科学出版社各位编辑老师的细心指导，在此表示感谢！本书的其他几位作者是张伟、刘晔和何美璇，其中张伟是我的爱人，与我同在燕山大学经济管理学院，她不仅是我生活中的伴侣，也是我科研上的益友，我的所有成果都离不开她的鼓励、支持和帮助，是她不厌其烦地与我讨论解决思路、提供研究方法，经常使我茅塞顿开，是她默默地承担了大量的家务事，两个儿子在她的精心照料下茁壮快乐地成长，给我提供了温馨舒适的家庭环境；刘晔和何美璇是本人指导的硕士研究生，在本书的完成过程中本人指导的其他研究生，包括杨志葳、赵旸春、王菲、徐静蕾、李庆怡、张世龙、成梦瑞、宋彦霏、李乔、李璐、郭楠等也做了大量工作，包括数据收集、计算等，她们毫无怨言地不断地讨论、反复地修改深深感染了我，使我始终保持着高涨的科研热情；在此对以上几位的付出表示感谢！

　　由于京津冀地区的行政色彩比较浓厚，京津冀协同发展主要是在行政主导下推进的，受限于统计数据、调研样本和研究时间，现有研究缺乏对于京津冀工业绿色协同发展面临的更深层次矛盾的细化研究，课题尚存在不足之处，主要表现在：（1）本书立足绿色发展实践始于2012年、"绿色发展"提出于2015年的理论认知，对京津冀工业绿色协同发展水平进行分阶段（2012～2014年和2015～2018年）比较分析，总结时间异质性，是十分必要的，但囿于数据可得性，趋势分析略显牵强。（2）已有研究关于绿色发展水平的衡量主要有三种思路：第一种是利用污染物排放强度表征绿色发展水平；第二种是将资源环境纳入生产函数，将污染排放作为非期望产出，计算绿色全要素生产率；虽然以上研究取得了很大进展，但随着绿色发展内涵的不断扩展，学术界越来越倾向于第三种思路，即构建绿色发展综合指标体系。本书参考已有研究，构建区域工业绿色发展测度指标体系；但同样受限于数据可得性，指标选取的全面性和系统性受到一定程度的影响。

　　虽然由于种种原因，研究还存在以上不足，但这并不是作者对该问题研究的终点，而是研究过程中的一个节点，作者将以京津冀工业绿色协同发展的利益协调机制和"双碳"战略下数字技术赋能京津冀协同减排的路径等为切入点加强京津冀工业绿色协同发展的深化研究，敬请有关专家和广大读者批评指正。

# 目　录

# 第 1 章

# 绪 论

## 1.1 研究背景及意义

### 1.1.1 研究背景

在粗放型经济增长方式下，过去一段时间我国经济的高速增长是以资源耗竭、环境污染为代价的，不仅导致人们的生活质量下降，而且影响了经济的长期可持续发展。党的十九大报告指出，新时代下我国社会主要矛盾已经转化为人民日益增长的美好生活需要和不平衡不充分的发展之间的矛盾。为破解社会矛盾和发展难题，我国把生态文明建设纳入"五位一体"的国家发展战略，强调"把生态文明建设放在突出地位，融入经济建设、政治建设、文化建设、社会建设的各方面和全过程"，推进美丽中国建设，实现人民对"生态美好"的向往。"绿色化"概念虽在《关于加快推进生态文明建设的意见》中被首次提出，但循环经济、低碳经济等"绿色化"实践从未停止，2012 年更是将其上升至战略高度，党的十九大后习近平总书记多次强调绿色发展，指出"绿色发展是生态文明建设的必然要求，生态文明建设是关系中华民族永续发展的根本大计"，明确经济改革的目的是实现人类可持续发展，并进一步提出以产业体系为依托建设"美丽中国"的战略构想。

京津冀协同发展作为新时代实施区域协调发展战略的重要组成部分，是探索生态文明建设有效路径、促进人口经济资源环境相协调的需要，是一个重大国家战略。《京津冀协同发展规划纲要》指出，生态环境保护是京津冀协同发展率先突破的重点领域之一。可见，加强生态文明建设对京津冀协同发展具有基础性、决定性作用，利用五大发展理念之一的"绿色"引领发展是新时代京津冀生态文明建设的治本之策[1]。产业绿色化是构成区域绿色发展的内核，也是推进京津冀生态文明建设的主要载体，其中工业绿色发展是重中之重。工业绿色协同发展不仅可以根治京津冀生态环境问题，破解发展与资源环境不协调、区域发展不平衡等矛盾，而且会推动京津冀区域在新一轮工业革命中抢占领先地位，进而晋级"世界级城市群"。但京津冀工业绿色发展当前面临要素成本上升、要素生产效率低下、要素流动不顺畅导致的传统要素驱动效应下降而新动能培育不足、资源环境约束严重、产品质量低下、产能过剩、区域间梯度差异显著、转型升级难等困境，必须坚持供给侧结构性改革加强要素创新、结构优化、制度改革才能走出一条科技含量高、经济效益好、资源消耗低、环境污染少、人力资源优势得到充分发挥的新型绿色工业化道路。

综上所述，绿色发展作为新一轮工业革命中提升我国产业全球价值链地位的必然选择，势必会对工业转型升级起到重要的助推作用；京津冀协同发展作为新时代实施区域协调发展战略的重要组成部分，必定会对工业绿色协同发展起到良好的带动作用。为了认清京津冀工业绿色协同发展的现状、识别障碍因子，从而明确发展重点、制定有针对性的措施，有必要对京津冀工业绿色协同发展进行科学合理的测度，由于绿色发展的阶段化特征[2-3]，以及京津冀工业发展的不平衡性，还必须考虑时间和空间双重异质性；同时，京津冀协同发展战略的推进，决定了空间相关性分析的重要性。

## 1.1.2 研究意义

产业绿色化是构成京津冀绿色发展的内核，也是推进生态文明建设的主要载体，其中工业绿色发展是重中之重。工业绿色发展不仅可以根治京津冀生态环境问题，破解发展与资源环境不协调、区域发展不平衡等矛盾，而且会推动京津冀区域在新一轮工业革命中抢占领先地位，进而晋级"世界级城市群"。京津冀协同发展作为新时代实施区域协调发展战略的重要组成部分，必定会对工业绿色协同发展起到良好的带动作用。为了认清京津冀工业绿色协同发展的现状、识别障碍因子，从而明确发展重点、制定有针对性的措施，有必要对京津冀工业绿色协同发展进行科学合理的测度。

（1）理论意义。

首先，经过理论遴选和实证筛选指标，兼顾主观与客观确定最优权重，统筹相对水平和绝对水平，能够促进绿色发展测度的系统化与规范化，也能为绿色发展的实证研究提供思路；其次，基于传统障碍度模型建立个体单指标时点（时间加权）障碍度模型、个体多指标时点（时间加权）障碍度模型、总体（时间加权）障碍度模型，能够为绿色发展研究提供一些创新视角，为绿色发展理论增添新内容；最后，对京津冀工业绿色协同发展水平的空间相关性分析，有助于增强京津冀高质量协同发展研究的科学性和前瞻性。

（2）现实价值。

首先，通过对京津冀工业绿色发展及其区域协同水平的相对评价和绝对评价的双重异质性总结，有助于认清现状、量化差距；其次，通过障碍度分析识别障碍因子有助于找准问题，为不同地区不同行业量身制定绿色发展的政策措施提供理论依据；最后，通过对京津冀工业绿色协同发展水平的空间相关性分析，能够增强京津冀协同发展的自觉性、主动性、创造性，推动京津冀协同发展取得新的更大进展；也能够增强工业绿色竞争力，推动我国在新一轮工业革命中抢占领先地位。

## 1.2　国内外研究现状

本书主要通过考察国内外学者关于绿色发展内涵、绿色发展评价及地区差异、绿色发展影响因素等的研究成果，客观地总结国内外研究达到的水平与研究趋势。

### 1.2.1　绿色发展内涵

1989 年，英国环境经济学家皮尔斯（Pearce）在其著作《绿色经济的蓝图》中首次提出"绿色经济",主张建立一种"可承受经济",但他没有给出明确释义[4]。自此,绿色经济的概念变迁经历了三个阶段:第一阶段是生态系统目标导向的绿色经济,关注点集中于污染治理的经济手段,迈耶等(Meyer et al., 2012)将绿色增长看作一个环境政策战略[5]。第二阶段是经济—生态系统目标导向的绿色经济,关注经济整体以及产业的绿色化,追求经济与环境的协调发展。刘思华(2001)认为绿色经济本质是以生态经济协调发展为核心的可持续发展经济形态[6];与经济形态说不同,李晓西、胡必亮(2012)认为绿色经济是可持续发展的重要手段[7];王海芹、高世楫(2016)认为对绿色发展的认识,是一个由表及里、由浅入深、由自然自发到自觉自为的过程[8]。第三阶段是经济—生态—社会系统目标导向的绿色经济,将绿色经济的目标扩展至社会系统,提出了"包容性绿色增长"的概念[9],强调发展目标的多元化,包括经济高效、规模有度、社会包容等[10]。诸大建(2012)认为分别基于这三个目标对绿色经济的理解是由浅绿到深绿的逐步深化[11],但也有学者认为,三种理解体现的条件和价值取向不同,没有程度优劣之分[12]。

## 1.2.2 绿色发展评价及地区差异

基于绿色发展内涵的不同理解,已有研究关于绿色发展的评价可分为三类。

(1)绿色国民经济核算,即扣除了经济活动中资源消耗和环境污染的最终成果,如联合国的"环境与经济综合核算体系"(SEEA)、欧盟的"环境经济信息收集体系"(SERIEE)等,但这些核算体系存在普适性较差、数据收集困难、污染的滞后性等问题[13-14]。

(2)全要素生产率法。基于绿色GDP核算的思想,将能源消耗、环境污染等资源环境因素纳入全要素生产率(TFP)的测算框架,由此得到绿色全要素生产率(GTFP),核算思路主要有两种:一是将能源、环境等作为未被支付的投入要素引入生产函数,利用随机前沿分析(SFA)或数据包络分析(DEA)计算投入产出效率;但是,陈(Chen,2012)指出数据包络分析存在污染排放的非单调性、效率情形错误分类和强处置性占优投影目标问题[15]；而随机前沿分析则存在内生性问题、误差项分布选择主观性、多参数估计要求大样本和不满足单调性假设等问题[16-17]。二是将环境污染物排放作为非期望产出，利用传统的方向距离函数（DDF）或非径向、非导向性基于松弛测度的方向距离函数（SBM-DDF）进行测算[18-19]。虽然研究取得了很大进展，但无论是绿色 GDP 还是绿色全要素生产率仅是基于效率的理解，持有弱可持续性的看法。

（3）随着绿色发展内涵和外延的不断扩展，学术界越来越倾向于利用绿色发展多指标测度体系和绿色发展综合指数对区域绿色发展状况作出判断。例如，金等（2014）[20]，李维明、高世楫、许杰（2018）[21]均基于经合组织的"绿色增长指标"进行了全球范围内绿色增长的国际比较；北京师范大学科学发展观与经济可持续发展研究基地等（2012）[22]基于"绿色发展指数"，曾贤刚、毕瑞亨（2014）[23]基于联合国环境规划署的"绿色经济进展测度体系"，王勇、李海英、俞海（2018）[24]基于四部委的《绿色发展指标体系》分别开展了国内绿色发展状况的省际比较。但武春友、郭玲玲、于惊涛（2017）[25]认为国际权威机构的指标体系不适用于一国绿色发展的纵向评价，国内科研机构的指标体系指标繁多，可操作性较差。基于该认识，不少学者针对西部地区、资源型城市、长江经济带、京津冀、国家级经济技术开发区等具体区域以及工业、重污染行业等具体行业构建了综合评价指标体系。

近年来，学者们开始关注绿色发展水平的区域差异，分三大区来看，东部地区高于中、西部地区，且东部地区的增速快于中、西部地区，区域差异逐年扩大[26-27]，但钱争鸣、刘晓晨（2014）[28]，周小亮、吴武林（2018）[9]认为区域差异有所下降；分省份来看，绿色发展水平较高的省份主要分布在经济发达的东部沿海，且东、中部省份与西部省份的差距在不断扩大[24][29]；分城市群来看，中、西部部分城市群绿色发展效率要高于东部部分城市群[30]。随着地区间空间依赖性不断增强，绿色发展的空间相关性问题引起学者的重视，班嫙、袁晓玲（2016）[31]，彭星（2016）[32]，王勇、李海英、俞海（2018）[24]等通过研究发现，我国的绿色发展存在较显著的空间自相关性；马丽梅、史丹（2017）认为由于尚未完全摆脱旧有发展模式，京津冀的空间关联度并不高[33]。

### 1.2.3 绿色发展影响因素

由于供给侧结构性改革的概念逻辑与分析框架还不完善，因此已有研究关于供给侧结构性改革与绿色发展互动机制的研究较少，没有建立起系统的理论体系，仅有的研究主要通过构建计量经济模型从要素层面探讨绿色发展与供给侧驱动力间的关系，归纳起来主要包括以下几点。

（1）环境规制。环境规制可以显著促进绿色全要素生产率的增长[34-35]，但不同地区不同类型的环境规制对工业绿色转型的作用是有差异的，东部地区的环境分权有利于促进工业绿色转型，而中西部地区的环境分权反而不利[36]。

（2）技术创新。技术水平可以显著促进绿色全要素生产率[37]，创新是实现绿色增长最关键的驱动因素，研发投入、国内和国外技术引进可以不同限度地促进工业行业的绿色增长[38]，但万伦来、朱琴（2013）[39]认为研发投入虽有利于改善企业绿色技术效率，但抑制了绿色技术进步；国外技术进步虽有利于提升绿色技术进步，但抑制了绿色技术效率；国内技术转移的影响不显著。

（3）资本。资本密集度的提高有利于工业绿色全要素生产率的增长[40-41]；但在重化工业阶段，资本深化加重了环境污染，对绿色全要素生产率增长产生了抑制作用[31][37]。

（4）劳动力。劳动投入可以显著促进绿色增长[38]，但赵领娣、张磊、李荣杰等（2013）认为人力资本对绿色经济绩效的改善仅起到微弱的促进作用[40]。

（5）能源。能源消耗对绿色增长会产生显著的抑制作用[28][38]，节能减排可以实现环境和绿色经济的双赢，茹韦等（Jouvet et al.）也指出，降低能源消耗是生产系统绿色转型最重要的动力之一[42]。但赵领娣等（2013）认为能源禀赋对绿色经济绩效起微弱的抑制作用，而以煤为主的能源消费结构可以显著改善绿色经济绩效[40]；陈超凡（2016）指出能源结构抑制了绿色全要素生产率的增长[37]。

（6）产业结构。产业结构轻型化可以显著促进绿色增长[38]，第三产业发展对绿色增长有促进作用[43]，而第二产业比重越高对绿色效率越不利[31]。

涂正革、王秋皓（2018）指出调整工业结构对重工业密集区绿色发展的作用最显著[44]。

此外，FDI[31]、城市化水平[28][38]、教育投资[31]、经济集聚[45]等也会对绿色发展产生重要影响。

### 1.2.4　国内外研究述评

虽然国内外学者对绿色发展的研究已经获得了丰富的成果，为我们开展研究提供了理论基础和参考。在已有成果的支撑和启发下，本书主要聚焦于以下方面的细化研究：（1）虽然已经构建了较权威的绿色发展指标体系，但缺乏对京津冀这一国家战略区域和工业这一重要部门的针对性研究，且所得评价结果多为相对水平，缺乏对绝对水平的评价；（2）虽然在测度的基础上，既可以通过绿色发展水平的时间变化趋势或区域差异性分析提炼障碍因子，也可以根据绿色发展与其影响因素的计量分析结果，通过辨别影响因素的影响方向、影响效应及其显著性总结障碍因子，但缺乏对障碍因子贡献度，即障碍度的进一步分析，忽略了障碍因子及其障碍度的动态性和空间差异性；（3）虽然已经认识到区域绿色发展的空间相关性，但缺乏对绿色协同发展的进一步探讨。

## 1.3　总体思路和主要内容

### 1.3.1　总体思路

本书基于现实背景和理论动态的梳理，将绿色协同发展界定为绿色发展水平上升及区域差距的缩小（绿色区域协同），探讨京津冀工业绿色协同发展问题。立足绿色发展实践始于 2012 年、"绿色发展"提出于 2015 年的理论认知，通过分阶段比较，总结时间异质性；立足京津冀发展不平衡的现实基础，通过分地区比较，总结空间异质性；立足京津冀协同发展的战略推进，论证空间相关性，提炼能够实现京津冀优势互补、错位发展、协同共进的绿色发展路径。

## 1.3.2 主要内容

本书的研究内容主要包括以下几点。

（1）概念界定及相关理论基础。在界定绿色发展、工业绿色发展、绿色协同发展、绿色区域协同等核心概念的基础上，梳理相关理论基础，明确研究前提。

（2）京津冀工业绿色协同发展水平测度。参考权威指标体系，基于绿色发展内涵构建工业绿色发展指标体系，兼顾主观与客观，综合运用 AHP 和引入时间变量的改进熵权法计算权重，在此基础上，得出：①设置分级标准，结合未确知模型，对 2012～2018 年京津冀工业绿色发展的相对水平和绝对水平进行测度并总结时间变化趋势，进而引入时间加权向量描述绿色发展的空间格局；②综合运用协同度模型和收敛性模型，设置分级标准，对 2012～2018 年京津冀工业绿色区域协同的相对指数和绝对指数进行测度并总结时间变化趋势，进而引入时间加权向量描述绿色区域协同的空间格局；③对京津冀供给侧结构性改革效率与供给侧结构性改革区域协同的互动关系进行格兰杰因果检验。

（3）京津冀工业绿色协同发展水平的障碍因素诊断。通过个体累加求和改进传统障碍度模型，对 2012～2018 年京津冀工业绿色发展及其区域协同障碍因素的障碍度进行测算并总结时间变化趋势，进而引入时间加权向量描述障碍因素的空间格局。

（4）京津冀工业绿色协同发展水平的空间相关性分析。运用探索性空间数据分析方法对京津冀工业绿色发展及其区域协同的空间相关性进行检验与判别，并运用变形地图识别空间关联。

（5）京津冀工业绿色协同发展水平的提升策略分析。根据京津冀工业绿色协同发展的双重异质性水平及其障碍因素，在分析短板地区工业绿色协同发展水平不高的原因基础上，以绿色产业协同为目标，沿绿色产业创新、绿色产业分工、绿色产业转移和绿色产业合作的脉络分析促进京津冀工业绿色协同发展的策略。

# 1.4　创　新　之　处

（1）基于现实背景和理论动态的梳理，探讨京津冀工业绿色协同发展问题。

目前关于绿色发展的研究，大多围绕国家、区域、省域等层面的单元开展宏观分析，对具体部门的绿色发展缺乏深入细致的研究；虽然已经认识到区域绿色发展的空间相关性，但缺乏对绿色协同发展的进一步探讨。有鉴于此，本书基于已有成果，立足京津冀协同发展、工业绿色革命等现实背景，考虑时空双重异质性，对京津冀这一重大国家战略区域工业绿色协同发展问题进行有针对性的探索。

（2）基于权威指标体系的诠释，测度工业绿色发展的相对水平和绝对水平。

目前关于绿色发展评价的研究，大多基于研究者的理解理论遴选指标，并客观赋权，测度相对水平，一方面无法保证科学性，另一方面无法体现目标达成度。有鉴于此，本书参考权威指标体系，兼顾主观与客观，综合运用AHP、改进熵权法与未确知测度模型，设置分级标准，对京津冀工业绿色发展的相对水平和绝对水平进行多指标综合测度。

（3）基于改进障碍度模型的构建，诊断京津冀工业绿色发展的障碍因素。

目前关于障碍因素识别的研究，大多基于研究对象的测度，通过发展水平的时间变化趋势或区域差异性分析进行提炼，忽略了障碍因素及其障碍度的动态性和空间差异性。有鉴于此，本书基于传统障碍度模型建立个体单指标时点障碍度模型、个体多指标时点障碍度模型；通过同一时点同一指标不同个体累加求和的方式建立总体障碍度模型，引入时间加权向量建立个体和总体时间加权障碍度模型，对京津冀工业绿色发展的障碍因素进行全面科学的诊断。

| 第 2 章 |

# 概念界定及相关理论基础

明确区域工业绿色协同发展的概念及理论基础，是研究的前提。

## 2.1　概　念　界　定

### 2.1.1　从绿色发展到工业绿色发展

2012 年，经济发展进入"新常态"，面对国内生态环境恶化、资源束缚趋紧的局面，党的十八大作出了"大力推进生态文明建设"的战略决策，标志着党和政府对于资源、环境、经济协调发展的认识达到新的高度，对于经济可持续发展的重视程度逐步加深[46-47]；2015 年，习近平总书记在十八届五中全会上结合我国国情和时代要求，高度凝练了五大发展理念，将绿色与创新、协调、开放、共享并列，"绿色发展"这一概念被正式提出；随后，更是指出"绿色发展是生态文明建设的必然要求"。因此，依据绿色发展与生态文明建设间的密切关系，本书将绿色发展的具体实践向前推至 2012 年[48-49]。

在国际学术界，并未明确提出"绿色发展"这一概念。但有很多类似的概念存在，如绿色增长、绿色经济、低碳经济、循环经济等，有学者认为仅是概念表述不同，没有本质差别，但胡岳岷、刘甲库（2013）[50]，冯之浚、刘燕华、金涌等（2015）[51]认为它们各有侧重，均是绿色化的具体实践。中国科学院可持续发展战略研究组（2010）更是提出，绿色发展的理念框架涵盖了绿色经济、低碳经济、循环经济[52]。

绿色增长、循环经济、低碳经济、绿色经济、绿色发展等概念所包含的内容丰富性不同、内涵宽度不同，体现了由经济增长向经济发展进而向发展的变化过程，其中绿色增长主要衡量指标是绿色 GDP，即扣除了资源和环境成本的 GDP，绿色 GDP 占 GDP 的比重在一定程度上能够体现经济与资源环境的协调水平，但关注点是经济增长的净正效应，主要为了优化传统 GDP 核算；循环经济、低碳经济和绿色经济等概念比绿色增长包含的内容要丰富，在一定程度上体现了经济发展的内涵，即除了关注经济增长外，还重视经济结构的优化，追求经济与资源、环境的协调发展，但前提是不影响经济增长目标，因此多用相对指标进行衡量，强调生态效率的提高，实质是相对于经济增速降低资源环境消耗增速；绿色发展的概念比绿色增长、循环经济、低碳经济、绿色经济等的含义外延更广，体现了发展的内涵，主要指经济、社会、环境、城乡和区域协调发展，重视人的全面发展，"既要金山银山，也要绿水青山；不要金山银山，也要绿水青山"能够比较直接形象地反映出绿色发展的真谛，表达了我国从相对减排向绝对减排过渡转换的决心。

绿色增长、循环经济、低碳经济、绿色经济、绿色发展等概念的侧重点不同[53]。绿色增长主要解决国民经济核算的科学性问题；循环经济主张通过输入端的"减量化"、生产过程中的"再利用"、输出端的"再循环"等原则节约资源，延长资源使用寿命，提高资源利用效率以解决资源危机，关注的核心指标包括"减量化""再利用""再循环"等；低碳经济主张通过技术进步、结构优化和制度创新等方式减少碳排放以解决气候危机，关注的核心指标包括碳排放、碳强度等；绿色经济主张通过产业绿色化、消费绿色化等解决环境危机，关注的核心指标包括绿色全要素生产率等；绿色发展主张通过绿色产业、绿色消费、绿色资源、绿色环境、绿色科技、绿色金融、绿色制度等方方面面实现经济、社会、生态间的协调发展，核心指标多元化。可见，绿色发展的内涵更加丰富，绿色增长、循环经济、低碳经济、绿色经济均是实现绿色发展的具体实践[8][54-55]。

总而言之，经济—生态—社会系统目标导向的绿色发展，强调发展目标的多元化，包括经济高效、规模有度、社会包容等[11][56]。因此本书认为，绿色发展是将绿色理念贯穿于生产、分配、交换、消费等社会生产和生活的全过程，以资源节约化、环境友好化、生态文明化、经济高质量化、生活绿色化为重点的可持续发展模式，最终推进"美丽中国"建设，实现人民对"生态美好"的向往。

工业绿色发展是绿色发展在工业领域的延展和深化[57-58]，基于绿色发展的内涵，本书认为工业绿色发展是相对于传统发展模式而言的以高效、和谐、可持续为目标的经济增长和社会发展方式，其核心目的是为突破有限的资源环境承载力的制约，谋求经济增长与资源环境消耗的脱钩，促进人口经济资源环境相协调。

### 2.1.2　从绿色协同发展到绿色区域协同

各区域处于经济发展的不同阶段，资源禀赋和政策条件各异，因此地理位置相近的区域之间就有了以大城市为中心形成都市圈的天然优势，各城市分工协作，通过大城市发展的扩散效应，共同促进区域繁荣。区域协同发展逐渐被各国重视，出现了以东京、纽约等为中心的国际大都市圈，我国也将京津冀协同发展、长三角一体化、粤港澳大湾区建设等上升为国家战略高度[59-60]。早在20世纪80年代，"首都圈"的概念就已经被提出[61]，2015年中央政治局审议通过了《京津冀协同发展规划纲要》，完成了京津冀协同发展的顶层设计。但是在我国上述三大经济圈中，京津冀却是区域发展差距最大的[62]，甚至出现了"环首都贫困带"。究其原因，还是北京、天津和河北之间的区域协调机制不完善，导致北京、天津协同发展的积极性和主动性不高，河北有心却无力[63]。

"协同"一词最早出现在《汉书·律历志（上）》中，意为"协调一致，和合共同"，"发展"则强调事物的前进和变化过程。因此，协同发展是在系统性、全局性和开放性原则下事物的螺旋式上升、波浪式前进。引申至经济学领域，广义的协同发展是指区域间按照地域优势原则分工协作，实现了整体效益大于各区域效益之和，不仅包括发展水平的上升，还包括结构有序、区域差距的缩小；狭义的协同发展侧重于发展水平的上升及区域差距的缩小[59-60][64-65]。

在协同发展的总基调下，绿色作为其关键元素也必须加以重视，且随着经济发展进入"新常态"，以破坏生态环境为代价的粗放型发展方式已经不适合目前的中国，所以要从追求速度转为追求质量，由生产低质量、低附加值的产品转为生产优质高效、环境友好的创新导向产品，因此无论从重要性还是必要性来说，"绿色"都是协同发展的题中应有之义。如图 2 - 1 所示，区域绿色协同发展中的"协同"包含两层含义：一是各区域内部要素间的协调，即经济、资源与环境在发展的同时能够相互服务、相互促进，实现良性互动；二是各区域间的协同，即各区域绿色发展的同时能够缩小区域差距，实现社会公平。

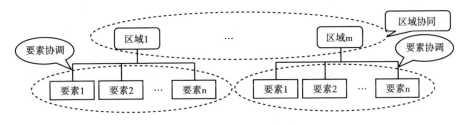

**图 2 - 1　绿色协同发展的概念示意**

具体到京津冀绿色协同发展，由于京津冀协同发展主要通过行政主导的方式明确城市功能定位以实现当前的阶段性目标，因此本书主要考察由此导致的绿色发展水平及区域差距变化。为表述方便，后面统一将绿色发展的区域差距称为"绿色区域协同"。

## 2.2　相关理论基础

### 2.2.1　区域经济理论

区域经济学（Regional Economics）早在 1826 年由德国经济学家杜能提出，它源于杜能的农业区位论，广义的区域经济学认为区域经济学是研究区域经济发展一般规律的学科，而狭义的区域经济学认为该学科研究的是区域经济发展与区域之间关系的学科。目前比较权威的解释为它主要以经济学的角度研究区域间深化分工和地区间发展不平衡的问题，该学科与产业经济学一同称为中观经济学。区域经济学与经济地理学联系较为紧密，所以很多学者又将其称为"空间经济学"。区域经济理论是区域经济学的主要研究范畴之一，即如何在空间范围既定的情况下，使生产资源得到优化，达到最优配置，并获得最大产出。其包括产业结构演进、城市化、生产力布局等问题，主要的代表理论有杜能的孤立国理论和韦伯的工业区位理论等。

（1）孤立国理论。假设在一个孤立国中有一个城市，而只有城市供应工业品、要素价格不变等条件下，以距离城市的远近为依据，将该城市的外围分成六环。距离城市最近的地区，由于产品的保质期时长和运输成本等问题，主要生产新鲜的农产品；第二环由于距离稍远，保质期较长且需要短途运输的产品会具有更大利润，因此适合发展林业；第三环距离城市远近适中，适合方便运输且保存时间较长的产品，因此适合生产谷物产品；以此类推可知，第四环生产谷草产品；第五环发展畜牧业；第六环由于距离太远不适宜生产，因此为荒芜土地。

（2）工业区位理论。当不考虑要素价格等生产成本时，韦伯认为原料产地、消费地区等条件一定的情况下，运输成本将会影响工业的区位。他将生产原料分为广布原料和地方原料，地方原料还包括纯原料和失重原料，其中，地方原料决定了运输的远近，而失重原料决定了运输原料的重量，两者共同决定了运输成本的大小，因此，韦伯运用原料指数和区位重来判断工业区位的合理地点，得到结论，即运输成本最小的地点为最优区位，该区位被称为运输区位。除此之外，劳动力成本也会影响工业区位，当新地区的劳动力成本小于原有劳动力成本时，工业区位可能会发生改变；产业聚集会降低运输成本，有可能会导致工业区位发生改变。

（3）平衡发展理论。该理论是以哈罗德—多马新古典经济增长模型为理论基础，其核心为外部效应。该理论认为落后国家需要实施平衡发展战略来摆脱低生产率带来的供给、需求不足的恶性循环，各地区互相投资，促进产业协调发展，扩大需求，从而缩小地区间差距。但由于落后地区产业结构较低，资金较少，人均收入较低，不足以支撑企业扩大发展，而发达地区的资源、技术、资本等条件不同，投资后产生的效率也会有所不同，均不可能达到平衡发展。

（4）不平衡发展理论。该理论由赫斯曼提出，他认为经济增长的过程是不平衡的，并且强调在发展中国家，经济部门和产业应不平衡发展，应集中有限的资源，提高资源利用效率，优先发展主导产业，即关联效应最大的产业，并通过该产业进一步扩张和增长，从而带动相关产业发展，进而带动总体经济发展，实现经济增长。

（5）点轴开发理论。该理论认为，随着增长极数量的不断增加，增长极与增长极之间的关联越来越多，增长极之间逐渐生产了交通网络，从而运输成本大大降低，提高了要素的流动速度，避免了要素的不合理流动，提高了资源配置效率，从而推动区域间协调发展。京津冀、长江经济带等均为点轴开发理论的实际应用。

## 2.2.2　环境经济学理论

环境是指以人类为主的外部世界，是人类与所有自然资源要素的总体，它既是人类发展的基础也是利用对象。环境经济学源于经济学家就人类活动对环境影响的思考。随着经济生产模式的不断转变，人类与环境之间的关系也在不断发生变化，史前文明和农业文明时期，人类更多依附于环境生存，对环境的破坏并不严重，直到进入工业文明，人类的生产模拟开始转为机械化生产，环境的污染和破坏现象空前严重。20 世纪末以来，污染物大幅增加，资源逐渐枯竭，环境承载力逐渐达到极限，物种濒临灭绝，全球气候也发生了变化，学者们开始逐渐关注环境问题，并对此展开了思考。1921 年，庇古首次对污染外部性进行了系统分析；1962 年，蕾切尔·卡逊的《寂静的春天里》第一次从人与自然关系的角度分析技术进步带来的环境负面危害，同时也拉开了现代环境保护的序幕；1972 年，丹尼斯·米都斯的《增长的极限》引起了世界对于资源环境问题的关注；同年斯德哥尔摩联合国人类环境会议全体会议通过了《人类环境宣言》，引发了全球范围对于环境保护问题的认同；1987 年，世界环境与发展委员会发表的《我们共同的未来》推动环境保护思想，实现了重要飞跃。环境经济学也逐渐呈现在大家面前。

与生态经济学不同，环境经济学的主要研究对象是政府、非政府组织和生产者、消费者与环境之间的关系，这里的环境与物质、人力、社会资本并列作为第四种资本，既可以作为投入品也可以作为商品直接消费。它从经济学的角度来探究人类与环境系统之间的发生、发展、调节、控制、改造和利用等关系，来协调环境、经济以及其他社会目标之间的平衡。环境库兹涅茨倒"U"形曲线（EKC）就是研究人均收入与环境污染之间的关系，来表示经济发展对环境的影响，即当一国经济发展水平偏低时，随着经济发展水平的上升，人均收入逐渐提高，它面临的环境污染问题越来越严重，但当经济发展达到某一临界点时，随着经济的进一步发展、人均收入水平的进一步提高，环境污染程度逐渐降低，环境质量得到改善。随着 EKC 曲线的提出，学术界也逐渐丰富了对于 EKC 理论的解释：（1）规模经济。发展初期，为了提高经济增长，则要增加要素投入提高产出，则污染排放也会随着产出的增加而增加。（2）技术效应。随着经济发展水平的提高，科技研发投入逐渐增加，绿色技术逐渐替代黑色技术，资源利用效率大幅提高，污染治理能力逐渐增强，从而降低污染排放。（3）结构效应。随着工业化进程的推进，产业结构逐渐以第三产业为主，生产模式也从粗放型生产转向集约型生产，从而污染排放下降，环境质量得到改善。（4）环境规制。随着收入水平的上升，环境规制的强度也在逐渐增加，国家政府的环境治理管理能力也在逐渐提高，从而倒逼一些高污染企业向低污染方向转变。（5）市场机制。随着经济发展水平的不断提高，市场机制也在不断完善，在市场交易过程中，市场的自我调节机制也会逐渐向降低自然资源需求、提高资源利用效率的方向转变，从而推动产业绿色转型，减缓环境恶化。（6）消费需求。随着生活水平的不断提高，人们的消费需求偏好也逐渐发生了改变，更加注重提高生活环境质量，对于商品的购买也更偏向于环境友好型，从而推动市场向低污染方向改变，生产者也逐渐将产品生产转向环境友好型。

### 2.2.3　生态经济学理论

生态经济学从经济学的角度研究生态系统和经济系统的复合结构，探究经济与生态之间的平衡，来实现经济—生态—社会—自然的可持续发展，是生态学与经济学的交叉。循环经济是生态经济学的核心内容，即在自然生态系统中，实现资源的循环利用，从而达到零污染，英国环境经济学家皮尔斯和特纳于 1990 年首次提出"循环经济"这一概念。循环经济主张在生产、消费过程中，将资源废物直接或间接处理后，作为产品或其他原材料的循环再利用。循环经济系统存在三个层面，企业层面、区域层面和社会层面，企业层面属于微观角度，又称为"小循环"，即清洁生产和静脉产业；区域层面属于中观角度，又称为"中循环"，即生态园区产业链建设；社会层面则称为"大循环"，即宏观循环经济型社会的构建。三个层面，层层递进，推动整个社会的可持续发展。随着认识的逐渐深入，人们意识到，生态系统是经济系统存在的前提，人们应该尊重自然，保护自然实现人与自然的协同共生，要建立一种新的社会关系，来实现可持续发展，即生态城市。为了评估人类对生态系统的影响，里斯提出了生态足迹，又称"生态占用"，与 EKC 有所不同，它是通过计算人类生存所需资源的土地面积来评估一个地区的可持续发展程度；生物承载力则是估算提供可再生资源和吸收二氧化碳能力的土地面积总和，若生态足迹的面积大于生物承载力的面积，则称为生态赤字，将会面临环境问题，反之，则成为生态盈余，有利于可持续发展。该方法能通过核算土地面积的方式对各种资源实现统一描述，能够实现任何研究对象的横纵向比较，但该核算范围有限，只能反映经济决策对于环境的影响。

## 2.3　本章小结

界定了绿色发展、工业绿色发展、绿色协同发展、绿色区域协同等核心概念，提出协同发展更加侧重发展水平的上升及区域差距的缩小，具体到京津冀绿色协同发展，就是绿色发展水平的上升和区域间差距的缩小，并将其绿色发展区域之间的差距称为"绿色区域协同"，并对应用到的相关理论进行梳理。

# 第 3 章

# 京津冀工业绿色协同发展水平测度

绿色协同发展包括绿色发展水平上升和绿色区域协同（即区域之间工业绿色发展水平差距的缩小），其中绿色发展是基础。绿色发展内涵丰富，具有多维性，单一指标无法表征，因此为了全面、准确地把握京津冀工业绿色发展现状，须建立绿色发展测度指标体系，并构建测度模型进行综合测度。绿色发展的实践始于 2012 年，概念提出于 2015 年，为了明确 2015 年前后绿色发展的变化，须通过分阶段比较，总结时间异质性；京津冀工业发展的不平衡性决定了空间异质性分析的必要性。

## 3.1 区域工业绿色发展指标体系构建与研究方法

### 3.1.1 指标选取

基于前面分析，工业绿色发展是相对于传统发展模式而言的以高效、和谐、可持续为目标的经济增长和社会发展方式，其核心目的是经济、资源与环境的协调发展[66]。参考已有研究成果，北京师范大学等（2012）[22] 构建的中国绿色发展指数包括经济增长绿化度、资源环境承载潜力、政府支持度三大类指标；曾贤刚、毕瑞亨（2014）[23] 基于联合国环境规划署的绿色经济指标构建了涵盖经济转型有效性、资源利用绿色度、进步和福祉实现度三个一级指标的绿色经济发展评价指标体系；武春友等（2017）[25] 基于协调性、包容性、可持续性等构建了包括社会经济、生态环境、自然资产、生活质量与政策支持五个子系统的区域绿色增长系统；黄跃、李琳（2017）[67]构建了包括经济发展、社会进步、生态文明三个一级指标的城市群绿色发展综合评价指标体系；周小亮、吴武林（2018）[9]从经济发展、社会机会公平、绿色生产消费和生态环境保护四个维度构建了包容性绿色增长指标体系；程钰等（2019）[68]构建了包括绿色增长、绿色福利和绿色财富三个系统层的绿色发展系统。以上研究所构建的绿色发展指标体系，虽然具体名称有所差异，评价对象各不相同，但涵盖内容较全面，除了包括表征经济、资源与环境等指标外，还涉及了社会进步等，基本上都是以经合组织（OECD）绿色增长衡量框架为基础从生产、消费、自然、生活、政策等方面建立框架[20]，而四部委（2016）联合发布的《绿色发展评价指标体系》将绿色发展指标体系分为资源利用、环境治理、环境质量、生态保护、增长质量、绿色生活和公众满意度七个一级指标，更加具有政策导向，具有更强的可操作性、可比性。关于工业绿色发展指标体系构建的研究成果较少，一般认为工业绿色发展系统只是绿色发展系统中的一个子系统，主要涉及经济、资源与环境等方面，与公平、福利、包容性等的关联较小，例如，苏利阳等（2013）[57]认为工业绿色发展的内涵包括绿色生产、绿色产品和绿色产业三个方面，但并没有构建一套完整的工业绿色发展指数，仅从资源消耗和污染物排放两个方面构建了工业绿色生产绩效指数；张玥等（2015）[69]基于绿色和发展从经济绩效、资源、环境绩效等方面评估了国家级经济技术开发区绿色发展绩效；彭星（2016）[32]从节能减排、结构优化、发展方式转型和绿色技术创新四个方面构建了工业绿色转型指标体系；史丹（2018）[70]从产出绿色化、投入绿色化和产业结构绿色化三个方面评估中国工业绿色发展的成效。

综上所述，结合发展现状和发展要求[9-10][14][23][67-76]，在科学性、系统性、指标可获性等原则下构建了包括工业资源利用、工业环境质量和工业增长质量3个准则9个指标的区域工业绿色发展测度指标体系，如表3-1所示。依据初始指标体系设计专家咨询表，采用五标度打分法。其中，"5"表示该指标非常合理；"4"表示该指标合理；"3"表示该指标一般合理；"2"表示该指标不合理；"1"表示该指标非常不合理。受疫情影响，专家咨询表主要通过线上方式发放给京津冀科研院所、大型工业企业等24所单位共58位

**表 3 - 1　区域工业绿色发展测度指标体系**

| 目标层 | 准则层 名称—符号 | 准则层权重 AHP权重 | 准则层权重 熵权法权重 | 准则层 组合权重 | 指标层 名称—方向—单位—符号 | 指标层 AHP权重 | 指标层 熵权法权重 | 指标层 组合权重 | 综合权重 |
|---|---|---|---|---|---|---|---|---|---|
| 工业绿色发展 | 工业资源利用 $X_1$ | 0.2972 | 0.3624 | 0.3298 | 单位工业增加值用水 (−)（立方米/万元）$X_{11}$ | 0.1976 | 0.2622 | 0.2299 | 0.0758 |
| | | | | | 单位工业增加值能耗 (−)（吨标准煤/万元）$X_{12}$ | 0.4905 | 0.3705 | 0.4305 | 0.1420 |
| | | | | | 单位 GDP 电耗 (−)（千瓦时/万元）$X_{13}$ | 0.3119 | 0.3673 | 0.3396 | 0.1120 |
| | 工业环境质量 $X_2$ | 0.5390 | 0.2850 | 0.4120 | 单位工业增加值废水 (−)（吨/万元）$X_{21}$ | 0.3119 | 0.3346 | 0.3232 | 0.1332 |
| | | | | | 单位工业增加值废气 (−)（吨/亿元）$X_{22}$ | 0.4905 | 0.2968 | 0.3937 | 0.1622 |
| | | | | | 工业固体废物综合利用率 (+)（%）$X_{23}$ | 0.1976 | 0.3686 | 0.2831 | 0.1166 |
| | 工业增长质量 $X_3$ | 0.1638 | 0.3526 | 0.2582 | 工业增加值增长率 (+)（%）$X_{31}$ | 0.1096 | 0.2745 | 0.1921 | 0.0496 |
| | | | | | 科技投入强度 (+)（%）$X_{32}$ | 0.5812 | 0.4141 | 0.4976 | 0.1285 |
| | | | | | 外向性 (+)（%）$X_{33}$ | 0.3092 | 0.3114 | 0.3103 | 0.0801 |

注：（+）表示正向指标，（−）表示逆向指标。

专家学者。将各指标得分取平均值，若大于 3，则保留该指标；若小于 3，则删除该指标，最终全部指标得以保留。

（1）工业资源利用。对资源的依赖性和资源利用效率是划分工业化进程的核心指标。当前经济发展面临着资源短缺以及资源的不合理利用导致的环境污染等难题[57]，因此降低资源利用总量和提高资源利用效率是提高工业绿色发展的基础[73]。考虑到京津冀市域间行政区划等级不同，且城市功能定位不同，为提高可比性，同时更加直观地反映各市经济与资源之间的依赖程度、资源利用水平以及生产方式，在此主要采用相对指标，即资源利用效率，主要包括单位工业增加值用水、单位工业增加值能耗和单位工业增加值电耗三个指标[23][74-76]。由于通过查阅公开资料和调研等均无法获取河北省各地级市工业电耗的相关数据，考虑到我国工业用电占全社会用电比重高达 67%，因此选用单位 GDP 电耗加以代替。

（2）工业环境质量。"绿色"一词最初引入经济学领域的主要目的是利用经济手段解决环境污染问题，提高环境质量是工业绿色发展的首要目标[5][77-78]，减少污染排放是工业绿色发展的关键和基本目的[79]。工业污染源主要包括废水、废气和固体废弃物，考虑到我国作为发展中国家当前更加重视相对减排，同时为提高可比性，废水排放利用单位工业增加值废水加以反映，废气排放利用单位工业增加值废气加以反映，固体废弃物排放利用单位工业增加值固体废物加以反映（基于数据可得性，删除该指标）。在碳达峰、碳中和的"双碳"目标下，工业绿色发展寻求一种"低能耗—高产出—低碳排放"的有机循环链[80-81]，因此还需考虑碳排放。已有研究关于碳排放的计算主要有两种方法：一是基于一次能源消费量（煤炭、石油、天然气以及一次电力等）与各权威机构估算的碳排放系数进行计算，即，$C_p = \sum_{i=1}^{4} e_i f_i$（$C_p$ 表示一次能源消费导致的碳排放量；$e_i$ 表示第 $i$ 种能源的消费量，$i = 1，2，3，4$，分别表示煤炭、石油、天然气、一次电力等；$f_i$ 表示第 $i$ 种能源的碳排放系数）；二是基于终端能源消费量与《IPCC 温室气体排放清单指南》中各种能源的热值及其排放系数的缺省值进行计算，即，$C_{eu} = \sum_{i,j} AL_{i,j} \cdot EF_{i,j}$，$EF_{i,j} = c_j \cdot \eta_{i,j} \cdot 44/12$（$C_{eu}$ 表示一次能源消费导致的碳排放量；$AL$ 表示活动水平，$EF$ 表示排放因子，$i$ 表示行业，$j$ 表示燃料类型，$c_j$ 表示含碳量，

$\eta_{i,j}$表示氧化率），由于通过查阅公开资料和调研等均无法获取河北省各地级市各类能源消费的标准量与实物量，因此删除碳排放指标。工业环境治理是提高环境质量的主要手段[82]，工业环境治理应综合运用源头防治、过程控制和末端治理，已有研究主要选用环境规制强度、污水集中处理率、城市生活垃圾无害化处理率、工业废水排放达标率、工业固体废弃物综合利用率水平表示对"三废"的治理能力水平与资源循环利用的效率[74][76][83-84]，基于数据可得性，利用工业固体废弃物综合利用率反映工业环境治理。

（3）工业增长质量。传统工业化以过度资源开发为代价，并伴随严重的环境污染，而新型工业化的最大特征为经济与资源环境的双赢[85]；提高增长质量，促进经济、资源与环境的协调统一，实现经济高质量发展是工业绿色发展的最终目标。经济的绿色高质量发展体现在数量或速度和质量或效率的统一[86-88]，参考任保平等学者关于经济高质量发展的测度[89-90]，工业增长质量主要从强度、合理化以及外向性等方面进行衡量，强度用来衡量区域经济高质量发展的动力[91]，由工业增加值增长率加以表示。合理化用产业结构合理化表示，来衡量经济结构的平衡程度，即资源充分利用、增长方式集约化转变、价值链高质量转型，其核心就是创新水平的提高[92-93]，其计算公式为：

$$TL = \sum_{i=1}^{n} \left(\frac{Y_i}{Y}\right) \ln \left(\frac{\dfrac{Y_i}{L_i}}{\dfrac{Y}{L}}\right), i = 1,2,3 \qquad (3-1)$$

但由于通过查阅公开资料和调研等均无法获得河北省各地级市分产业劳动人数等相关数据，因此利用科技创新反映产业结构合理化。工业科技创新利用工业 R&D 经费投入强度，即工业 R&D 内部支出占工业增加值比重加以表示[94-95]，基于数据可得性，并考虑到工业 R&D 支出占全部 R&D 支出的 66% 以上，因此利用 R&D 内部支出占 GDP 比重加以衡量。外向性用来衡量吸收外来技术的能力和企业的竞争力，可由全球化指数，即进出口总额占 GDP 比重与实际利用外资占全社会固定资产投资比重的平均值加以表示。由于通过查阅公开资料和调研等均无法获取河北省各地级市进出口总额等有关数据，因此本书利用当年实际利用外资金额与全社会固定资产投资总额之比加以表示。

### 3.1.2 研究方法

完整的区域工业绿色发展测度指标体系包括测度指标及其权重，在完成了指标遴选后，须计算权重；为明确京津冀 13 市工业绿色协同发展水平的时空格局，须分别构建工业绿色发展水平测度模型和工业绿色区域协同水平测度模型。

#### 3.1.2.1 权重计算

计算指标权重的方法主要有主观赋权法和客观赋权法，本书将综合运用两类方法，兼顾主观赋权法能够充分发挥人的智慧的优势和客观赋权法客观可靠的优势。其中，主观赋权法选择层次分析法（AHP）；客观赋权法选择熵权法，该方法主要基于对指标数据离散化程度的衡量进行赋权，数据离散化程度越高，指标权重越大，相反则反。但传统的熵权法仅适用于横截面数据或时间序列数据，无法处理具有时间和空间双重属性的面板数据[96-97]。为了同时实现不同年份不同研究对象的纵横比较，本书通过将同一指标不同年份横截面数据累加求和的方式对传统熵权法进行了改进，具体步骤如下。

（1）改进熵权法。

①数据标准化。

第 $m$ 个测度对象第 $i$ 个准则第 $j$ 个指标第 $t$ 年观测数据 $X_{mijt}$ 的标准化值 $X'_{mijt}$ 为：

$$X'_{mijt} = \begin{cases} \dfrac{X_{mijt} - \min\limits_{m,t} X_{mijt}}{\max\limits_{m,t} X_{mijt} - \min\limits_{m,t} X_{mijt}}, & X_{mijt} \text{ 为正向指标} \\[4mm] \dfrac{\max\limits_{t,m} X_{mijt} - X_{mijt}}{\max\limits_{m,t} X_{mijt} - \min\limits_{m,t} X_{mijt}}, & X_{mijt} \text{ 为逆向指标} \end{cases} \quad i = 1,2,\cdots,r, j = 1,2,\cdots,s$$

$$(3-2)$$

②数据平移处理。

由于离差标准化会导致正向指标最小值和逆向指标最大值为 0，不满足熵值计算取对数的要求，因此须对标准化数据做平移处理：

$$U_{mijt} = X'_{mijt} + F \qquad (3-3)$$

其中，$U_{mijt}$ 为平移处理后数据，$F(F>0)$ 为平移幅度。

③数据归一化处理。

与传统熵权法基于截面数据或时间序列进行归一化处理不同，在此基于面板数据，即对不同年份累加求和，进行归一化处理：

$$\theta_{mijt} = \frac{U_{mijt}}{\sum\limits_{t} \sum\limits_{m} U_{mijt}} \qquad (3-4)$$

④熵值计算。

第 $i$ 个准则第 $j$ 个指标的熵值 $e_{ij}$ 为：

$$e_{ij} = -M \sum_{t} \sum_{m} \theta_{mijt} \ln(\theta_{mijt}) \qquad (3-5)$$

其中，$M>0$，$M = \dfrac{1}{\ln k \cdot n}$（$k$ 为指标年份个数，$n$ 为测度对象个数），$e_{ij} \geq 0$。

⑤权重计算。

第 $i$ 个准则第 $j$ 个指标的权重 $w_{ij}$ 为：

$$w_{ij} = (1 - e_{ij}) / \sum_{j} (1 - e_{ij}) \quad i = 1, 2, \cdots, r \qquad (3-6)$$

其中，各准则层权重为 $W_i = \sum w_{ij} (i = 1, 2, 3)$，将准则层下各指标的综合权重进行归一化，得到各指标的单层权重 $w'_{ij}$。

（2）组合权重。

设 $W_i$、$w'_{ij}$ 为改进熵权法计算得到的准则层与指标层的单层权重，$\varphi_i$、$\varphi_{ij}$ 为层次分析法得到的准则层与指标层的单层权重，则最终的准则层与指标层单层组合权重为：

$$\vartheta_i = \alpha W_i + (1 - \alpha) \varphi_i; \vartheta_{ij} = \alpha w'_{ij} + (1 - \alpha) \varphi_{ij} \qquad (3-7)$$

（3）综合权重。

将各准则层的单层组合权重（$\vartheta_i$）分别与该准则层各指标的单层组合权重（$\vartheta_{ij}$）相乘，得到各指标的综合权重：

$$\psi_{ij} = \vartheta_i \vartheta_{ij} \qquad (3-8)$$

### 3.1.2.2　测度模型

基于研究内容，绿色协同发展测度模型包括绿色发展水平测度模型和绿色区域协同指数测度模型；基于测度方法，测度模型包括相对水平测度模型和绝对水平测度模型。相对水平测度能够较准确地描述绿色协同发展的变化趋势和变化幅度，虽然可以实现不同年份不同研究对象的纵横比较，但无法确定绿色协同发展的绝对优劣；绝对水平测度通过建立评价准则，对评价空间进行有序分割，可以准确判断绿色协同发展的级别，但由于分级标准较粗，难以细致地反映不同年份不同研究对象间的变化。本书同时构建相对水平测度模型和绝对水平测度模型，优势互补，以保证测度结果的科学性。

（1）绿色发展水平测度模型。

1）相对水平测度模型。

①个体时点相对水平测度模型。

第 $m$ 个对象第 $t$ 年测度值利用各指标的标准化数据与对应的指标综合权重加权求和得到，即：

$$Z_{mt} = \sum_{ij} X'_{mijt}\psi_{ij} \quad t = 1,\cdots,k, m = 1,\cdots,n \qquad (3-9)$$

②个体时间加权相对水平测度模型。

为了消除时间属性，进一步概括个体特征，遵循"厚今薄古"原则，引入时间加权向量改进时点相对水平测度模型。

将时间序列 $\{X_t\}$，$t = 1$，2，3，$\cdots$，$k$，中的元素 $X_t$ 视作时间属性 $T_t$ 和数值属性 $D_t$ 的集合，即 $X_t = (T_t, D_t)$，则定义时间有序加权算子（TOWA）的表达式为[98-99]：

$$f(X_1,X_2,\cdots,X_k) = f((T_1,D_1),(T_2,D_2)\cdots(T_k,D_k)) = \sum_{t=1}^{k} \gamma_t b_t$$

$$(3-10)$$

其中，$b_t$ 是 $D_t$ 中第 $t$ 个最大数据；向量 $\gamma = (\gamma_1, \gamma_2, \cdots, \gamma_k)^T$ 为时间加权向量，$0 \leqslant \gamma_t \leqslant 1$，且 $\sum \gamma_t = 1$；$\gamma_t$ 与元素 $X_t$ 的数值属性 $D_t$ 无关，但取决于 $D_t$ 的顺序。时间加权向量主要通过"时间度"指标来体现时间序列中时间属

性的重要性：

$$\tau = \sum_{t=1}^{k} \frac{k-t}{k-1}\gamma_t \qquad (3-11)$$

为使时间加权向量能够反映时间序列数据的最大信息，在计算时采用最大熵原理建立目标规划方程：

$$\begin{cases} \max\left(-\sum_{t=1}^{k}\gamma_t \ln\gamma_t\right) \\ \tau = \sum_{t=1}^{k} \frac{k-t}{k-1}\gamma_t \\ \sum_{t=1}^{k}\gamma_t = 1 \\ 0 \leqslant \gamma_t \leqslant 1 \\ t = 1,2,\cdots,k \end{cases} \qquad (3-12)$$

$0 \leqslant \tau \leqslant 1$，若接近于 $1$，表示近期数据不重要；若接近于 $0$，表示近期数据比较重要。$\tau$ 的具体取值说明如表 $3-2$ 所示。

表 3-2                                    $\tau$ 取值说明

| 取值 | 说明 |
| --- | --- |
| 0.1 | 近期数据非常重要 |
| 0.3 | 近期数据比较重要 |
| 0.5 | 所有数据同样重要 |
| 0.7 | 远期数据比较重要 |
| 0.9 | 远期数据非常重要 |
| 0.2、0.4、0.6、0.8 | 对应上述中间情况 |

引入时间加权向量后，建立个体时间加权相对水平测度模型：

$$Z_m = \sum Z_{mt}\gamma_t \quad m = 1,\cdots,n \qquad (3-13)$$

③总体时点相对水平测度模型。

为了消除空间属性，进一步描述总体的时间变化趋势，通过同一时点个体求均值的方式建立总体时点相对水平测度模型：

$$Z_t = \frac{\sum_{m=1}^{n} Z_{mt}}{n} \quad t = 1, \cdots, k \qquad (3-14)$$

2）绝对水平测度模型。

①个体时点绝对水平测度模型。

未确知模型能够确保不丢失重要信息，对指标级别实现有序分割，使评价结果更合理[100-101]。具体步骤如下：

a. 设置指标等级，将其划分为 5 个等级，即 $C = \{C_1, C_2, C_3, C_4, C_5\}$，分别表示好、较好、中、较差和差；

b. 计算各指标（$X_{mijt}$）属于 $C_\eta$ 的程度，得到各层级的单指标测度评价矩阵：

$$(\delta_{mijt\eta})_{j\times\eta} = \begin{bmatrix} \delta_{mi1t1} & \delta_{mi1t2} & \cdots & \delta_{mi1t\eta} \\ \delta_{mi2t1} & \delta_{mi2t2} & \cdots & \delta_{mi2t\eta} \\ \vdots & \vdots & \vdots & \vdots \\ \delta_{mijt1} & \delta_{mijt2} & \cdots & \delta_{mijt\eta} \end{bmatrix}, i = 1, \cdots, r, j = 1, \cdots, s$$

$$t = 1, \cdots, k, \eta = 1, \cdots, 5 \qquad (3-15)$$

其中，$\delta_{mijt\eta} = \begin{cases} \dfrac{|X_{mijt} - C_{\eta-1}|}{C_\eta - C_{\eta-1}}, (C_\eta - X_{mijt}) \leqslant (X_{mijt} - C_{\eta-1}) \\ 1 - \dfrac{|X_{mijt} - C_{\eta-1}|}{C_\eta - C_{\eta-1}}, (C_\eta - X_{mijt}) > (X_{mijt} - C_{\eta-1}) \end{cases}$

c. 各指标的权重向量为：

$$\xi_{ij} = [\xi_{11}, \xi_{12}, \cdots] \qquad (3-16)$$

将其与该单指标测度评价矩阵（3-15）相乘得到综合测度评价向量：

$$\delta_{mi\eta t} = [\delta_{mi1t}, \delta_{mi2t}, \cdots, \delta_{mi5t}] \qquad (3-17)$$

d. 取置信度 $\lambda = 0.6(0.5 < \lambda < 1)$，将综合测度评价值依次相加，当 $\eta(X_{mit}) = \min \sum_{\eta=1}^{p} \delta_{mi\eta t} \geqslant \lambda (1 \leqslant \eta \leqslant p)$ 时，则认为 $X_{mit}$ 属于 $C_\eta$ 类。

②个体时间加权绝对水平测度模型。

与个体时间加权相对水平测度模型的构建思路相同，在式（3-17）的基础上引入时间加权向量，即：

$$\delta_{mi\eta} = \left[ \sum \delta_{mi1t}\xi_t, \sum \delta_{mi2t}\xi_t, \cdots, \sum \delta_{mi5t}\xi_t \right] \qquad (3-18)$$

③总体时点绝对水平测度模型。

与总体时点相对水平测度模型的构建思路相同，在式（3-17）的基础上求均值，即：

$$\delta_{i\eta t} = \left[ \frac{\sum\limits_{m=1}^{n} \delta_{mi1t}}{n}, \frac{\sum\limits_{m=1}^{n} \delta_{mi2t}}{n}, \cdots, \frac{\sum\limits_{m=1}^{n} \delta_{mi5t}}{n} \right] \qquad (3-19)$$

（2）绿色区域协同指数测度模型。

1）相对指数测度模型。

①总体时点相对指数测度模型。

衡量区域间发展差距的方法主要有差值法和比值法。差值法主要通过计算区域间某一指标的极差、标准差等表现差距，该方法只能得到区域间的绝对差距，无法消除单位量纲，具有不可比性。比值法中包括极值比、均值比等绝对系数，也包括基尼系数、赛尔系数等相对系数，其中绝对系数由发展总量决定，测量结果亦为绝对差距，在已有研究中较为少见；而一般相对系数不仅计算复杂，而且难以将因子分析与时间分析相结合[102-103]。

因此，借鉴张燕和魏后凯等学者对区域差距衡量的方法[64]，将因子分析与时间分析相结合，采用区域间两两比较来衡量共同繁荣、共同进步程度的思路，来测度绿色区域协同的变化趋势。该方法消除了京津冀13市的空间属性，以京津冀整体为研究对象，能够反映京津冀市域间差距的时间变化趋势。在确定各指标值符号同正或同负后，通过对同一时点的测度对象间两两比较指标值再进行加总求均值的方式，建立总体时点相对指数测度模型：

$$D_{ijt} = \frac{1}{C_{13}^2}\left\{ \begin{array}{l} \left[\dfrac{\min(I_1,I_2)}{\max(I_1,I_2)} + \dfrac{\min(I_1,I_3)}{\max(I_1,I_3)} + \cdots + \dfrac{\min(I_1,I_{13})}{\max(I_1,I_{13})}\right] + \cdots \\ + \left[\dfrac{\min(I_{11},I_{12})}{\max(I_{11},I_{12})} + \dfrac{\min(I_{11},I_{13})}{\max(I_{11},I_{13})}\right] + \dfrac{\min(I_{12},I_{13})}{\max(I_{12},I_{13})} \end{array} \right\}$$

$$(3-20)$$

其中，$D_{ijt}$表示京津冀总体第$t$年第$i$个准则第$j$个指标的区域协同指数。

考虑现实情况，$D_{ijt} \in [0,1]$，当区域协同指数为 0 时，表示京津冀总体的发展方向完全向背，发展水平相差极大；当区域协同指数为 1 时，表示京津冀总体的发展方向相同，施策节奏一致，发展水平相当。所以区域协同指数越接近 1，说明京津冀三地间的发展差距越小，区域协同发展水平也就越高。

②个体时点相对指数测度模型。

总体时点区域协同相对指数主要反映京津冀整体的区域协同发展状态，无法从局部突出京津冀中某一市与周边市的发展差距，为进一步得到每个市的区域协同相对指数，本书借鉴李胜会和宗洁等学者提出的改进局部协同测度模型来建立个体时点区域协同相对指数测度模型[104]，该方法可将因子分析、时间分析与空间分析相结合。

京津冀中第 $m$ 个测度对象的第 $t$ 年第 $i$ 个准则第 $j$ 个指标的区域协同相对指数，可与其他 12 市相比后的均值得到，即：

$$D_{mijt} = \frac{1}{12} \sum_{m \neq n}^{12} \frac{\min(I_{mijt}, I_{nijt})}{\max(I_{mijt}, I_{nijt})} \qquad (3-21)$$

与总体时点区域协同相对指数类似，$D_{mijt}$ 越接近于 1，代表第 $m$ 个市第 $t$ 年的区域协同相对指数越高，区域协同发展水平越高。

③总体时点区域协同收敛测度模型。

为凸显动态性特征，在明确京津冀地区中的 13 个市的区域协同相对指数基础上，可借鉴"收敛模型"来构建总体时点区域协同收敛测度模型，用以测度京津冀区域协同的发展趋势。当京津冀市域间发展差距趋于 0、区域协同指数趋于 1 时，称为"收敛"。实现"收敛"需要满足两个条件：第一个条件是京津冀市域间区域协同指数均趋于相同水平，将该水平设定为均值，即市域间区域协同指数偏离均值的程度随着时间推移不断降低，此时收敛指数趋向于"0"，即可实现第一个条件的"收敛"；第二个条件是工业绿色相对低水平市的发展速度更快，即可缩小与相对高水平市域间的发展差距，使均值趋向于 0，即可实现第二个条件的"收敛"。

第一个条件可用 $\alpha$ 收敛模型或 $\sigma$ 收敛模型来检验，这两类模型均可体现各市的区域协同指数偏离均值的程度。$\alpha$ 收敛模型借鉴标准差来计算偏离程度，均值在各个时点的不一致性会导致可比性较差的问题；$\sigma$ 收敛模型则通过借鉴变异系数避免了该问题出现。因此，本书选择 $\sigma$ 收敛模型进行第一个条件的收敛性检验，公式为：

$$\sigma_t = \frac{\sqrt{\sum_{i=1}^{13}(d_{mt} - \bar{d}_t)^2/13}}{\bar{d}} \qquad (3-22)$$

其中，$d_{mt}$ 为京津冀中第 $m$ 个测度对象第 $t$ 年的工业绿色区域协同相对指数，$\bar{d}_t$ 为京津冀第 $t$ 年工业绿色区域协同相对指数的均值，$\sigma_t$ 为京津冀在第 $t$ 年的 $\sigma$ 收敛系数，当其随着时间不断下降时，存在 $\sigma$ 收敛；反之，不存在 $\sigma$ 收敛。

第二个条件在面对众多测度对象时直接检验十分困难，因为难以直接比较发展速度。随着市域间发展差距缩小，区域协同指数上升，发展速度逐渐降低，使区域协同指数变化逐渐平稳，即各市发展速度趋同。因此，通过实证当期区域协同与基期区域协同的关系可以检验第二个条件。已有研究中常用绝对 $\beta$ 收敛模型进行实证，本书参考 Barro 的方法[105]，构建以区域协同指数为解释变量，区域协同指数相对变化为被解释变量的绝对 $\beta$ 收敛模型，公式为：

$$\ln(d_{mt+1}/d_{mt}) = \alpha + \beta\ln(d_{mt}) + \varphi_{mt} \qquad (3-23)$$

其中，$\varphi_{mt}$ 为误差项，$\alpha$ 为截距项，$t$ 为时期，其他字母含义与式（3-22）相同。$\beta$ 是 $\beta$ 收敛系数，当 $\beta<0$ 且显著，说明基期区域协同指数与当期区域协同指数变化呈负相关关系，当期区域协同指数变化相对于基期呈缩小态势，表明市域间发展速度趋同，存在 $\beta$ 收敛；反之，则不存在 $\beta$ 收敛。

由 $\beta$ 收敛系数可以进一步求出时间 $T$ 内的收敛速度 $v$ 和收敛的半生命周期 $\tau$，其公式为：

$$v = -\ln(1 - |\beta|)/T, \tau = \ln(2)/v \qquad (3-24)$$

综上所述，$\sigma$ 收敛模型体现存量水平的变化，$\beta$ 收敛模型体现增量水平的变化，共同构成总体时点区域协同收敛测度模型，共同分析京津冀工业绿色区域协同指数的收敛性特征，共计可能存在四种收敛性特征，如表 3-3 所示。

表 3 - 3　　　　　　　　京津冀总体时点区域协同收敛性特征

| σ 收敛 | β 收敛 | 总体时点区域协同收敛性特征 |
| --- | --- | --- |
| 存在 | 存在 | 市域间差距缩小且变化速度趋于相同 |
| 存在 | 不存在 | 市域间差距缩小但变化速度趋于不同 |
| 不存在 | 存在 | 市域间差距扩大且变化速度趋于相同 |
| 不存在 | 不存在 | 市域间差距扩大且变化速度趋于不同 |

如果既存在 σ 收敛也存在 β 收敛，说明市域间差距缩小且变化速度趋于相同，进一步表明低水平地区的发展速度相对较快，但与高水平地区的发展速度具有一致趋势，已达到或预计未来能达到相同的发展水平，即存在俱乐部收敛；如果存在 σ 收敛但不存在 β 收敛，说明市域间差距缩小但变化速度趋于不同，进一步表明低水平地区的发展速度相对较快，并且与高水平地区相比，发展速度会越来越快，在后发优势的推动下预计未来低水平地区的发展水平会超过高水平地区；如果不存在 σ 收敛但存在 β 收敛，说明市域间差距扩大但变化速度趋于相同，进一步表明低水平地区的发展速度相对较慢，但与高水平地区的发展速度具有一致的趋势，说明低水平地区的发展水平难以超过高水平地区且总具有一定差距；如果既不存在 σ 收敛也不存在 β 收敛，说明各市域间差距扩大且变化速度趋于不同，表明低水平地区的发展速度相对较慢，并且与高水平地区相比，发展速度会越来越慢，预计未来低水平地区的发展水平会远远落后于高水平地区。

④个体时间加权相对指数测度模型。

为进一步概括京津冀 13 市的个体特征，消除个体时点区域协同相对指数的时间属性，遵循"厚今薄古"原则，引入时间加权向量 $\gamma_t$ 改进个体时点区域协同相对指数测度模型，进而建立个体时间加权区域协同相对指数测度模型：

$$D_{mig} = \sum D_{migt}\gamma_t \tag{3 - 25}$$

2）绝对指数测度模型。

区域协同相对指数可用来描述京津冀市域间工业资源利用、工业环境质量、工业增长质量及工业绿色发展的差距，也可对不同因子进行时间和空间维度上的相对比较，但对于区域协同指数的高低容易形成误判，因此引入区域协同绝对评价标准对区域协同指数进行绝对评价。

张燕和魏后凯等学者将区域协同指数0.6、0.8分别设为临界值,若得分小于0.6说明该地处于不协同区间;在0.6~0.8处于较为协同区间;大于0.8则说明处于协同区间[64]。考虑到政策生效存在时滞,京津冀13市在不同时期的区域协同指数变化可能较为细微,为避免忽略小幅度变化,参考李红锦等学者的评价标准来细化本书的区域协同绝对评价标准[65],如表3-4所示。

表3-4  京津冀区域协同绝对评价标准

| 区域协同标准 | 不协同 | 较为协同 | | 协同 | |
|---|---|---|---|---|---|
| 取值范围 | 0~0.6 | 0.6~0.8 | | 0.8~1 | |
| 二级分类 | 不协同 | 初级协同 | 中级协同 | 良好协同 | 优质协同 |
| 取值范围 | 0~0.6 | 0.6~0.7 | 0.7~0.8 | 0.8~0.9 | 0.9~1 |

### 3.1.3  数据来源及描述性统计分析

#### 3.1.3.1  数据来源

虽然绿色发展的概念在2015年被正式提出,但早在2012年我国已经把生态文明建设纳入"五位一体"的国家发展战略,习近平总书记也指出"绿色发展是生态文明建设的必然要求"。因此,基于科学性、数据可得性等原则,本书以京津冀13市为研究对象,对其2012~2018年工业绿色协同发展进行实证分析。

(1)单位工业增加值用水:北京市和天津市2012~2018年的工业用水总量可从历年《中国统计年鉴》直接获取,河北省各地级市2012~2017年的工业用水总量可从历年《河北经济年鉴》直接获取,2018年的工业用水总量需要根据2012~2017年各市工业用水总量与工业增加值之间的相关关系构建方程计算得到。

$$单位工业增加值用水 = \frac{工业用水总量}{工业增加值(以2010年为基年折算)} \quad (3-26)$$

令 $y$ 为工业用水总量，$x$ 为工业增加值，则相关方程如下：

石家庄：$y = 20.56e^{-0.092x}$；

唐山：$y = -0.4463x^2 + 183.27x - 172207$；

廊坊：$y = -0.0204x^2 + 38.469x - 12789$；

沧州：$y = 0.0785x^2 - 206.99x + 160128$；

邢台：$y = 0.0205x^2 - 42.423x + 29691$；

保定：$y = -0.0087x^2 + 22.789x - 4050.2$；

衡水：$y = -0.0382x^2 + 49.455x - 11846$；

邯郸：$y = 0.0086x^2 - 30.246x + 44363$；

张家口：$y = -0.4463x^2 + 359.62x - 60682$；

秦皇岛：$y = 47.215x^{-0.822}$。

（2）单位工业增加值能耗：北京市和天津市 2012～2018 年的工业能源消费总量可以分别从历年《北京统计年鉴》和《天津统计年鉴》直接获取，河北省各地级市 2012～2017 年工业能源消费总量可从历年《河北经济年鉴》直接获取。依据 2012～2017 年数据可知，河北省工业能源消费总量占全省能源消费总量的 70% 以上，因此各地级市 2018 年工业能源消费总量需要从河北省《关于 2018 年各市万元地区生产总值能耗降低率等指标的公报》获取 2018 年各市能源消费增长率，将其近似作为工业能源消费增长率计算得到。

$$单位工业增加值能耗 = \frac{工业能源消费总量}{工业增加值（以2010年为基年折算）} \quad (3-27)$$

（3）单位 GDP 电耗：北京市和天津市 2012～2018 年电力消费总量可从历年《中国能源统计年鉴》直接获取，河北省各地级市 2017～2018 年电力消费总量可从《中国城市统计年鉴》直接获取，2012～2016 年可通过《关于 ×× 年各市万元地区生产总值能耗降低率等指标的公报》给出的变化率计算得到。以石家庄为例，公报中 2012～2015 年、2016～2018 年分别以 2010 年和 2015 年为基年，因此将 2017 年单位 GDP 电耗以 2015 年为基年折算，约为 758.48 千瓦时/万元；再根据公报中给出的变化率计算 2016 年单位 GDP 电耗约为 784.12 千瓦时/万元；2016 年石家庄 GDP 以 2015 年为基年折算后约为 5767.83 亿元，则 2016 年全社会用电总量约为 452.27 亿千瓦时；

同理计算得到 2015 年全社会用电总量约为 441.34 亿千瓦时，将 2015 年单位 GDP 电耗以 2010 年折算，可计算得到 2012 ~ 2014 年全社会用电量分别为 438.01 亿千瓦时、443.93 亿千瓦时、447.41 亿千瓦时。通过上述计算可分别得到河北省各地级市 2012 ~ 2016 年全社会用电总量。北京、天津以及河北各地级市 2012 ~ 2018 年 GDP 分别从历年《北京统计年鉴》《天津统计年鉴》和《河北经济年鉴》直接获取。

$$单位 GDP 电耗 = \frac{全社会用电总量}{GDP(以 2010 年为基年折算)} \qquad (3-28)$$

（4）单位工业增加值废水和单位工业增加值废气：工业废气可由工业二氧化硫和工业烟尘排放总量加总近似得到。其中，北京、天津以及河北各地级市 2012 ~ 2018 年工业废水排放总量、工业二氧化硫排放总量和工业烟尘排放总量可从历年《中国城市统计年鉴》直接获取。

$$单位工业增加值废水(废气) = \frac{工业废水(废气)排放总量}{工业增加值(以 2010 年为基年折算)}$$

$$(3-29)$$

（5）工业固体废物综合利用率：北京、天津以及河北各地级市 2012 ~ 2018 年的一般工业固体废物综合利用率可从历年《中国城市统计年鉴》直接获取。其中，唐山市 2012 年的一般工业固体废物综合利用率需要用河北省 2011 ~ 2012 年的增长率近似作为唐山市 2011 ~ 2012 年的增长率计算得到；北京市 2016 年工业固体废物综合利用率需要由一般工业固体废物综合利用量与一般工业固体废物产生量之比计算得到，相关数据可从对应年份的《中国统计年鉴》直接获取。

（6）工业增加值增长率：北京市和天津市的工业增加值可从历年《北京统计年鉴》和《天津统计年鉴》直接获取，河北省各地级市 2012 ~ 2017 年的工业增加值可从相应年份《河北经济年鉴》直接获取，2018 年工业增加值需要从《××市 2018 年国民经济和社会发展统计公报》获取 2018 年各市工业增加值增长率计算得到。

（7）科技投入强度：北京市和天津市 2012 ~ 2018 年的 R&D 经费内部支出可以从历年《中国科技统计年鉴》直接获取，GDP 分别从历年《北京统计年鉴》和《天津统计年鉴》直接获取，河北省各地级市科技投入强度可从历年《河北省科技经费投入统计公报》直接获取。

$$科技投入强度 = \frac{R\&D\ 经费内部支出}{GDP} \times 100\% \qquad (3-30)$$

（8）外向性：北京市和天津市 2012～2018 年的当年实际利用外资金额分别从历年《北京统计年鉴》和《天津统计年鉴》直接获取，河北省各地级市可从历年《中国城市统计年鉴》直接获取；北京、天津以及河北各地级市 2012～2018 年全社会固定资产投资总额可分别从历年《北京统计年鉴》《天津统计年鉴》和《河北经济年鉴》直接获取。

$$外向性 = \frac{实际利用外资}{全社会固定资产投资} \times 100\% \qquad (3-31)$$

为剔除价格变动造成的影响，所有增加值均以 2010 年为基年折算。2012～2018 年京津冀 13 市工业绿色发展测度指标数据见书后附表 1 至附表 13。

### 3.1.3.2　描述性统计分析

利用 Stata 软件计算各个指标间的相关系数，如表 3-5 所示。各个指标间相关系数基本均低于 0.6，相关度较低，进一步验证了所构建指标体系的合理性。

表 3-5　　　　　　　　京津冀工业绿色发展指标间相关系数

| | $X_{11}$ | $X_{12}$ | $X_{13}$ | $X_{21}$ | $X_{22}$ | $X_{23}$ | $X_{31}$ | $X_{32}$ | $X_{33}$ |
|---|---|---|---|---|---|---|---|---|---|
| $X_{11}$ | 1 | | | | | | | | |
| $X_{12}$ | 0.594 ***<br>(0.000) | 1 | | | | | | | |
| $X_{13}$ | 0.244 **<br>(0.019) | 0.498 ***<br>(0.000) | 1 | | | | | | |
| $X_{21}$ | 0.022<br>(0.836) | 0.230 **<br>(0.028) | 0.420 ***<br>(0.000) | 1 | | | | | |
| $X_{22}$ | 0.501 ***<br>(0.000) | 0.583 ***<br>(0.000) | 0.565 ***<br>(0.000) | 0.579 ***<br>(0.000) | 1 | | | | |

|  | $X_{11}$ | $X_{12}$ | $X_{13}$ | $X_{21}$ | $X_{22}$ | $X_{23}$ | $X_{31}$ | $X_{32}$ | $X_{33}$ |
|---|---|---|---|---|---|---|---|---|---|
| $X_{23}$ | −0.605 *** <br> (0.000) | −0.429 *** <br> (0.000) | −0.320 *** <br> (0.002) | −0.107 <br> (0.310) | −0.442 *** <br> (0.000) | 1 |  |  |  |
| $X_{31}$ | 0.211 ** <br> (0.044) | 0.082 <br> (0.438) | 0.021 <br> (0.844) | 0.116 <br> (0.271) | 0.141 <br> (0.181) | −0.213 ** <br> (0.043) | 1 |  |  |
| $X_{32}$ | −0.271 *** <br> (0.009) | −0.241 ** <br> (0.021) | −0.237 ** <br> (0.023) | 0.172 <br> (0.103) | −0.120 <br> (0.256) | 0.220 ** <br> (0.035) | −0.372 *** <br> (0.000) | 1 |  |
| $X_{33}$ | −0.336 *** <br> (0.001) | −0.368 *** <br> (0.001) | −0.630 *** <br> (0.000) | −0.211 * <br> (0.054) | −0.306 *** <br> (0.004) | 0.227 ** <br> (0.038) | 0.091 <br> (0.411) | 0.384 *** <br> (0.000) | 1 |

注：表中字母代表的指标见表 3 - 1，括号内数字为相应检验统计量的 p 值，*、** 和 *** 分别表示在 10%、5% 和 1% 水平下显著。

京津冀工业绿色发展各个指标的描述性统计如表 3 - 6 所示。

根据前面构建的区域工业绿色发展测度指标体系，单位工业增加值用水、单位工业增加值能耗、单位 GDP 电耗、单位工业增加值废水排放、单位工业增加值废气排放、一般工业固体废物综合利用率、工业增加值增长率、科技投入强度、外向性等 9 个指标在一定程度上可以反映京津冀工业绿色发展水平，因此为了全面、详细地了解和把握京津冀工业绿色发展的现状，有必要对各个测度指标的时间变化趋势，尤其是"绿色发展"正式提出前（2012～2014 年）后（2015～2018 年）的变化，以及空间格局进行细致描述。

（1）单位工业增加值用水量。

从时间维度来看，如图 3 - 1（a）所示，2012～2018 年，京津冀 13 市的单位工业增加值用水量呈现波动下降趋势，整体下降幅度在 30%～60%。

2012～2014 年，京津冀 13 市均呈现不同程度的下降，其中沧州市单位工业增加值用水量下降幅度最大，达到 69%。究其原因在于沧州市围绕打造河北沿海地区率先发展增长极的目标，清洁生产和产业结构调整同时发力，使工业增加值指数由 2012 年的 1299.60 升为 2014 年的 1570.90，增幅高达 20.90%；同时工业用水总量也由 2012 年的 33127.75 下降到 27449.2 万立方米，降幅为 17.14%。"稳增长、调结构"成效显著，因此沧州市的单位工业增加值用水量显著下降。

表3-6 京津冀工业绿色发展测度指标的描述性统计

| 指标名称 | | 单位工业增加值用水 | 单位工业增加值能耗 | 单位GDP电耗 | 单位工业增加值废水排放 | 单位工业增加值废气排放 | 一般工业固体废物综合利用率 | 工业增加值增长率 | 科技强度 | 外向性 |
|---|---|---|---|---|---|---|---|---|---|---|
| 符号 | | $X_{11}$ | $X_{12}$ | $X_{13}$ | $X_{21}$ | $X_{22}$ | $X_{23}$ | $X_{31}$ | $X_{32}$ | $X_{33}$ |
| 北京 | 样本量 | 7 | 7 | 7 | 7 | 7 | 7 | 7 | 7 | 7 |
| | 均值 | 12.05 | 0.52 | 397.11 | 2.51 | 13.16 | 80.83 | 4.71 | 5.53 | 10.79 |
| | 标准差 | 3.16 | 0.12 | 46.24 | 0.34 | 10.59 | 7.16 | 2.27 | 0.12 | 4.11 |
| | 最大值 | 17.06 | 0.74 | 479.38 | 2.97 | 29.18 | 87.67 | 7.30 | 5.65 | 18.41 |
| | 最小值 | 7.97 | 0.34 | 345.07 | 2.03 | 2.08 | 68.93 | 0.20 | 5.29 | 7.34 |
| 天津 | 样本量 | 7 | 7 | 7 | 7 | 7 | 7 | 7 | 7 | 7 |
| | 均值 | 6.63 | 0.68 | 517.69 | 2.30 | 25.31 | 98.95 | 8.81 | 2.82 | 9.78 |
| | 标准差 | 0.98 | 0.12 | 59.96 | 0.45 | 15.76 | 0.21 | 5.03 | 0.21 | 4.62 |
| | 最大值 | 8.16 | 0.84 | 617.55 | 3.06 | 43.91 | 99.22 | 16.10 | 3.04 | 18.10 |
| | 最小值 | 5.59 | 0.53 | 450.52 | 1.83 | 7.01 | 98.58 | 2.30 | 2.47 | 3.00 |
| 石家庄 | 样本量 | 7 | 7 | 7 | 7 | 7 | 7 | 7 | 7 | 7 |
| | 均值 | 13.78 | 1.25 | 888.36 | 8.95 | 86.49 | 87.45 | 7.01 | 1.82 | 1.38 |
| | 标准差 | 2.82 | 0.22 | 96.27 | 5.23 | 52.15 | 17.44 | 3.33 | 0.32 | 0.11 |
| | 最大值 | 17.57 | 1.56 | 1038.78 | 16.40 | 146.99 | 98.61 | 12.40 | 2.23 | 1.51 |
| | 最小值 | 9.76 | 0.94 | 793.59 | 2.64 | 22.12 | 49.47 | 3.20 | 1.42 | 1.23 |

续表

| 指标名称 | 符号 | 单位工业增加值用水 X_{11} | 单位工业增加值能耗 X_{12} | 单位GDP电耗 X_{13} | 单位工业增加值废水排放 X_{21} | 单位工业增加值废气排放 X_{22} | 一般工业固体废物综合利用率 X_{23} | 工业增加值增长率 X_{31} | 科技强度 X_{32} | 外向性 X_{33} |
|---|---|---|---|---|---|---|---|---|---|---|
| 唐山 | 样本量 | 7 | 7 | 7 | 7 | 7 | 7 | 7 | 7 | 7 |
|  | 均值 | 22.39 | 2.01 | 1189.50 | 3.56 | 169.26 | 74.33 | 6.41 | 1.20 | 2.09 |
|  | 标准差 | 1.52 | 0.22 | 177.22 | 1.43 | 66.13 | 3.92 | 3.13 | 0.22 | 0.27 |
|  | 最大值 | 24.19 | 2.38 | 1390.44 | 6.32 | 235.58 | 79.67 | 12.00 | 1.65 | 2.53 |
|  | 最小值 | 19.92 | 1.73 | 987.69 | 1.87 | 74.87 | 70.00 | 3.80 | 0.99 | 1.67 |
| 秦皇岛 | 样本量 | 7 | 7 | 7 | 7 | 7 | 7 | 7 | 7 | 7 |
|  | 均值 | 12.78 | 1.62 | 1085.72 | 10.58 | 208.25 | 66.38 | 5.99 | 1.18 | 6.43 |
|  | 标准差 | 4.41 | 0.15 | 169.25 | 5.14 | 122.38 | 17.72 | 3.12 | 0.11 | 0.84 |
|  | 最大值 | 20.44 | 1.87 | 1350.51 | 15.39 | 367.44 | 85.39 | 12.10 | 1.34 | 7.77 |
|  | 最小值 | 7.80 | 1.45 | 930.80 | 3.59 | 67.86 | 37.04 | 2.90 | 1.05 | 5.36 |
| 邯郸 | 样本量 | 7 | 7 | 7 | 7 | 7 | 7 | 7 | 7 | 7 |
|  | 均值 | 10.89 | 1.93 | 1002.66 | 2.99 | 167.51 | 85.23 | 6.00 | 0.97 | 1.81 |
|  | 标准差 | 1.62 | 0.26 | 82.38 | 1.24 | 93.88 | 16.70 | 3.20 | 0.15 | 0.22 |
|  | 最大值 | 13.49 | 2.31 | 1109.88 | 4.42 | 266.74 | 97.00 | 12.50 | 1.19 | 2.12 |
|  | 最小值 | 9.04 | 1.58 | 914.35 | 1.30 | 53.43 | 50.02 | 3.60 | 0.77 | 1.44 |

续表

| 指标名称 | 符号 | 单位工业增加值用水 $X_{11}$ | 单位工业增加值能耗 $X_{12}$ | 单位GDP电耗 $X_{13}$ | 单位工业增加值废水排放 $X_{21}$ | 单位工业增加值废气排放 $X_{22}$ | 一般工业固体废物综合利用率 $X_{23}$ | 工业增加值增长率 $X_{31}$ | 科技强度 $X_{32}$ | 外向性 $X_{33}$ |
|---|---|---|---|---|---|---|---|---|---|---|
| 邢台 | 样本量 | 7 | 7 | 7 | 7 | 7 | 7 | 7 | 7 | 7 |
| | 均值 | 8.96 | 1.27 | 1274.65 | 11.92 | 165.36 | 88.85 | 6.30 | 0.81 | 1.48 |
| | 标准差 | 1.76 | 0.19 | 73.76 | 5.77 | 82.90 | 17.92 | 2.61 | 0.16 | 0.60 |
| | 最大值 | 12.25 | 1.59 | 1386.53 | 18.81 | 249.04 | 97.00 | 11.20 | 1.06 | 1.92 |
| | 最小值 | 7.16 | 1.06 | 1196.31 | 3.82 | 46.44 | 48.25 | 4.10 | 0.64 | 0.50 |
| 保定 | 样本量 | 7 | 7 | 7 | 7 | 7 | 7 | 7 | 7 | 7 |
| | 均值 | 7.17 | 0.60 | 992.93 | 8.11 | 55.25 | 76.26 | 6.77 | 1.93 | 1.61 |
| | 标准差 | 1.43 | 0.08 | 37.75 | 3.87 | 39.09 | 22.48 | 3.94 | 0.32 | 0.35 |
| | 最大值 | 9.19 | 0.72 | 1055.68 | 13.86 | 98.46 | 98.84 | 12.90 | 2.38 | 2.09 |
| | 最小值 | 5.35 | 0.51 | 938.43 | 4.12 | 9.16 | 42.00 | 1.80 | 1.51 | 0.94 |
| 张家口 | 样本量 | 7 | 7 | 7 | 7 | 7 | 7 | 7 | 7 | 7 |
| | 均值 | 18.97 | 1.92 | 956.06 | 8.35 | 162.10 | 46.66 | 7.16 | 0.48 | 1.53 |
| | 标准差 | 4.55 | 0.29 | 83.53 | 4.37 | 86.02 | 12.67 | 4.74 | 0.13 | 0.24 |
| | 最大值 | 23.99 | 2.33 | 1090.32 | 13.77 | 249.64 | 57.93 | 13.80 | 0.66 | 1.84 |
| | 最小值 | 11.85 | 1.54 | 853.04 | 2.80 | 56.17 | 23.27 | 2.20 | 0.28 | 1.31 |

续表

| 指标名称 | 符号 | 单位工业增加值用水 X₁₁ | 单位工业增加值能耗 X₁₂ | 单位GDP电耗 X₁₃ | 单位工业增加值废水排放 X₂₁ | 单位工业增加值废气排放 X₂₂ | 一般工业固体废物综合利用率 X₂₃ | 工业增加值增长率 X₃₁ | 科技强度 X₃₂ | 外向性 X₃₃ |
|---|---|---|---|---|---|---|---|---|---|---|
| 承德 | 样本量 | 7 | 7 | 7 | 7 | 7 | 7 | 7 | 7 | 7 |
| | 均值 | 30.28 | 1.49 | 1159.58 | 2.23 | 158.94 | 16.98 | 6.56 | 0.57 | 0.59 |
| | 标准差 | 3.91 | 0.11 | 146.67 | 0.51 | 58.94 | 10.97 | 4.23 | 0.04 | 0.29 |
| | 最大值 | 34.20 | 1.66 | 1343.73 | 2.84 | 239.96 | 28.00 | 13.10 | 0.63 | 0.83 |
| | 最小值 | 22.24 | 1.35 | 1019.26 | 1.38 | 78.60 | 4.74 | 1.90 | 0.52 | 0.15 |
| 沧州 | 样本量 | 7 | 7 | 7 | 7 | 7 | 7 | 7 | 7 | 7 |
| | 均值 | 16.63 | 0.76 | 761.13 | 4.64 | 43.09 | 86.83 | 7.80 | 0.50 | 1.04 |
| | 标准差 | 5.24 | 0.03 | 34.39 | 2.75 | 25.95 | 22.04 | 3.54 | 0.19 | 0.16 |
| | 最大值 | 25.49 | 0.81 | 799.82 | 8.98 | 71.05 | 100.00 | 13.40 | 0.85 | 1.22 |
| | 最小值 | 12.29 | 0.71 | 715.87 | 1.67 | 13.23 | 49.95 | 3.40 | 0.28 | 0.75 |
| 廊坊 | 样本量 | 7 | 7 | 7 | 7 | 7 | 7 | 7 | 7 | 7 |
| | 均值 | 5.47 | 0.70 | 1187.80 | 4.42 | 67.12 | 88.60 | 6.07 | 0.93 | 2.45 |
| | 标准差 | 0.72 | 0.07 | 80.77 | 2.22 | 32.94 | 17.63 | 3.40 | 0.42 | 0.30 |
| | 最大值 | 6.40 | 0.79 | 1309.86 | 7.18 | 99.02 | 100.00 | 11.50 | 1.54 | 2.98 |
| | 最小值 | 4.55 | 0.60 | 1098.17 | 0.98 | 18.01 | 49.61 | 2.00 | 0.47 | 2.13 |
| 衡水 | 样本量 | 7 | 7 | 7 | 7 | 7 | 7 | 7 | 7 | 7 |
| | 均值 | 6.52 | 0.54 | 1053.26 | 6.15 | 59.96 | 88.46 | 7.20 | 0.68 | 1.35 |
| | 标准差 | 1.58 | 0.10 | 72.70 | 4.20 | 42.32 | 18.67 | 3.40 | 0.14 | 0.24 |
| | 最大值 | 8.51 | 0.69 | 1153.54 | 10.86 | 102.38 | 99.77 | 12.70 | 0.79 | 1.71 |
| | 最小值 | 4.22 | 0.43 | 970.97 | 0.95 | 10.68 | 49.94 | 4.30 | 0.40 | 0.92 |

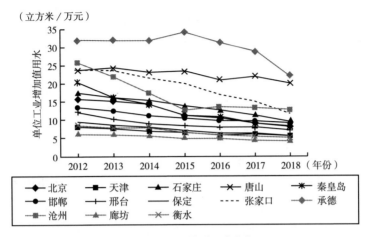

（a）单位工业增加值用水变化

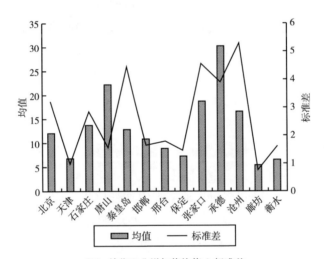

（b）单位工业增加值均值 & 标准差

**图 3 - 1　2012 ~ 2018 年京津冀 13 市单位工业增加值用水**

2015 ~ 2018 年，相比 2012 ~ 2014 年，除天津市、邯郸市、邢台市、沧州市外，其余 9 市的单位工业增加值用水量下降趋势更加显著，其中北京市 2012 ~ 2014 年下降幅度为 5% ，而 2015 ~ 2018 年下降幅度高达 29% 。观察数据发现，天津、邯郸、邢台、沧州四市单位工业增加值用水量下降趋势变缓的原因在于 2016 ~ 2018 年正处于京津冀协同发展战略实施的磨合期。随着京津冀协同发展的深入推进，确立了"2 + 4 + 46"平台承接产业转移策略，打造的京津、京保石方向的经济技术开发区引进了大批制造企业，因此工业用水量不减反增,导致单位工业增加值用水量未有明显下降。而"十三五"期间河北省推进工业企业绿色转型,中水回用率达到40%以上,虽有不稳定因素,但河北省各市仍以单位增加值用水降低为主要趋势。

从空间维度来看,如图3-1(b)所示,年均单位工业增加值用水量排名前三的城市为承德市(30.28立方米/万元)、唐山市(22.39立方米/万元)、张家口市(28.97立方米/万元)。其中,唐山市、承德市的制造业中黑色金属工业占比分别高达68.90%、60.93%,大量高耗水的工业企业的存在造成了工业用水量居高不下。张家口市工业用水总量仅为唐山市的12%,但单位工业增加值用水紧随唐山市之后,主要原因是张家口市工业比重较低,工业增加值仅占生产总值的37.32%,资源产出效率低下致使工业产品对水资源的消耗较大;位于最后三位的是廊坊市(5.47立方米/万元)、衡水市(6.52立方米/万元)、天津市(6.63立方米/万元),其工业增加值占生产总值的比重分别为40.49%、44.54%与37.02%,以上三市的产业结构并非以高耗水的重化工业为主,使单位工业增加值用水相对较少。

(2)单位工业增加值能耗。

从时间维度来看,如图3-2(a)所示,2012~2018年,京津冀13个城市的单位工业增加值能耗水平呈现稳定下降态势,说明工业能源利用效率的普遍提升。

2012~2014年,13市单位工业增加值能耗以年均约7.4%的速度下降,其中北京市由0.74吨标准煤/万元下降至0.53吨标准煤/万元,在京津冀中一直处于最低能耗水平,这得益于北京市产业结构的调整和发展方式的转变。为有序疏解北京市非首都功能,当地大量制造企业转移、污染企业关停,仅2014年已关停392家,使北京市的能耗水耗都明显降低。

2015~2018年,除沧州市外,其余12市单位工业增加值能耗均保持下降趋势,但下降速度放缓,平均每年改善速度约5%,如邯郸市于2012~2014年年均降低量为0.16吨标准煤/万元,而2015~2018年年均降低0.11吨标准煤/万元,其工业增加值2012~2014年年均增加99.33万元,而2015~2018年年均增加74.24万元,能耗水平虽由年均减少30吨标准煤升至85吨标准煤,但随着过剩产能的化解,各市工业增加值增速放缓,致使单位工业增加值能耗降速趋缓,不过大体上能源利用效率普遍提高。而唯独沧州市的

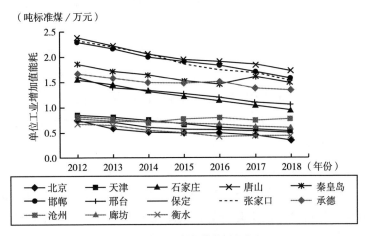

（a）单位工业增加值能耗变化

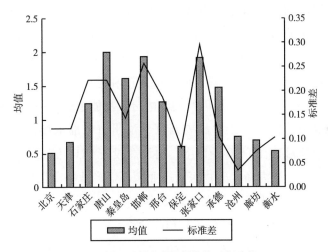

（b）单位工业增加值能耗均值 & 标准差

**图 3 - 2　2012~2018 年京津冀 13 市单位工业增加值能耗**

单位工业增加值能耗上升为原来的 101.32%，为推进高质量发展，沧州市设立了"18＋7"特色产业集群，使工业增加值上升为原来的 115.30%，但工业能源消费量上升为原来的 116.30%，虽发展较快，但产品附加值较低导致单位能耗居高不下。

从空间维度来看，如图 3 - 2（b）所示，唐山市（2.01 吨标准煤/万元）和邯郸市（1.93 吨标准煤/万元）年均单位工业增加值能耗位列 13 市前两名，两市的工业增加值约占全部生产总值的 50%，其发达的重化工业十分依赖能源消费。张家口市以年均消耗 1.92 吨标准煤/万元位于第三，虽然其第三产业占比（43.70%）已超过第二产业（42.50%），但其工业尚未形成规模经济，致使资源消耗较大。而且河北省整体能耗较大，其中六大高耗能行业占全部工业能耗的 91.15%，不过已得到有效控制，六大高耗能行业从"只升不降"到 2017 年已实现"两升四降"，平均降幅在 5% 左右，节能降耗取得积极进展。

（3）单位 GDP 电耗。

从时间维度来看，如图 3 - 3（a）所示，2012 ~ 2018 年，13 市的单位 GDP 电耗整体呈现平稳的下降趋势，京津冀各市的用电效率普遍提高。

2012 ~ 2014 年，13 市的单位 GDP 电耗以年均 3.80% 的速度下降；2015 ~ 2018 年，邯郸、邢台、保定、张家口、沧州、衡水六市单位 GDP 电耗出现小幅上升，其余城市持续平稳下降。其中沧州市单位 GDP 电耗上升幅度最大，达到 11%，其次保定市的上升幅度约为 6%。由数据可知，两市整体电耗水平在 2015 ~ 2018 年都大幅上升，保定市和沧州市的电力消费总量分别上升约 128%、135%，究其原因与两地的行政功能定位有关，在京津冀协同发展战略指导下，保定市设立雄安新区，沧州市精准承接京津功能疏解转移，合作产业项目数在 1100 个以上，协议总投资 5714 亿元，现已建立新能源汽车产业基地、渤海新区生物医药产业园等。产业集聚区的建立将长远造福当地经济，但短期内都需较大电力支持。

从空间维度来看，如图 3 - 3（b）所示，邢台市以年均每万元消耗 1274.65 千瓦时排名第一，紧随其后的是唐山市和廊坊市，分别为 1189.50 千瓦时/万元和 1187.80 千瓦时/万元，均已超过我国单位 GDP 电耗的平均水平（约为 793 千瓦时/万元）。反观北京市（397.11 千瓦时/万元）、天津市（517.69 千瓦时/万元）的年均消耗量与河北各市差距较大。从各市产业结构来看，北京市已接近现代化社会，天津市在 2015 年第三产业比重首次超过第二产业，标志着进入后工业化阶段，而河北省正处于工业化中期向后期过渡的过程中，属于"产业滞后"[106]，其产业体系建立在资源型工业基础上，庞大的第二产业是电力消耗的主力军，且产业集中度较低，供给链各环节技术含量和产品附加值有待提高。

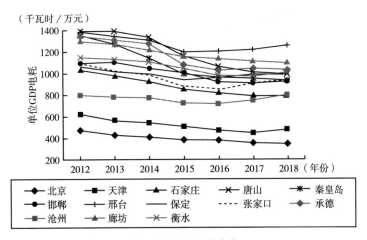

（a）单位 GDP 电耗变化

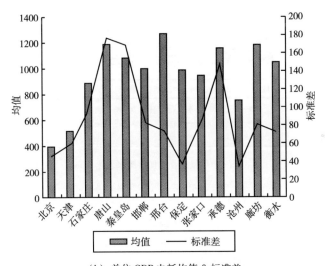

（b）单位 GDP 电耗均值 & 标准差

**图 3-3　2012~2018 年京津冀 13 市单位 GDP 电耗**

（4）单位工业增加值废水及单位工业增加值废气。

从时间维度来看，如图 3-4（a）和图 3-4（c）所示，2012~2018 年，京津冀 13 市单位工业增加值废水及废气基本呈下降态势；整体来看，环境质量改善的态势较为明朗。

单位工业增加值废水方面，2012~2014 年，13 市以年均约 10% 的速度下降；2015~2018 年，各市工业废水排放防控力度更大，单位工业增加值废水以年均约30%的速度下降。其中，秦皇岛市波动较大，其单位工业增加值废水排放于2015年升至顶峰而后骤降为原来的23.32%，变化源于秦皇岛市适应经济新常态的要求，当年关停255家排污企业，大力治理入海河流，使生态环境显著改善。

单位工业增加值废气方面，2012~2014年，除邢台市、承德市未下降外，其余11市的单位工业增加值废气排放量均有改善。长期以来，邢台市与承德市产业结构失衡，第三产业发展缓慢，比重偏低（邢台市57.11%，

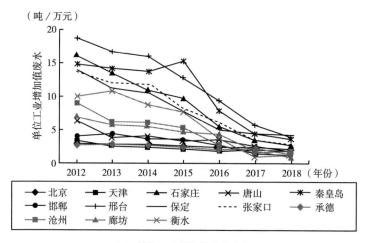

（a）单位工业增加值废水变化

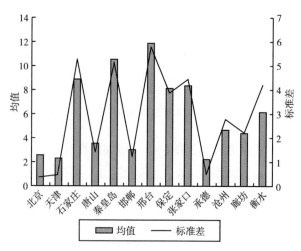

（b）单位工业增加值废水均值 & 标准差

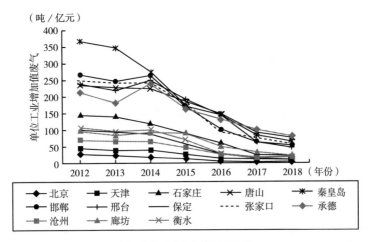

（c）单位工业增加值废气变化

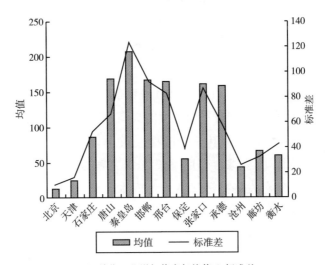

（d）单位工业增加值废气均值 & 标准差

**图 3 - 4　2012~2018 年京津冀 13 市单位工业增加值废水及废气**

承德市 53.56%），第二产业比重偏大（邢台市 33.05%，承德市 29.31%），
资源依赖度高，技术投入水平低，每增加 1 亿元工业增加值需排放 244.5 吨
废气，工业污染较严重；2015~2018 年，各市积极从"供给侧"去低利润、
高污染的过剩产能，京津冀 13 市的单位工业增加值废气排放均大幅降低。
其中，秦皇岛市单位排放减少量最大，每单位减少 299.58 吨废气，保定市
下降幅度最大，降幅达到 90%。保定市除受"供给侧"政策影响外，也受

雄安新区规划影响，高新技术产业和新能源产业迅速发展，占规模以上工业比重60%以上，从根源上控制了工业废气排放。

从空间维度来看，如图3-4（b）及图3-4（d）所示，邢台市年均单位工业增加值废水排放量最多，高达11.92吨/万元，秦皇岛市年均单位工业增加值废气排放量最大，达到208.25吨/亿元，北京市与天津市在13市中排名最后两位。反观唐山市为钢铁大市，其工业废水和废气排放总量虽大，但其重化工业发展迅速并已形成明显规模经济效益，大幅促进工业发展，导致单位污染值较小。

（5）一般工业固体废物综合利用率。

从时间维度来看，由图3-5（a）可知，2012~2018年，沧州市、保定市的一般工业固体废物综合利用率出现大幅波动，波动幅度超过50%；石家庄、邯郸市、邢台市、廊坊市、衡水市的一般工业固体废物综合利用率快速提升后大体稳定；秦皇岛市、张家口市、承德市逐步上升；天津市、唐山市基本维持稳定态势。

2012~2014年，除天津市与唐山市出现小幅下降外，其余11市的一般工业固体废物综合利用率均有不同程度的提高，其中石家庄和廊坊市分别由49.47%、49.61%上升至95.10%、100%。除承德市（27%）外，河北省其他城市一般工业固体废物综合利用率较2012年涨幅均在70%以上。"十二五"规划期间，"绿色发展指标"纳入考核体系，工业固体废物综合利用率上升是各市积极探索绿色高质量发展的体现，其中仅2013年，河北省整体固体废物综合利用量高达1.80亿吨，所用的大多为冶炼废渣，占全省工业企业的40.10%。

2015~2018年，沧州市、保定市的工业固体废物综合利用率分别于2016年和2017年急速下跌，沧州市由100%跌至59.83%，保定市由98.84%跌至42%，后又快速反弹，沧州市反弹至99.28%，保定市反弹至76%，出现这种阵痛的原因可能与两地关于尾矿或其他固体废物的处理周期不一致有关。

从空间维度来看，如图3-5（b）所示，天津市以98.95%的一般工业固体废物综合利用率居于首位，承德市以16.98%的利用率居于最后，倒数第二位是张家口市，其利用率为46.66%。其余10市均在90%~60%波动。中国工业固体废物综合利用率平均为55.02%，京津冀11个城市均远超国家

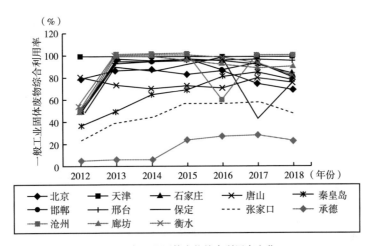

（a）一般工业固体废物综合利用率变化

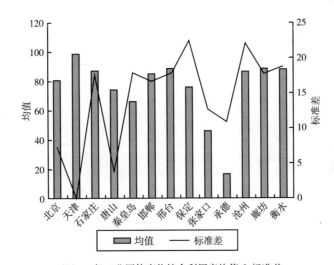

（b）一般工业固体废物综合利用率均值 & 标准差

**图 3 - 5　2012～2018 年京津冀 13 市一般工业固体废物综合利用率**

平均水平，承德市与张家口市因其工业化进程不深入、技术水平落后致使工业绿色发展进程受阻。

（6）工业增加值增长率。

从时间维度来看，由图 3 - 6（a）可知，2012～2018 年，京津冀产业结构调整进入加速期，从原来重视经济发展速度转向提质增效，经济增长从高速增长转为中高速增长，工业增加值增长率基本放缓。

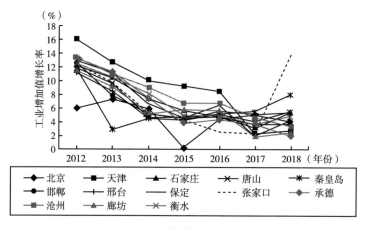

（a）工业增加值增长率变化

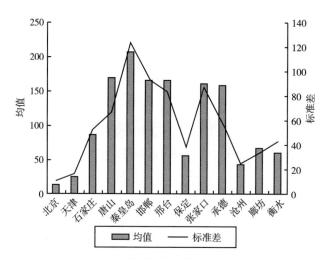

（b）工业增加值增长率均值 & 标准差

**图 3 - 6　2012 ~ 2018 年京津冀 13 市工业增加值增长率**

2012 ~ 2014 年，13 个城市工业增加值增速出现不同程度的下降，北京市由于原本工业增加值基数小导致增速下降幅度最小，仅为 3%，唐山市和秦皇岛市下降幅度较大，均为 62%，其余各市下降幅度均超 30%。在这期间，河北省各市大力度关停高能耗企业直接导致工业经济失速的压力倍增，要素投入型的产业发展模式已难以保证经济的健康发展，供给侧矛盾进一步凸显。

2015 ~ 2018 年，增速放缓的趋势出现改善，尤其在 2017 ~ 2018 年，除承德市、沧州市持续下降外，其余 10 市的工业增加值增长率的增速出现不同程度上升，其中张家口市上涨幅度最大，自 2.20% 的增速跃至 13.80%。这和河北省新常态下"3689"的工作思路是分不开的，在京津冀协同上河北各市承接非首都职能单位，引入大量制造业与高新技术产业，加快产业结构转型。

从空间维度来看，由图 3-6（b）可知，天津市以平均每年 8.81% 的工业增加值增长率在 13 市中排名第一，北京市则以 4.71% 的增长率排在最后，产业结构的不同导致了这种差异。天津市自 2015 年第三产业占比超过第二产业，正式进入后工业化阶段，新能源产品及高技术制造业高速发展，全市规模以上工业企业利润总额增长 1.10%，快于全国平均水平 0.8 个百分点。而北京市已进入技术密集型的发展阶段，工业发展早已不再是主要任务。

（7）科技投入强度。

从时间维度来看，由图 3-7（a）可知，2012~2018 年京津冀 13 市科技投入强度基本保持稳定态势。

2012~2014 年，除秦皇岛市的科技投入强度下降外，其余 12 市均有小幅增加，上下变动幅度均在 0.2 左右。其中，秦皇岛市第二产业发展薄弱，仅占全部生产总值的 35.60%，工业化发展不充分，加上进入"新常态"为防治污染关停了大量制造企业，导致了科技投入强度的小幅下跌。

2015~2018 年，唐山市、廊坊市、沧州市显著加大科技投入强度，增幅均在 45% 以上，唐山市、沧州市产业聚集效应明显，新旧动能加速转换，唐山市以工业为主，技改投资年均增长 20% 以上，使钢铁产业高附加值产品比重提高到 25%，沧州市以汽车制造与化工制造为主加大科研投入；而天津市、邢台市、张家口市、衡水市的科技投入强度却出现小幅下降，浮动在 20% 上下，其余市投入比例基本维持稳定。这四市科技投入强度降低的主要原因是其 R&D 经费内部支出的减少。天津市已进入动力转换转型期，其新兴产业虽发展势头良好，但目前规模小、占比低，不足以抵消传统产业下滑带来的负面影响，导致科技投入份额较小，而其他三市受制于低下的工业化水平，加上正在优化产能的攻坚时期，暂时处于低科技投入强度阶段。

从空间维度来看，由图 3-7（b）可知，北京市以年均 5.53% 的科技投入强度在京津冀中占据绝对优势地位，与第二名天津市 2.82% 的科技投入强

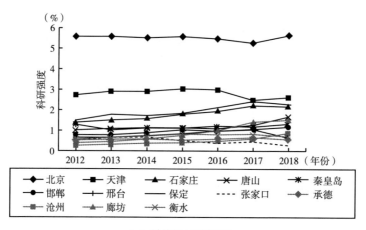

（a）科技投入强度变化

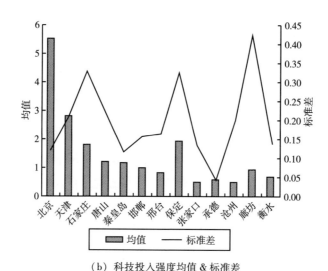

（b）科技投入强度均值 & 标准差

**图 3 - 7　2012～2018 年京津冀 13 市科技投入强度**

度拉开明显差距，而张家口市的年均科技投入强度仅为 0.48%，排在最后，这种现象与各城市功能定位关系密切。北京市为全国科技创新中心，科技投入水平一马当先。天津市为全国先进制造研发基地，紧随北京市之后，张家口市毗邻京津，着力打造京津生态屏障，故而科技投入强度较低。

（8）外向性。

从时间维度来看，由图 3 - 8（a）可知，2012～2018 年，除北京市、天津市出现大幅波动外，其余 11 市的外向性比例较为稳定。

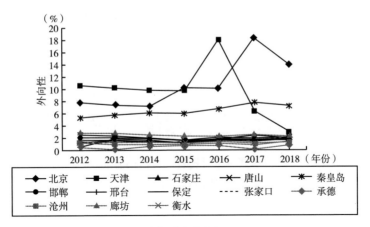

（a）外向性变化

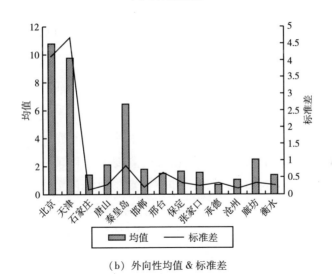

（b）外向性均值 & 标准差

**图 3 - 8　2012 ~ 2018 年京津冀 13 市外向性**

2012 ~ 2014 年，京津冀 13 市外向性基本维持稳定态势，主要变动发生在 2015 ~ 2018 年。其中，天津市外向性先于 2016 年自 10.04% 跃升至 18.10% 后骤降至 3%，年均下降幅度达到 58.9%。上升波动是由于外资在天津市融资租赁、商业保理领域的聚集效应增强，且当年获批跨境电商综合试验区，使外贸投资更加便利，大部分投资流入服务业，吸纳占比高达 66%，之后外向性比例减少源于 2017 年后新批外商投资企业显著下降[107]。而北京市外向性在 2017 年从 10.17% 升至 18.41% 后，又快速回落至 14.51%，这是由于北京市

2018 年在信息传输、计算机服务、软件业和批发零售业上实际利用外资金额大幅下降，自 2017 年 131.79 亿美元下降至 2018 年 45.22 亿美元，下降幅度为 65.69%。

从空间维度来看，由图 3-8（b）可知，北京市和天津市分别以平均 10.79% 和 9.78% 在外向性上领跑京津冀 13 市，紧跟其后的是秦皇岛市以 6.63% 的外向性份额为河北省第一，其余 10 市外向性份额均在 3% 以下。北京市的信息传输、计算机服务、软件业实际利用外资最多，占比为 26.12%，而天津市与秦皇岛市占据临港优势位置，可借助"一带一路"的优势来吸纳外资。

## 3.2 京津冀工业绿色发展水平测度

为了考察 2012～2018 年京津冀工业绿色协同发展的时间和空间双重异质性，本书基于资源、环境与经济协调的绿色发展内涵构建工业绿色发展指标体系，兼顾主观与客观，综合运用 AHP 和引入时间变量的改进熵权法计算权重；在此基础上，综合运用绿色发展测度模型和绿色区域协同测度模型，设置分级标准，对 2012～2018 年京津冀工业绿色发展及其区域协同的相对水平和绝对水平进行测度并总结时间变化趋势，重点分析"绿色发展"正式提出前（2012～2014 年）后（2015～2018 年）的变化，进而引入时间加权向量，结合聚类分析描述空间格局。

根据改进熵权法步骤，可分别得到京津冀工业资源利用、工业环境质量和工业增长质量下各指标层权重，如表 3-1 所示；根据表 3-1 设计京津冀工业绿色发展指标的 AHP 判断矩阵专家咨询表，通过线上方式发放给京津冀科研院所、政府机构、大型工业企业等 24 所单位共 58 位专家学者，回收整理后，将同一位置的数据取众数作为最终的重要性，通过和法计算指标权重，并进行一致性检验，最终得到各指标层的 AHP 权重，如表 3-1 所示。结合专家意见，取 $\alpha = 0.5$，根据式（3-7）和式（3-8）可得到各指标层综合权重，如表 3-1 所示。

由表 3-1 可知，工业环境质量所占权重最大，工业资源利用次之，工业增长质量最小。从指标层来看,单位工业增加值废气、单位工业增加值能耗、单位工业增加值废水、科技投入强度等权重较大,均为主要影响因素;工业增加值增长率的权重最小。

## 3.2.1 时间异质性分析

### 3.2.1.1 相对水平的时间异质性分析

为了考察京津冀总体在 2012～2018 年工业绿色发展水平的变动趋势,根据式(3-14)可计算得到 2012～2018 年京津冀总体工业绿色发展测度值,结果如图 3-9 所示。

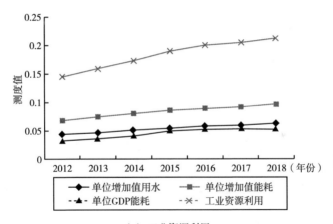

(a) 工业资源利用

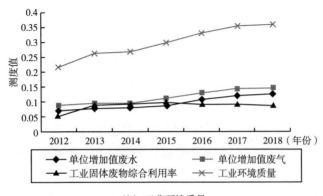

(b) 工业环境质量

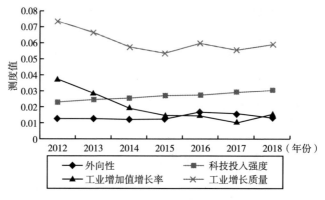

（c）工业增长质量

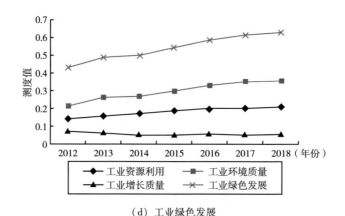

（d）工业绿色发展

**图 3-9　京津冀总体 2012~2018 年工业绿色发展水平**

（1）工业资源利用。

如图 3-9（a）所示，京津冀 2012~2018 年工业资源利用水平整体呈上升趋势，得分累计提高约 0.0671，年均上升约 6.60%，说明工业企业的资源利用效率稳步提升。2012~2018 年单位工业增加值用水、单位工业增加值能耗与单位 GDP 电耗所占工业资源利用比重分别稳定在 29.01%、45.91%、25.08%，呈现出单位工业增加值能耗最大、单位工业增加值用水次之、单位 GDP 电耗最小的局面，比较其贡献度发现，单位工业增加值能耗的贡献度最大，约为 43.20%，对工业资源利用的影响占主导地位。

分阶段来看，2012~2014 年的年均增长率（约为 9.15%）明显高于 2015~2018 年的年均增长率（约为 5.33%）。通过比较内部指标发现，2012~

2014 年单位工业增加值用水、单位工业增加值能耗与单位 GDP 电耗的增长率分别约为 13.23%、19.45%、26.45%，对工业资源利用水平提高的贡献度分别为 21.19%、47.59%、31.22%，该阶段单位工业增加值能耗的贡献度最大，单位 GDP 电耗的贡献度次之，单位工业增加值用水的贡献度最小；2015～2018 年单位工业增加值用水、单位工业增加值能耗与单位 GDP 电耗的增长率分别约为 15.33%、13.02%、5.52%，对工业资源利用水平提高的贡献度分别为 37%、50.36%、12.64%，则该阶段单位工业增加值能耗的贡献度最大，单位工业增加值用水次之，单位 GDP 电耗最小。比较发现，2014 年前后单位工业增加值能耗对工业资源利用的影响始终占据主导地位，且 2014 年以后单位工业增加值用水对工业资源利用的影响有所加深，单位 GDP 电耗的影响有所降低。

（2）工业环境质量。

如图 3 - 9（b）所示，京津冀 2012～2018 年工业环境质量水平呈逐年上升趋势，累计提高约 0.1425，年均增长约 9.03%，说明工业环境友好的生产方式逐渐形成。2012～2018 年单位工业增加值废水、单位工业增加值废气与工业固体废物综合利用率占工业环境质量的比重分别约为 32.01%、38.61%、29.38%，呈现出单位工业增加值废气最大、单位工业增加值废水次之、工业固体废物综合利用率最小的局面。比较其贡献度发现，单位工业增加值废气的贡献度最大，约为 40.73%，对工业环境质量的影响占据主导地位。

分阶段来看，2012～2014 年的年均增长率（约为 12.17%）明显高于 2015～2018 年的年均增长率（约为 7.46%），通过比较内部指标发现，单位工业增加值废水、废气均呈逐年上升趋势，工业固体废物综合利用率呈先上升后下降的趋势，2012～2014 年其对工业环境质量水平增长的贡献度分别约为 25.20%、8.98%、65.83%，该阶段工业固体废物综合利用率的上升是提高工业环境质量水平的主要原因；2015～2018 年单位工业增加值废水、废气对工业环境质量水平增长的贡献度分别约为 55.86%、58.59%，工业固体废物综合利用率对工业环境质量水平增长的影响为负贡献，约为 - 14.44%，说明该阶段工业企业对于废物处理的技术水平有待提高，在一定程度上阻碍了工业环境质量水平的提高。

（3）工业增长质量。

如图 3-9（c）所示，京津冀 2012~2018 年工业增长质量呈扁平"W"形发展，2015 年以前呈降低趋势，年均降低约为 9.90%，随后，呈波动上升趋势。从内部指标来看，外向性与科研投入强度均呈上升趋势，工业增加值增长率呈逐年降低趋势，比较其贡献度发现，工业增加值增长率的贡献度约为 -156.89%，完全抵消了外向性与科技投入强度的促进效应，成为制约工业增长质量上升的重要因素。进入"新常态"以来，面对经济增长放缓与环境规制强度提高的压力，过分依赖于资源消耗的经济发展受到严重阻碍，京津冀需要加快企业转型，优化产业结构，积极培育经济增长新动力，改变当前的不利局面。

（4）工业绿色发展。

如图 3-9（d）所示，京津冀 2012~2018 年工业绿色发展呈逐年上升趋势，累计增长约 0.1953，年均上升约 6.46%，说明京津冀工业企业在绿色发展方面取得积极进展。2012~2018 年工业资源利用、工业环境质量与工业增长质量占工业绿色发展比重分别为 33.69%、54.82%、11.49%，呈现出工业环境质量最大、工业资源利用次之、工业增长质量最小的局面。比较其贡献度发现，工业环境质量对工业绿色发展水平提高的贡献度最大，约为 72.95%，工业增长质量的贡献度为负，表明京津冀工业绿色发展水平主要来自工业环境质量等方面的贡献，而在工业增长质量方面存在一定的短板，有提升空间。

分阶段来看，2012~2014 年属于快速增长阶段，年均增长率约为 7.40%，2015~2018 年属于稳定增长阶段，年均增长率约为 5.98%。通过比较内部指标发现，工业环境质量在 2014 年前后均为推动工业绿色发展水平上升的主要影响因素，说明京津冀环境问题得到了重视，而工业增长质量在 2014 年以前制约了工业绿色发展水平的提升，随着企业转型成果逐渐显现，产业结构逐渐优化，经济增长逐渐回春，2014 年以后在一定程度上促进了工业绿色发展水平的提高，但其贡献度仅为 6.44%。

### 3.2.1.2 绝对水平的时间异质性分析

（1）设置指标等级。

将京津冀工业绿色发展测度指标分为五个等级，即 $C = \{C_1, C_2, C_3,$

$C_4$，$C_5\}$ 来表示好、较好、中、较差和差。分级标准分为五类：第一类，有些指标在"十三五"规划中明确设定了 2020 年相对于 2015 年的累计增速或降速，如单位工业增加值用水和单位工业增加值能耗，利用 2015 年指标数据得到 2020 年数值作为规划值，将其作为最高（低）级别，将 2012～2018 年中全国各省区市指标数据的最低（高）水平作为最低（高）级别，等分差距作为其他级别；第二类，有些指标在"十三五"有关规划中明确设定了 2020 年排放总量的目标值，如单位工业增加值废水排放和单位工业增加值废气排放，利用对有关指标的相关预测得到 2020 年的数据，通过计算得到指标的目标值，将其作为最高（低）等级，将 2012～2018 年中全国各省区市指标数据的最低（高）水平作为最低（高）等级，等分差距作为其他级别；第三类，有些指标如工业固体废物综合利用率、科技创新强度在"十三五"规划中明确设定了 2020 年的目标值，将其作为最高（低）级别，将 2012～2018 年中全国各省区市最低（高）水平作为最低（高）级别，等分差距作为其他级别；第四类，权威机构对有些指标 2020 年的目标值进行了预测，如工业增加值增长率，通过推算得到 2020 年的相关数据，利用 2012 年相关数据得到平均增速或降速，将其作为最高（低）级别，将 2012～2018 年中全国各省区市指标数据最低（高）水平作为最低（高）等级，等分差距设置其他级别；第五类，有些指标国家没有明确规定目标值，如单位 GDP 电耗和外向性，利用 2012～2018 年全国各省区市的相关数据，去掉极端数据，计算出指标的平均值作为中间等级，最小（大）值作为最低（高）等级，等分差距设置其他级别。以上工业增加值全部以 2010 年为基期折算。

①单位工业增加值用水："十三五"规划《工业绿色发展规划（2016～2020 年）》中明确指出"单位工业增加值用水较 2015 年下降 23%"。2015 年单位工业增加值用水约为 56.76 立方米/万元，则 2020 年单位工业增加值用水约为 43.70 立方米/万元，将其作为最高等级；根据 2012～2018 年全国各省区市指标数据，去掉极端数据，得出最大值约为 98.60 立方米/万元，将其作为最低等级；等分差距设置其他等级。

②单位工业增加值能耗："十三五"规划中明确指出"到 2020 年规模以上工业企业单位工业增加值能耗比 2015 年降低 18% 以上"。2015 年单位工业增加值能耗约为 1.76 吨标准煤/万元，则 2020 年单位工业增加值能耗约

为 1.45 吨标准煤/万元，将其设为最高等级；根据 2012～2018 年全国各省区市指标数据，去掉极端数据，得出最大值约为 2.73 吨标准煤/万元，将其作为最低等级；等分差距设置其他等级。

③单位 GDP 电耗：根据 2012～2018 年全国各省区市电力消费总量和生产总值，计算出单位 GDP 电耗的平均值约为 1012.82 千瓦时/万元，将其作为中间等级；去掉极端数据，最小值约为 223.75 千瓦时/万元，将其作为最高等级；等分差距设置其他等级。

④单位工业增加值废水排放："十三五"规划《工业绿色发展规划（2016—2020 年）》中指出"到 2020 年，全国工业削减废水 4 亿吨/年"。2015 年全国工业废水排放约为 190.83 亿吨，则 2020 年全国工业废水排放约为 170.83 亿吨，根据对工业增加值增长率预测，得到 2020 年工业增加值约为 357991.76 亿元，则 2020 年单位工业增加值废水排放为 4.77 吨/万元，将其作为最高等级；根据 2012～2018 年全国各省区市指标数据，去掉极端数据，最大值约为 29.19 吨/万元，将其作为最低等级；等分差距设置其他等级。

⑤单位工业增加值废气排放："十三五"规划《工业绿色发展规划（2016～2020 年）》中指出"到 2020 年，全国工业削减烟粉尘 100 万吨/年、二氧化硫 50 万吨/年"。2015 年全国工业废气排放总量约为 2812.42 万吨，则 2020 年全国工业废气排放总量约为 2662.42 万吨，根据对工业增加值增长率预测，得到 2020 年工业增加值约为 357991.76 亿元，则 2020 年单位工业增加值废气排放约为 74.37 吨/亿元，将其作为最高等级；根据 2012～2018 年全国各省区市指标数据，去掉极端数据，最大值约为 329.30 吨/亿元，将其作为最低等级；等分差距设置其他等级。

⑥工业固体废物综合利用率："十三五"规划《工业绿色发展规划（2016—2020 年）》中指出"到 2020 年，工业固体废物综合利用率达到 73% 以上"，将其作为最高等级；通过比较 2012～2018 年全国各省区市指标数据，去掉极端数据，得出最小值约为 22%，将其作为最低等级；等分差距设置其他级别。

⑦工业增加值增长率：中科院预测中心发布"预计 2020 年规模以上工业增加值累计同比增长 5.3% 左右"，2007 年规模以上工业增加值约为

117048.25 亿元，2008～2019 年规模以上工业增加值增速分别为 12.9%、11%、15.7%、13.9%、10%、9.7%、8.3%、6.1%、6%、6.6%、6.2%、5.7%，则 2020 年规模以上工业增加值约为 357991.76 亿元，2012 年规模以上工业增加值约为 212633.46 亿元，则 2012～2020 年平均增长率约为 9.07%，将其作为最高等级；通过比较 2012～2018 年全国各省区市指标数据，去掉极端数据，得出最小值约为 0%；将其作为最低等级，等分差距设置其他级别。

⑧科技投入强度："十三五"规划中指出"研发与试验发展经费投入强度到 2020 年达到 2.5%"，将其作为最高等级；通过比较 2012～2018 年全国各省区市指标数据，去掉极端数据，得出最小值约为 0.20%，将其作为最低等级；等分差距设置其他级别。

⑨外向性：根据 2012～2018 年全国各省区市实际直接利用外资和全社会固定资产总额，计算出外向性的平均值约为 3.97%，将其作为中间等级；去掉极端数据，最小值约为 0.15%，将其作为最低等级；等分差距设置其他级别。

京津冀工业绿色发展测度指标等级划分如表 3-7 所示。

表 3-7　　　　　京津冀工业绿色发展测度指标等级划分

| 指标（名称—单位） | $C_1$ | $C_2$ | $C_3$ | $C_4$ | $C_5$ |
|---|---|---|---|---|---|
| 单位工业增加值用水（立方米/万元） | 43.70 | 57.43 | 71.15 | 84.88 | 98.60 |
| 单位工业增加值能耗（吨标准煤/万元） | 1.45 | 1.77 | 2.09 | 2.41 | 2.73 |
| 单位工业增加值电耗（千瓦时/万元） | 223.75 | 618.29 | 1012.82 | 1407.36 | 1801.89 |
| 单位工业增加值废水排放（吨/万元） | 4.77 | 10.88 | 16.98 | 23.09 | 29.19 |
| 单位工业增加值废气排放（吨/亿元） | 74.37 | 138.10 | 201.84 | 265.57 | 329.30 |
| 工业固体废物综合利用率（%） | 73.00 | 60.25 | 47.50 | 34.75 | 22.00 |
| 工业增加值增长率（%） | 9.07 | 6.80 | 4.54 | 2.27 | 0.00 |
| 科技投入强度（%） | 2.50 | 1.92 | 1.35 | 0.77 | 0.20 |
| 外向性（%） | 7.79 | 5.88 | 3.97 | 2.06 | 0.15 |

（2）测度结果分析。

根据指标的分级标准和未确知测度模型的概念，得到各单指标测度函数，如图 3-10 所示。

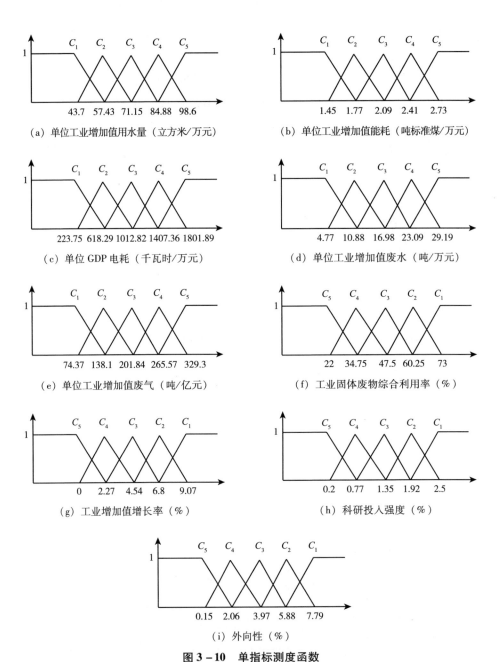

图3-10 单指标测度函数

以2018年北京市为例，根据2018年北京各指标的数据可以得到2018年北京工业绿色发展的测度矩阵为：

$$(\delta_{kij\eta})_{x\times y} = \begin{bmatrix} 1 & 1 & 0.69 & 1 & 1 & 1 & 0 & 1 & 1 \\ 0 & 0 & 0.31 & 0 & 0 & 0 & 0 & 0 & 0 \\ 0 & 0 & 0 & 0 & 0 & 0 & 0.76 & 0 & 0 \\ 0 & 0 & 0 & 0 & 0 & 0 & 0.23 & 0 & 0 \\ 0 & 0 & 0 & 0 & 0 & 0 & 0 & 0 & 0 \end{bmatrix}^{T} 。$$

计算得到的组合权重向量为：

$$w_{ij} = [0.0758, 0.1420, 0.1120, 0.1332, 0.1622, 0.1166,$$
$$0.0496, 0.1285, 0.0801]。$$

根据式（3-17）得到北京 2018 年工业绿色发展的测度向量为：

$$\delta_{ki\eta} = [0.9160, 0.0340, 0.0380, 0.0120, 0]。$$

同理得到，北京 2018 年各准则的测度向量，令 $\mu_1$、$\mu_2$、$\mu_3$ 分别表示工业资源利用、工业环境质量、工业增长质量的测度向量，则：

$$\mu_1 = [0.8960, 0.1040, 0, 0, 0]; \mu_2 = [1, 0, 0, 0, 0];$$
$$\mu_3 = [0.8080, 0, 0.1460, 0.0460, 0]。$$

令 $\lambda = 0.6$、$\eta = 1$ 时：$0.9160 > 0.6$，$0.8960 > 0.6$，$0.8080 > 0.6$。

因此，北京 2018 年工业绿色发展属于 $C_1$ 级别，工业资源利用属于 $C_1$ 级别，工业环境质量属于 $C_1$ 级别，工业增长质量属于 $C_1$ 级别。

同理，根据式（3-16）和式（3-17）可得到 2012~2018 年京津冀 13 市工业资源利用、工业环境质量、工业增长质量以及工业绿色发展水平的评价向量；根据式（3-19），可得到 2012~2018 年京津冀总体工业绿色发展、工业资源利用、工业环境质量、工业增长质量的评价向量，评价结果如表 3-8 所示。

表 3-8　　　　京津冀总体 2012~2018 年工业绿色发展评价等级

| 年份 | 工业资源利用 | 工业环境质量 | 工业增长质量 | 工业绿色发展 |
|---|---|---|---|---|
| 2012 | $C_2$ | $C_3$ | $C_4$ | $C_3$ |
| 2013 | $C_2$ | $C_2$ | $C_4$ | $C_3$ |
| 2014 | $C_2$ | $C_2$ | $C_4$ | $C_2$ |
| 2015 | $C_2$ | $C_1$ | $C_4$ | $C_2$ |

| 年份 | 工业资源利用 | 工业环境质量 | 工业增长质量 | 工业绿色发展 |
|------|------|------|------|------|
| 2016 | $C_2$ | $C_1$ | $C_4$ | $C_2$ |
| 2017 | $C_2$ | $C_1$ | $C_4$ | $C_1$ |
| 2018 | $C_1$ | $C_1$ | $C_4$ | $C_1$ |

①工业资源利用。

由表 3-7 可知，随着工业企业转型升级和技术水平提高，资源的利用效率逐渐上升，2012～2018 年京津冀工业资源利用水平呈逐年上升的趋势，并在 2018 年达到最高级别。但由于天津和河北对资源依赖较大，2012 年进入"新常态"以来，为缓解经济放缓压力，刺激经济增长，工业企业仍延续粗放型生产，在一定程度上阻碍了京津冀工业资源利用水平提高。

②工业环境质量。

由表 3-8 可知，2012～2018 年京津冀工业环境质量水平呈逐年上升趋势，并在 2015 年开始处于最高级别；其中，2012 年处于 $C_3$ 级别，2013～2014 年上升为 $C_2$ 级别，2015～2018 年均处于最高级别。这是由于初期北京"大城市病"现象较为严重，河北高能耗高污染产业较多，导致京津冀工业环境质量水平较低，随着非首都功能的疏解，"三废"排放的降低以及节能节水政策的大力实施，工业环境质量水平逐年上升至最高级别。由此可见，短时间内京津冀工业环境质量水平主要依赖于工业企业的废物处理水平和政府部门的执法力度。

③工业增长质量。

由表 3-8 可知，2012～2018 年京津冀工业增长质量水平一直处于较差级别，这是由于京津冀传统工业产业的利润明显降低，工业增速放缓，同时新的产业发展较慢，技术发展尚未成熟，所占工业比重较小，在一定程度上拉低了工业增长质量水平。另外，京津冀在环境和经济方面发展缺乏技术支撑，一方面，绿色技术创新水平相对较低，废物处理再利用方面相对较弱；另一方面，进入"新常态"以来，经济增速放缓，降低了京津冀工业增长质量的水平，均需要新动力来支撑。

④工业绿色发展。

因为工业化发展带来的污染已到达环境承载力的极限，所以把生态文明建设放在突出地位，改善环境问题已成为迫切需要。生产方式需要坚持以保护环境为中心，提高工业企业在环境改善和绿色技术创新方面的能力。但进入"新常态"以来，京津冀的发展受到了一定程度的冲击，2014 年以后京津冀协同发展上升为国家战略，各方面均有明显好转。由表 3 – 8 可知，2012～2018 年京津冀工业绿色发展水平呈逐年上升趋势，并达到最高级别；其中，2012～2013 年处于中等水平，2014 年开始上升为 $C_2$ 级别，随后在 2017 年上升为最高级别，并保持稳定。

## 3.2.2　空间异质性分析

### 3.2.2.1　相对水平的空间异质性分析

（1）个体时点的相对水平分析。

为了明确京津冀工业绿色发展相对水平的市域间差距，描述空间格局变化，根据式（3 – 2）和式（3 – 9），可得到 2012～2018 年京津冀 13 市工业资源利用、工业环境质量、工业增长质量以及工业绿色发展相对水平测度值，如图 3 – 11 所示。

①工业资源利用。

为了更加直观地呈现 2012～2018 年京津冀工业资源利用的空间格局，运用 Geoda 对 13 市测度结果进行聚类分析。聚类包括 K – means 聚类、DB-SCAN 聚类、系统聚类等方式，其中，系统聚类算法简单、结果精确稳定，不仅能够对连续型变量进行聚类，也能够对分类型变量进行聚类。因此，选择系统聚类，令聚类数为 3，根据聚类结果划分等级梯队，并输出空间分布图，结果如表 3 – 9 所示。

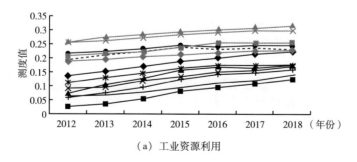

（a）工业资源利用

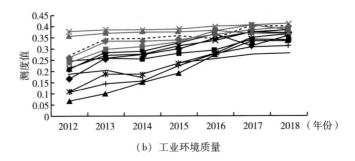

（b）工业环境质量

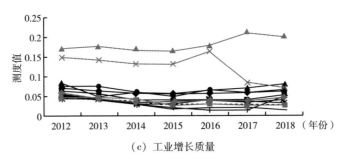

（c）工业增长质量

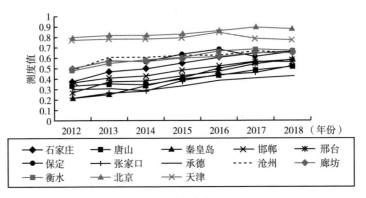

| ◆ 石家庄 | ■ 唐山 | ▲ 秦皇岛 | ✕ 邯郸 | ✳ 邢台 |
| ● 保定 | ╋ 张家口 | ── 承德 | ┈ 沧州 | ◆ 廊坊 |
| ▢ 衡水 | ▲ 北京 | ✕ 天津 | | |

（d）工业绿色发展

**图 3 - 11　京津冀 13 市 2012～2018 年工业绿色发展水平**

**表 3 - 9　　　　京津冀 2012～2018 年工业资源利用梯队划分结果**

| 年份 | 梯队 | 地区 |
|---|---|---|
| 2012、2013 | 第一梯队 | 北京、天津、保定、沧州、廊坊、衡水 |
| | 第二梯队 | 石家庄、邢台 |
| | 第三梯队 | 唐山、秦皇岛、邯郸、张家口、承德 |

| 年份 | 梯队 | 地区 |
| --- | --- | --- |
| 2014 | 第一梯队 | 北京、天津、保定、沧州、廊坊、衡水 |
| | 第二梯队 | 石家庄、秦皇岛、邯郸、邢台 |
| | 第三梯队 | 唐山、张家口、承德 |
| 2015、2016、2017、2018 | 第一梯队 | 北京、天津 |
| | 第二梯队 | 石家庄、保定、沧州、廊坊、衡水 |
| | 第三梯队 | 唐山、秦皇岛、邯郸、邢台、张家口、承德 |

如图 3-11（a）所示，2012~2018 年京津冀 13 市工业资源利用水平均呈上升趋势。其中，唐山、秦皇岛与张家口工业资源利用水平的提高较为显著，2012~2018 年唐山工业资源利用水平由 0.0268 持续增至 0.1242，上升约 363.71%，同期，秦皇岛与张家口工业资源利用水平分别由 0.0743 与 0.0608 持续上升至 0.1767 与 0.1628，上升约 137.81% 与 167.71%。

分阶段来看，石家庄、唐山、秦皇岛、邯郸、邢台、保定、张家口、沧州等市 2014 年以前的平均增速明显相对较高，分别约为 11.72%、46.72%、31.07%、17.37%、14.96%、4%、25.79%、7.60%，2014 年以后平均增速大幅降低，分别降低 7.35%、22.08%、9.16%、8.45%、4.71%、1.48%、14.49%、0.70%。其原因在于，大部分市处于工业化中期，该阶段随着资源的大规模消耗，随着环境规制的进一步加强，使各市经济与环境之间的矛盾进一步加深，单位工业增加值资源消耗的降速也明显放缓。北京、天津、廊坊、衡水的平均增速在 2014 年前后变化不大，上下浮动不超过 1%，近似为"均速"增长；通过比较四市内部指标发现，单位工业增加值用水、单位工业增加值能耗和单位 GDP 电耗方面呈逐年降低的特征，但不同阶段对于工业资源利用水平的影响程度却有所不同。北京 2014 年以前，单位工业增加值用水、单位工业增加值能耗和单位 GDP 电耗对于工业资源利用水平的贡献度分别为 13.67%、56.01% 和 30.32%；2014 年以后，单位工业增加值用水贡献度上升为 34.05%，单位工业增加值能耗和单位 GDP 电耗的贡献度降至 49% 与 16.95%，但单位工业增加值能耗降低对于北京市工业资源利用水平上升的影响始终占据主导地位。天津市 2014 年以前单位工业增加值用水、单位工业增加值能耗和单位 GDP 电耗对于工业资源利用水平的贡献度分别为 16.60%、35.49% 和 47.91%，该阶段单位 GDP 电耗是工业资源利用水平提高的主要影响因素；2014 年以后，单位工业增加值能耗贡献度上升为 67.08%，单位工业增加值能耗和单位 GDP 电耗的贡献度降至 11.45% 与 31.47%，说明该阶段单位工业增加值能耗的降低是提高天津工业资源利用水平的主要原因。廊坊 2014 年以前，单位工业增加值用水、单位工业增加值能耗和单位 GDP 电耗对于工业资源利用水平的贡献度分别为 69.60%、20.48% 和 9.92%，该阶段单位 GDP 电耗对于工业资源利用水平的影响最大；2014 年以后，单位工业增加值能耗贡献度上升为 49.18%，成为提高工业资源利用水平的主要影响因素。衡水市 2014 年以前，单位工业增加值用水、单位工业增加值能耗和单位 GDP 电耗对于工业资源利用水平的贡献度分别为 32.94%、55.07% 和 11.99%，说明该阶段单位工业增加值能耗是提高工业资源利用水平的主要影响因素；2014 年以后，单位工业增加值用水贡献度上升为 39.60%，成为主要影响因素。承德 2012~2014 年的平均增长率约为 13.34%，2014 年后呈现上升趋势，年均上升约 15.93%，通过比较内部指标结构发现，2014 年前后单位工业增加值能耗始终占据于领先地位，说明研究期内，承德市单位工业增加值能耗对于工业资源利用水平上升的影响最大。

由表 3-9 可知，北京和天津的工业资源利用水平最高，一直处于排名的前两位，且属于第一梯队；石家庄一直处于第二梯队；唐山、秦皇岛、邯郸、张家口、承德等市大多年份均处于第三梯队。其中，唐山的工业资源利用水平最低，一直位于排名末端；邢台、保定、沧州、廊坊、衡水等市在 2014 年以后排名有所降低，主要是由于单位 GDP 电耗的降速相对较慢，从而拉低其工业资源利用水平的提高速度。通过比较内部指标发现，排名靠前的市在其他方面也存在一定优势，但市之间也存在较大差距。北京除单位工业增加值用水排名较为靠后外，单位工业增加值能耗与单位 GDP 电耗均位于第 1 名。天津单位工业增加值用水、单位工业增加值能耗与单位 GDP 电耗排名均位于前 4 名。沧州工业资源利用水平排名虽位于前端，但单位工业增加值用水方面存在短板，其工业资源利用排名靠前主要在于其用电效率较高。

如图 3-12 所示，其空间分布格局从整体来看类似于"汉堡"的形态，工业资源利用水平较低的市集中分布在上下两部分，工业资源利用水平较高的市大多位于中间"夹心"位置。从内部结构来看，可分为以京津、石家庄、唐秦为主要发展区域的三个板块，排名靠前的市大多位于京津、石家庄附近的区域，排名靠后的主要位于唐秦等河北省边界的区域，主要原因可能在于京津

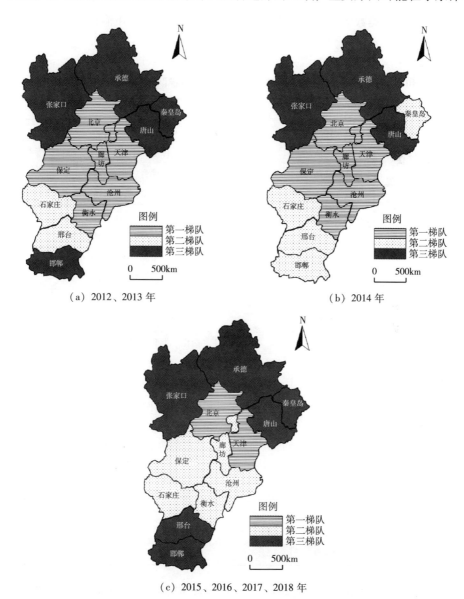

（a）2012、2013 年　　　　　　　　　　（b）2014 年

（c）2015、2016、2017、2018 年

**图 3 - 12　京津冀 2012～2018 年工业资源利用相对水平空间分布**

冀区域通关一体化改革以后，为石家庄附近的市与京津工业企业之间的资源流通节省了大量的财力和时间，大幅度提高了区域之间资源流动的效率。

②工业环境质量。

运用 Geoda 分别京津冀 13 市 2012～2018 年的工业环境质量水平进行系统聚类，令聚类数为 3，根据聚类结果划分等级梯队，并输出空间分布图，结果如表 3 –10 所示。

表 3 –10　　　京津冀 2012～2018 年工业环境质量梯队划分结果

| 年份 | 梯队 | 地区 |
|------|------|------|
| 2012 | 第一梯队 | 北京、天津 |
| | 第二梯队 | 石家庄、唐山、邯郸、保定、承德、沧州、廊坊、衡水 |
| | 第三梯队 | 秦皇岛、邢台、张家口 |
| 2013 | 第一梯队 | 北京、天津、沧州、廊坊 |
| | 第二梯队 | 石家庄、唐山、邯郸、保定、衡水 |
| | 第三梯队 | 秦皇岛、邢台、张家口、承德 |
| 2014 | 第一梯队 | 北京、天津、沧州、廊坊、衡水 |
| | 第二梯队 | 石家庄、唐山、邯郸、保定 |
| | 第三梯队 | 秦皇岛、邢台、张家口、承德 |
| 2015 | 第一梯队 | 北京、天津、沧州 |
| | 第二梯队 | 石家庄、唐山、邯郸、保定、廊坊、衡水 |
| | 第三梯队 | 秦皇岛、邢台、张家口、承德 |
| 2016 | 第一梯队 | 北京、天津、衡水 |
| | 第二梯队 | 石家庄、邯郸、保定、沧州、廊坊 |
| | 第三梯队 | 唐山、秦皇岛、邢台、张家口、承德 |
| 2017 | 第一梯队 | 北京、天津、石家庄、邯郸、沧州、廊坊、衡水 |
| | 第二梯队 | 唐山、秦皇岛、邢台、保定、张家口 |
| | 第三梯队 | 承德 |
| 2018 | 第一梯队 | 天津、沧州、廊坊 |
| | 第二梯队 | 北京、石家庄、唐山、秦皇岛、邯郸、邢台、保定、衡水 |
| | 第三梯队 | 张家口、承德 |

如图 3 –11（b）所示，2012～2018 年京津冀 13 市工业环境质量水平均呈上升趋势。其中，石家庄、秦皇岛、邢台与张家口等市工业环境质量水平

上升趋势显著，分别由 0.1706、0.0696、0.1098 与 0.1126 持续增至 0.3709、0.3355、0.3656 与 0.3107，上升约 117.48%、382%、233.02% 与 176.03%。此外，北京和天津在整个研究期内几乎没有明显改善，这是由于北京以第三产业为主，污染排放较低；天津处于工业化后期，大多为低能耗产业，且技术较为成熟，能够实现废气废物的高水平循环利用[108]。

分阶段来看，石家庄、秦皇岛、邯郸、邢台、保定、沧州、廊坊和衡水等市在 2014 年以前的平均增速明显相对较高，分别约为 28.97%、47.98%、13.78%、34.94%、17.94%、16.33%、14.41%、14.06%，2014 年以后平均增速大幅度降低，分别降低为 7.74%、22.85%、8.02%、18.99%、6.49%、3.96%、4.02%、5.62%，且石家庄市与秦皇岛市的变动最为明显。2012 年以来，在地方政策的推动和政府主导的作用下，大量减排设施投入使用，使各市环境质量有所改善，但由于主导产业的污染较大，技术水平较低，产业结构和企业的转型难以快速实现，因此无法从根本上改变现状，减排空间逐渐缩小，从而减排效率也逐渐降低。唐山、张家口、承德等市 2014 年以前增长趋势相对平缓，甚至呈现负增长趋势，2014 年后显著提高。通过比较内部指标发现，张家口、承德在单位工业增加值废水、单位工业增加值废气与工业固体废物综合利用率方面呈逐年上升趋势，但对于工业环境质量水平提升的贡献度有所不同。2012~2014 年单位工业增加值废水、单位工业增加值废气与工业固体废物综合利用率对于张家口市工业环境质量水平提升的贡献度分别约为 33.89%、7.05% 和 59.06%，其中工业固体废物综合利用率的影响最大；2015~2018 年单位工业增加值废水上升为主导地位，而工业固体废物综合利用率为负贡献，约为 -13.14%。2014 年以前除单位工业增加值废气对于承德市工业环境质量水平的影响为正，单位工业增加值废水与工业固体废物综合利用率均为负贡献，2014 年以后单位工业增加值废水上升为促进效应，单位工业增加值废气的贡献有所下降，但始终处于主导地位。唐山 2012~2014 年单位工业增加值废水与单位工业增加值废气对工业环境质量均为正贡献，而工业固体废物综合利用率为负贡献，该阶段单位工业增加值废水对工业环境质量的影响最大，但工业固体废物综合利用率抑制工业环境质量的提高，2015~2018 年单位工业增加值废气大幅度降低，并成为提高工业环境质量水平的主要影响因素。

由表 3 – 10 可以看出，天津工业环境质量水平一直位于排名之首；张家口一直位于排名的末端，大多年份均处于第三梯度；北京 2012 ~ 2016 年均排名第二，2017 ~ 2018 年大幅度降低至第七名；保定、唐山、承德等市在 2014 年以后排名有降低趋势；石家庄、秦皇岛、邯郸、邢台、衡水等市在 2014 年以后排名有上升趋势。其中，石家庄、邢台 2014 年以后排名上升显著，其主要原因可能是固体废物综合利用水平的大幅度提高。通过比较内部指标发现，排名靠前的市在其他方面也存在一定优势，但市与市之间也存在较大差距。天津市单位工业增加值废水、单位工业增加值废气与工业固体废物综合利用率排名均位于前三。北京单位工业增加值废水、单位工业增加值废气大多年份均位于前三，但工业固体废物综合利用率排名较为靠后。沧州工业环境质量水平大多年份均位于前三，但除单位工业增加值废气以外，其余大多年份均位于中等水平。

如图 3 – 13 所示，排名靠前的市大多位于京津附近的"心房"区域，排名靠后的主要位于主动脉的"心底"区域。其主要原因可能是距离京津较近的区域环境规制强度较高，各市高污染企业受到一定程度的限制，加之京津溢出效应的影响，能够带动周边市技术水平的提高，推动企业高技术转型。

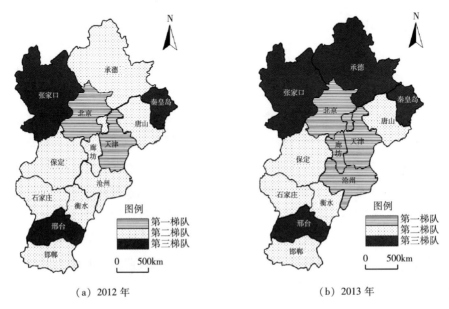

(a) 2012 年　　　　　　　　　　　　(b) 2013 年

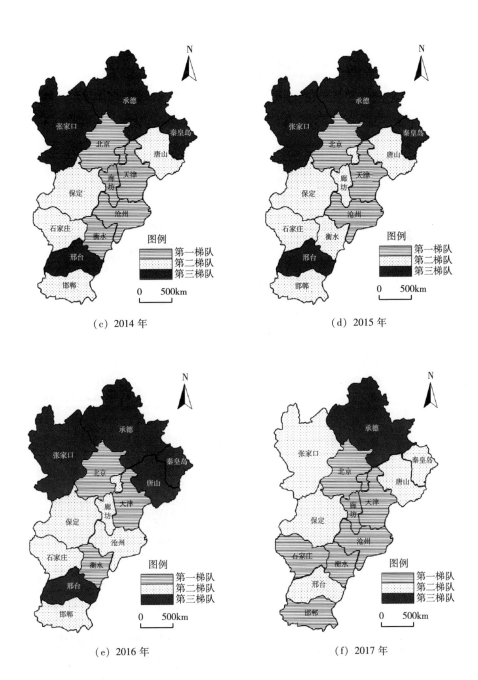

（c）2014 年

（d）2015 年

（e）2016 年

（f）2017 年

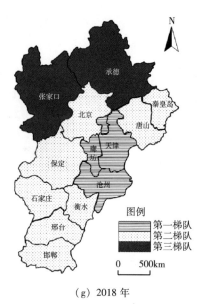

（g）2018 年

**图 3 - 13　京津冀 2012 ~ 2018 年工业环境质量相对水平空间分布**

③工业增长质量。

运用 Geoda 分别对京津冀 13 市 2012 ~ 2018 年的工业增长质量水平进行系统聚类，令聚类数为 3，根据聚类结果划分等级梯队，并输出空间分布图，结果如表 3 - 11 所示。

表 3 - 11　　京津冀 2012 ~ 2018 年工业增长质量梯队划分结果

| 年份 | 梯队 | 地区 |
|---|---|---|
| 2012 | 第一梯队 | 北京、天津 |
| | 第二梯队 | 石家庄、唐山、秦皇岛、邯郸、保定 |
| | 第三梯队 | 邢台、张家口、承德、沧州、廊坊、衡水 |
| 2013 | 第一梯队 | 北京、天津 |
| | 第二梯队 | 石家庄、唐山、保定 |
| | 第三梯队 | 秦皇岛、邯郸、邢台、张家口、承德、沧州、廊坊、衡水 |
| 2014、2015、2016 | 第一梯队 | 北京、天津 |
| | 第二梯队 | 石家庄、秦皇岛、保定 |
| | 第三梯队 | 唐山、邯郸、邢台、张家口、承德、沧州、廊坊、衡水 |
| 2017、2018 | 第一梯队 | 北京 |
| | 第二梯队 | 天津、石家庄、秦皇岛、保定 |
| | 第三梯队 | 唐山、邯郸、邢台、张家口、承德、沧州、廊坊、衡水 |

如图 3 - 11（c）所示，从发展趋势来看，2012~2018 年，北京市工业增长质量水平呈波动上升趋势；天津、承德、沧州、衡水等市呈波动下降趋势；石家庄、唐山、秦皇岛、邯郸、邢台、保定、张家口、廊坊等市呈"U"形上升趋势。

分阶段来看，2012~2014 年，除秦皇岛市在 2014 年有所回升，其余市均呈逐年降低趋势。通过比较内部指标发现，工业增加值增长率的降低是导致 13 市逐年降低的主要原因，其原因可能在于该阶段我国"三期叠加"的压力不断增加，经济转型与增长的动力不足，缺乏发展后劲。2015~2018 年除天津、承德、沧州、衡水等市呈波动降低趋势外，其余市均有所回升；其中张家口市 2018 年以前均呈逐年降低趋势，2018 年大幅度上升，上升约 202.03%。通过比较内部指标发现，2014 年以后，天津和衡水市由于对外资的实际利用水平降低导致工业增长质量水平降低持续降低，承德和沧州由于工业企业经济持续放缓导致工业增长质量水平呈降低趋势；随着推动高技术产业的成长，创新驱动力不断强化，科技投入强度不断增加，对外招商能力的增强推动工业转型升级，该阶段各市的经济层次和水平均有全面的提升。通过比较内部指标结构发现，2014 年前后，北京、天津、秦皇岛、邢台、承德、衡水等市在工业增加值增长率、科技投入强度、外向性所占比重在研究期内均保持稳定。其中，科技投入强度均为北京、天津的主要影响因素，外向性为秦皇岛工业增长质量的主要影响因素，工业增加值增长率均为邢台、承德、衡水的主要影响因素。2014 年以前工业增加值增长率均为石家庄、唐山、邯郸、保定、廊坊等市的主要影响因素，2014 年以后科技投入强度上升为主要影响因素。2014 年前后，工业增加值增长率均为张家口、沧州工业增长质量水平的主要影响因素。

由表 3 - 11 可知，2012~2018 年京、津的工业增长质量水平一直位于前两名，且远远高于其他市，2012~2016 年均属于第一梯队，2017~2018 年随着其他市工业增长质量水平的提高，逐渐与天津市持平，从而导致天津市降低为第二梯队。石家庄、秦皇岛、保定等市一直属于第二梯队，张家口除 2018 年外，其余年份均处于排名末端。秦皇岛、廊坊等市在 2014 年以后排名有上升趋势，其中，秦皇岛 2014 年以前受整体经济增长放缓、出口疲软、内需不振等因素影响，一直处于低速运行态势，2014 年以后随着新动能的快速崛起，秦皇岛工业增加值增长率大幅度上升，从而推动工业增长质量水平的提高，随着廊坊市食品工业的快速发展、科技创新的不断完善，2014 年以后其工业增加值增长率与科技投入强度也大幅度上升，进而影响其工业增长质量。承德、沧州、衡水等市在 2014 年以后有降低趋势，主要在于科技投入和外资利用水平较低。通过比较内部指标发现，北京科技与外资利用水平遥遥领先，但其工业增加值增速却远远落后于其他市，说明北京工业所占比重较低，已步入现代化工业化时期，以信息技术等高新技术产业为主；天津位于后工业化，以高端制造业为主，其科技、外向性与工业增加值增长率均位于前两名；秦皇岛虽排名靠前，但作为旅游城市该市以服务业为主，工业大多以外资为主，因此其工业增加值增长率水平较低。

如图 3-14 所示，排名靠前的市大多位于京津附近的"心房"区域和石家庄省会的"左心室"区域，排名靠后的主要位于主动脉的"心底"区域。其主要原因可能是京津冀经济发展差距较大，虽在京较多产业已迁至河北各市，但大量的产业转移导致科技资源与生产能力的协调存在较大问题，正式投产还需一定时间。

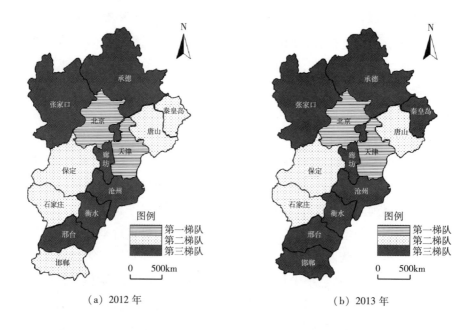

(a) 2012 年　　　　　　　　　(b) 2013 年

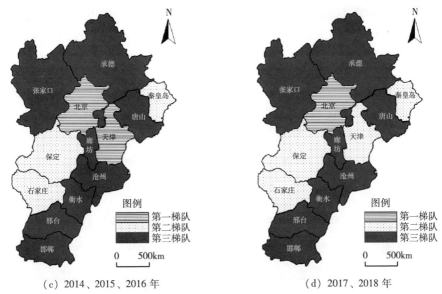

（c）2014、2015、2016 年　　　　　（d）2017、2018 年

**图 3 - 14　京津冀 2012～2018 年工业增长质量相对水平空间分布**

④工业绿色发展。

如图 3 - 11（d）所示，2012～2018 年京津冀 13 市工业绿色发展水平均呈上升趋势。其中，秦皇岛、邢台、张家口等市上升趋势明显，分别由 0.2266、0.2640、0.2209 持续上升至 0.5908、0.5712、0.5232，分别上升约 148.57%、77.73%、115.88%。此外，北京和天津在研究期内工业绿色发展水平没有明显提高，由数据可知，北京市和天津市主要受到工业资源利用和工业环境质量的影响，而工业增长质量对于两个市有一定的抑制作用。

分阶段来看，石家庄、秦皇岛、邯郸、邢台、保定、沧州、廊坊、衡水等市 2014 年以前的平均增速明显较高，分别约为 16.12%、22.44%、9.16%、18.57%、7.82%、10.14%、7.27%、7.56%，2014 年以后平均增速大幅度降低，分别降低为 7.09%、15.32%、7.61%、12.36%、4.07%、2.27%、3.83%、3.81%。通过内部指标结构比较发现，研究期内工业环境质量在大多年份均为各市工业绿色发展水平的主要影响因素。其中，秦皇岛在 2014 年以前，工业资源利用是提高工业绿色发展水平的主要影响因素，2014 年以后，工业环境质量上升为主导地位；唐山、张家口和承德等市在 2014 年之后平均增速有明显提高，分别提高了 7.18%、3.95%、12.09%。通过比较内部指标发现，2014 年以前，工业资源利用为唐山工业绿色发展的主要影响因素，2014 年以后工业环境质量占据主导地位；张家口在 2014 年前后，工业环境质量均为主要影响因素，承德在 2014 年以前工业增长质量为主要影响因素，2014 年以后工业资源利用占据主导地位。

运用 Geoda 分别对京津冀 13 市 2012～2018 年的工业绿色发展水平进行系统聚类，令聚类数为 3，根据聚类结果划分等级梯队，并输出空间分布图，结果如表 3-12 所示。

表 3-12　　　京津冀 2012～2018 年工业绿色发展梯队划分结果

| 年份 | 梯队 | 地区 |
|------|------|------|
| 2012 | 第一梯队 | 北京、天津 |
|  | 第二梯队 | 保定、沧州、廊坊、衡水 |
|  | 第三梯队 | 石家庄、唐山、秦皇岛、邯郸、邢台、张家口、承德 |
| 2013、2014、2015 | 第一梯队 | 北京、天津 |
|  | 第二梯队 | 石家庄、邯郸、保定、沧州、廊坊、衡水 |
|  | 第三梯队 | 唐山、秦皇岛、邢台、张家口、承德 |
| 2016、2018 | 第一梯队 | 北京、天津 |
|  | 第二梯队 | 石家庄、保定、沧州、廊坊、衡水 |
|  | 第三梯队 | 唐山、秦皇岛、邯郸、邢台、张家口、承德 |
| 2017 | 第一梯队 | 北京、天津 |
|  | 第二梯队 | 石家庄、秦皇岛、邯郸、邢台、保定、沧州、廊坊、衡水 |
|  | 第三梯队 | 唐山、张家口、承德 |

由表 3-12 可知，北京市、天津市一直处于排名顶端，且属于第一梯队；石家庄、保定、沧州、廊坊、衡水等市大多年份均属于第二梯队；唐山、邢台、张家口、承德等市一直以来均位于排名末端，大多年份均属于第三梯队，其中，唐山市、承德市在 2014 年以后有降低趋势，秦皇岛、衡水 2014 年以后上升趋势明显。比较发现，第一梯队工业资源利用、工业环境质量、工业增长质量的发展较为同步，均位于排名的顶端，唐山、秦皇岛、沧州、衡水等市工业资源利用、工业环境质量、工业增长质量之间的差距最为明显。

如图 3-15 所示，排名靠前的市大多位于京津附近的"心房"区域，排名靠后的主要位于"心底"和"心尖"区域，京津冀工业绿色发展呈现出以京津为中心向四周依次递减的态势，说明京津充分发挥其中心作用，逐渐推动各市优化资源配置和资源共享，逐渐形成各区域功能互补、产业创新联动发展的新局面。

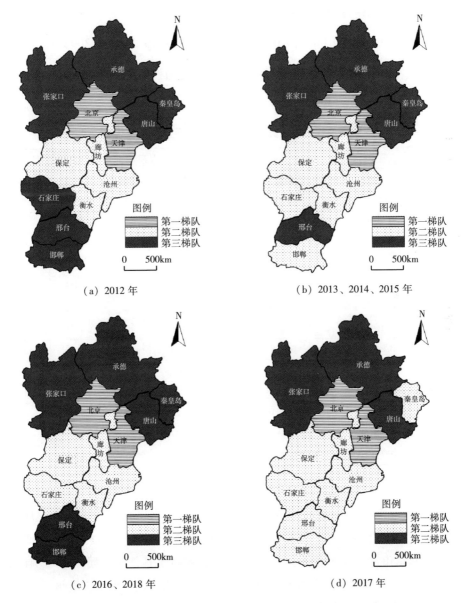

（a）2012 年 　　　　　　　（b）2013、2014、2015 年

（c）2016、2018 年 　　　　　　　（d）2017 年

**图 3 - 15　京津冀 2012～2018 年工业绿色发展相对水平空间分布**

（2）个体时间加权的相对水平分析。

为进一步聚焦京津冀 13 市工业绿色发展的总体差异，遵循"厚今薄古"原则引入时间加权向量。"绿色发展"于 2015 年被正式提出后越来越受到重视，因此本书更加重视近期数据，结合专家意见，取"时间度" $\tau = 0.3$。利用 Lingo10.0 计算得到时间加权向量为：

$$\gamma = (0.0439, 0.0608, 0.0842, 0.1166, 0.1614, 0.2235, 0.3096)^T。$$

根据式（3-9）~式（3-11）可得到引入时间加权向量后京津冀 13 市工业绿色发展的测度值，结果如表 3-13 所示。

表 3-13　　　　时间加权后京津冀工业绿色发展水平测度值及排名

| 地区 | 工业资源利用 | | 工业环境质量 | | 工业增长质量 | | 工业绿色发展 | |
|---|---|---|---|---|---|---|---|---|
| | 测度值 | 排名 | 测度值 | 排名 | 测度值 | 排名 | 测度值 | 排名 |
| 北京 | 0.3034 | 1 | 0.3718 | 2 | 0.1902 | 1 | 0.8655 | 1 |
| 天津 | 0.2909 | 2 | 0.3953 | 1 | 0.1083 | 2 | 0.7944 | 2 |
| 石家庄 | 0.2021 | 7 | 0.3359 | 6 | 0.0597 | 5 | 0.5977 | 7 |
| 唐山 | 0.0967 | 13 | 0.3089 | 9 | 0.0466 | 6 | 0.4522 | 11 |
| 秦皇岛 | 0.1582 | 9 | 0.2665 | 11 | 0.0678 | 3 | 0.4925 | 10 |
| 邯郸 | 0.1477 | 10 | 0.3347 | 7 | 0.0377 | 8 | 0.5202 | 8 |
| 邢台 | 0.1648 | 8 | 0.2947 | 10 | 0.0353 | 9 | 0.4948 | 9 |
| 保定 | 0.2408 | 4 | 0.3281 | 8 | 0.0617 | 4 | 0.6305 | 5 |
| 张家口 | 0.1372 | 11 | 0.2641 | 12 | 0.0316 | 11 | 0.4328 | 12 |
| 承德 | 0.1129 | 12 | 0.2528 | 13 | 0.0220 | 13 | 0.3877 | 13 |
| 沧州 | 0.2305 | 5 | 0.3718 | 3 | 0.0292 | 12 | 0.6316 | 4 |
| 廊坊 | 0.2198 | 6 | 0.3639 | 4 | 0.0421 | 7 | 0.6259 | 6 |
| 衡水 | 0.2439 | 3 | 0.3614 | 5 | 0.0316 | 10 | 0.6369 | 3 |

①工业资源利用。

由表 3-13 可知，京津冀 13 市工业资源利用水平差异较大，为更加直观地呈现空间格局，同样利用 Geoda 进行系统聚类，如表 3-14 所示。研究期内，北京市、天津市位于排名的顶端，远远高于其他市，属于第一梯队，2012~2018 年加权得分分别为 0.3034、0.2909；石家庄、保定、沧州、廊坊、衡水等市属于第二梯队，得分分别为 0.2021、0.2408、0.2305、0.2198、

0.2439；唐山、秦皇岛、邯郸、邢台、张家口、承德等市属于第三梯队，得分分别为 0.0967、0.1582、0.1477、0.1372、0.1129，其中，唐山处于排名末端，远远落后于其他市，是唯一一个平均得分小于 0.1 的市。比较内部指标结构发现，除邯郸、张家口外，单位工业增加值能耗均为工业资源利用的主要影响因素。

**表 3 – 14**　　　　　　　时间加权后京津冀工业绿色发展梯队划分结果

| 类别 | 梯队 | 地区 |
|---|---|---|
| 工业资源利用 | 第一梯队 | 北京、天津 |
| | 第二梯队 | 石家庄、保定、沧州、廊坊、衡水 |
| | 第三梯队 | 唐山、秦皇岛、邯郸、邢台、张家口、承德 |
| 工业环境质量 | 第一梯队 | 北京、天津、沧州、廊坊、衡水 |
| | 第二梯队 | 石家庄、唐山、邯郸、邢台、保定 |
| | 第三梯队 | 秦皇岛、张家口、承德 |
| 工业增长质量 | 第一梯队 | 北京 |
| | 第二梯队 | 天津、石家庄、秦皇岛、保定 |
| | 第三梯队 | 唐山、邯郸、邢台、张家口、承德、沧州、廊坊、衡水 |
| 工业绿色发展 | 第一梯队 | 北京、天津 |
| | 第二梯队 | 石家庄、保定、沧州、廊坊、衡水 |
| | 第三梯队 | 唐山、秦皇岛、邯郸、邢台、张家口、承德 |

如图 3 – 16 所示，排名靠前的市位于京津与石家庄之间，主要是由于北京、天津、石家庄作为主要的辐射区，保定、沧州、衡水、廊坊分别与京津、石家庄等市接壤，具备一定的交通优势，保定、石家庄与周边市联系较为密切，从而促进了周边市的资源流动，加强了各市之间的产业合作，推动了工业资源利用逐渐走向协同。

②工业环境质量。

由表 3 – 13 可以看出，京津冀 13 市工业环境质量水平存在较大差异。如表 3 – 14 所示，研究期内，北京、天津、沧州、廊坊、衡水等市属于第一梯队，时间加权得分均达到 0.36 以上，其中，天津市最高，得分约为 0.3953；石家庄、唐山、邯郸、邢台、保定等市属于第二梯队，得分分别约为 0.3359、0.3089、0.3347、0.2947、0.3281；秦皇岛、张家口、承德等市属于

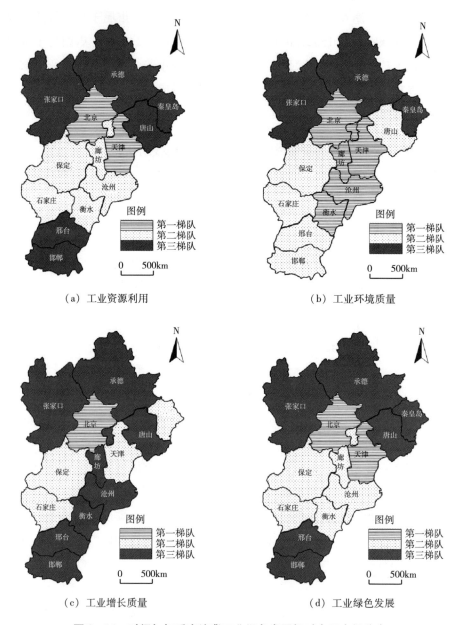

（a）工业资源利用　　　　　　　（b）工业环境质量

（c）工业增长质量　　　　　　　（d）工业绿色发展

**图 3-16　时间加权后京津冀工业绿色发展相对水平空间分布**

第三梯队，得分分别为 0.2665、0.2641、0.2528。比较内部指标结构发现，除唐山、邯郸、承德外，单位工业增加值废气均为工业环境质量的主要影响因素。

如图 3-16 所示，以北京、保定、唐山为界，大致分为上、下两个区域，京津一带工业环境质量较好，张家口、承德等上游一带最差，一方面由于张家口、承德等地运输设施不发达，尚未形成产业集聚发展，导致企业创新转型较慢；另一方面由于城市分工不同，张家口和承德等更多担负了生态涵养功能，工业化进程落后，环境利用效率低下[109-110]。

③工业增长质量。

由表 3-13 可知，京津与河北省各市之间两极分化严重。如表 3-14 所示，研究期内，北京市工业增长质量水平遥遥领先，稳居第一梯队，其时间加权得分为 0.1902；天津、石家庄、秦皇岛、保定等市属于第二梯队，得分分别为 0.1083、0.0597、0.0678、0.0617；唐山、邯郸、邢台、张家口、承德、沧州、廊坊、衡水等市属于第三梯队，得分分别为 0.0466、0.0377、0.0353、0.0316、0.0220、0.0292、0.0421、0.0316。比较内部指标结构发现，科技投入强度均为北京、天津、石家庄、唐山、邯郸、保定、廊坊等市的主要影响因素，外向性为秦皇岛市工业增长质量的主要影响因素，工业增加值增长率为邢台、张家口、承德、沧州、衡水等市的主要影响因素。

由图 3-16 可知，排名较高的市大多位于北京、天津、石家庄三角区，主要在于保定市与京津石相毗邻，其具有资源、交通等绝对优势，秦皇岛凭借优越的地理位置，作为连接华北与东北的纽带，具有优越的投资环境。

④工业绿色发展。

由表 3-13 可知，京津冀工业绿色发展水平存在一定差距。如表 3-14 所示，研究期内，北京市和天津市工业绿色发展水平远远高于其他市，属于第一梯队，其时间加权得分分别为 0.8655、0.7944；石家庄、保定、沧州、廊坊、衡水等市属于第二梯队，得分分别为 0.5977、0.6305、0.6316、0.6259、0.6369；唐山、秦皇岛、邯郸、邢台、张家口、承德等市属于第三梯队，得分分别为 0.4522、0.4925、0.5202、0.4948、0.4328、0.4328、0.3877。比较内部指标发现，工业环境质量均为 13 市工业绿色发展水平的主要影响因素，工业资源利用次之，工业增长质量影响最小，北京、天津、石家庄等市各方面发展最为同步，说明京津冀在研究期内逐渐向高质量转型，更加注重发展的可持续性。

如图 3 - 16 所示，工业绿色发展水平排名靠前的市主要位于京津石一带，说明京津冀工业发展逐渐从资源粗放型向资源集约型转变，非化石能源替代煤炭的跨越逐渐加快，产业结构转型升级成效显著，实现绿色崛起。

### 3.2.2.2 绝对水平的空间异质性分析

（1）个体时点的绝对水平分析。

为进一步描述绝对水平的空间格局变化，根据式（3 - 15）和式（3 - 17）可得到 2012 ~ 2018 年京津冀 13 市工业资源利用、工业环境质量、工业增长质量以及工业绿色发展水平的评价等级，如图 3 - 17 所示。

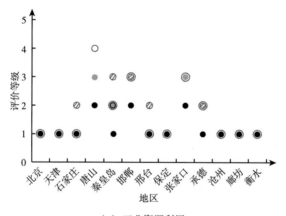

（a）工业资源利用

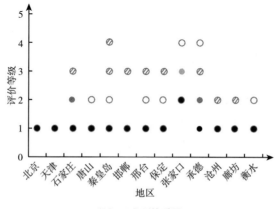

（b）工业环境质量

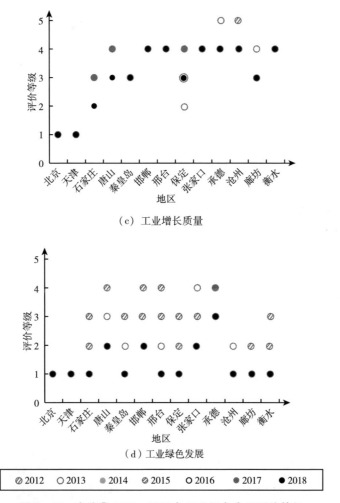

（c）工业增长质量

（d）工业绿色发展

⊘ 2012　○ 2013　◉ 2014　⊘ 2015　○ 2016　● 2017　● 2018

**图 3－17　京津冀 2012～2018 年工业绿色发展评价等级**

①工业资源利用。

由图 3－17（a）可知，2012～2018 年京津冀 13 市工业资源利用水平整体向好发展，表现出稳定上升的趋势。其中，北京、天津、保定、沧州、廊坊、衡水等市一直处于 $C_1$ 级别。

分阶段来看，2014 年以前，唐山市处于较低水平；2014 年以后开始向较高级别提升，并在 2018 年达到 $C_2$ 级别，这主要是由于唐山市作为京津唐工业基地的中心市，对资源的依赖较大，随着企业的转型升级，清洁能源的使用不断增加，在一定程度上减少了对化石能源的依赖，从而提高了其工业资源利用水平。秦皇岛在 2014 年以前大多处于 $C_3$、$C_2$ 级别，2014 年以后随着能源消费结构的改变和各节能措施的有效落实，大多年份均处于 $C_1$ 级别；邯郸、张家口、承德等市在 2014 年以前分别处于 $C_3$、$C_2$ 级别，2014 年以后分别上升至 $C_2$、$C_1$ 级别，并保持稳定，其表面看似稳定，实际上是多种因素共同作用的结果，邯郸市工业资源利用水平的上升主要是由于单位工业增加值用水的降低，张家口市主要是由于单位 GDP 电耗的降低，承德市主要是由于单位工业增加值能耗的降低。如图 3 - 18 所示，处于最高等级的市均位于京津附近心脏的中心位置。

②工业环境质量。

由图 3 - 17（b）可知，2012 ~ 2018 年京津冀 13 市工业环境质量水平整体向好发展，表现出稳定上升的趋势。其中，北京、天津、邯郸、沧州、廊坊、衡水等市大多年份均处于 $C_1$ 级别，这主要在于各市主动适应经济发展的"新常态"，随着"十二五"规划的圆满收官，为绿色崛起打下坚实的基础。

分阶段来看，2014 年以前，石家庄随着工业固体废物综合利用率的提高有所上升，2014 年以后由于单位工业增加值废水和废气排放的降低工业环境质量水平上升至最高级别。唐山市一直在 $C_1$、$C_2$ 级别徘徊，这主要是由于单位工业增加值废气排放和工业固体废物综合利用水平不稳定导致。秦皇岛、

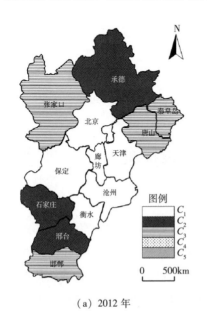

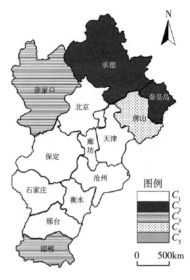

（a）2012 年　　　　　　　　　　　　　（b）2013 年

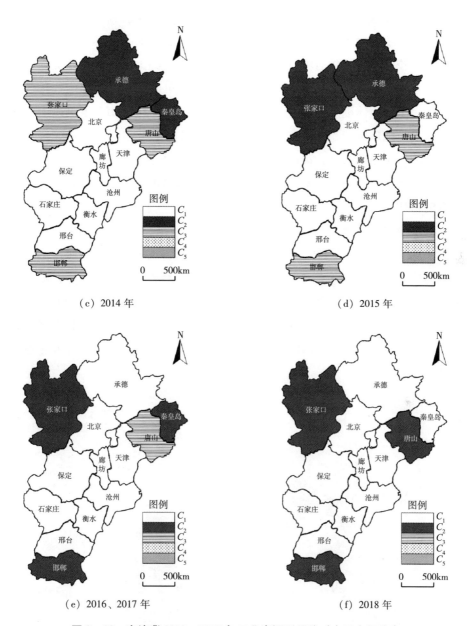

（c）2014 年　　　　　　　　　　（d）2015 年

（e）2016、2017 年　　　　　　　　（f）2018 年

**图 3－18　京津冀 2012～2018 年工业资源利用绝对水平空间分布**

邢台、承德等市在 2014 年以前均处于中等及以下级别，2014 年以后大幅度
上升，并达到最高级别，但其上升的原因却不尽相同。秦皇岛和邢台前期由
于单位工业增加值废气排放较高，导致其工业环境质量水平较低，随着单位

工业增加值废水和废气排放的不断降低，工业环境质量有大幅度提高；承德市在前期主要是由于固体废物综合利用水平较低，从而导致其工业环境质量水平处于较低水平，随后单位工业增加值废气排放的大幅度降低是提高承德工业环境质量的重要原因。保定在 2014 年以前单位工业增加值废气排放不断降低，工业固体废物综合利用率也不断提高，从而在 2014 年快速上升至最高级别，随后保持稳定。张家口在 2014 年以前受工业固体废物综合利用率的影响处于较低级别，2014 年以后随着单位工业增加值废气排放的降低上升至较好级别。如图 3 - 19 所示，处于最高等级的市均位于京津附近，等级较低的市位于"心底"区域。

③工业增长质量。

由图 3 - 17（c）可知，2012 ~ 2018 年京津冀 13 市工业增长质量水平整体较为稳定，呈缓慢的上升趋势，个别市有降低趋势。这主要在于，随着产业结构的不断调整，各市积极培育经济增长新动力，促进企业转型升级，有效地应对"新常态"以来经济增速趋缓的不利局面。其中，北京和天津一直处于 $C_1$ 级别，秦皇岛一直处于 $C_3$ 级别，邯郸、邢台、张家口、衡水等市一直处于 $C_4$ 级别。

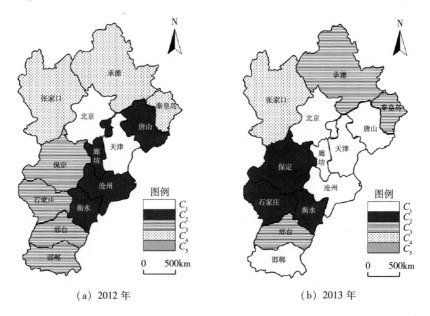

（a）2012 年　　　　　　　　（b）2013 年

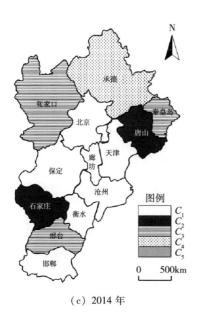

（c）2014 年

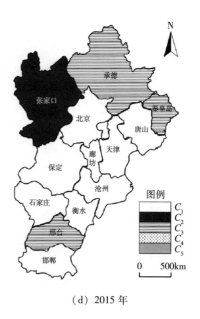

（d）2015 年

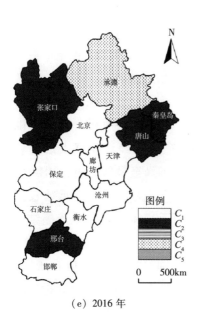

（e）2016 年

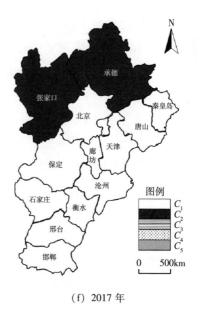

（f）2017 年

（g）2018 年

**图 3 - 19　京津冀 2012 ~ 2018 年工业环境质量绝对水平空间分布**

分阶段来看，石家庄市工业增长质量虽有所上升，但 2014 年前后一直处于 $C_3$ 级别，2018 年上升至 $C_2$ 级别，这主要是由于 2014 年以后石家庄市产业结构和经济效益不断提升，但经济增长的动力较弱，经济持续低速运行。唐山市 2014 年前后一直处于 $C_4$ 级别，2018 年上升至 $C_3$ 级别。保定市在 2014 年以前一直处于 $C_3$ 级别，2014 年以后由于工业增加值增长率降低，2017 年降至 $C_4$ 级别，2018 年有所回升，这主要是由于保定市现代产业支撑体系较为单一，主要为汽车行业，转型压力较大，导致经济放缓；2017 年随着雄安新区的建立，京津保实现联动发展的突破，为经济发展点燃了新引擎。承德 2014 年以前有降低趋势，并在 2013 年降至最低等级，2014 年以后一直保持在 $C_4$ 级别，这主要是由于进入"新常态"以来，承德长期形成的产业矛盾逐渐凸显，经济压力也迅速显现；2015 年随着供给侧结构性改革的逐渐深化，传统产业逐渐向中高端转型，经济也逐渐实现稳增长。沧州、廊坊在 2014 年以前均处于中等以下级别，2014 年以后有所上升，这主要是由于经济新动能的逐渐壮大，"18 + 7"等特色产业集群也逐渐形成，推动经济高质量发展。如图 3 - 20 所示，处于较高等级的市位于京津与石家庄等市附近。

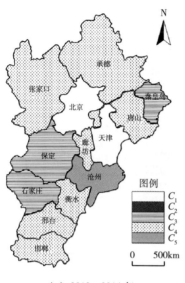

（a）2012、2014 年

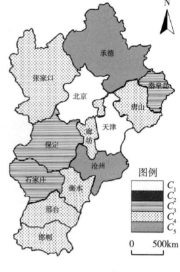

（b）2013 年

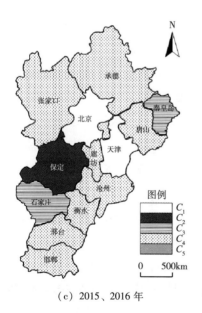

（c）2015、2016 年

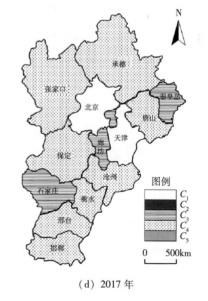

（d）2017 年

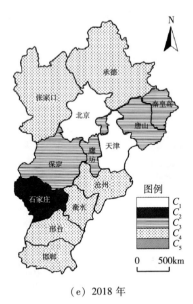

（e）2018 年

**图 3 – 20 京津冀 2012 ~ 2018 年工业增长质量绝对水平空间布局**

④工业绿色发展。

由图 3 – 17 （d）可知，2012 ~ 2018 年京津冀 13 市工业绿色发展水平整体向好发展，表现出稳定上升的趋势。其中，北京和天津一直处于最高级别。

分阶段来看，石家庄和保定在 2014 年以前虽有上升，但均处于中等级别附近；2014 年以后均上升至最高级别，这主要是由于京津冀协同发展的提出提供了更多发展机遇，各方面均有不同程度的提升。唐山和邯郸在 2014 年以前均处于较低级别，2014 年以后均上升至中等以上级别，这主要是由于随着"三个努力建成"重要指示、"两个率先"工作要求以及建设美丽邯郸战略目标的逐渐达成，唐山和邯郸取得全面进步。秦皇岛和邢台在 2014 年以前均处于中等级别附近，随着单位工业增加值废水、废气排放的降低以及科技投入强度的增加，2014 年以后大幅度上升，均达到 $C_1$ 级别。承德在 2014 年以前由于单位 GDP 电耗和单位工业增加值废气排放的增加导致其工业绿色发展水平在 2014 年降至 $C_4$ 级别，随后有所回升，并在 $C_3$ 级别保持稳定。沧州在 2014 年以前已上升至最高级别并保持稳定。衡水在 2014 年以前一直处于 $C_2$ 级别，2014 年以后随着单位工业增加值废水排放的降低，其工业绿色发展水平上升为 $C_1$ 级别。比较发现，京津两地在 2012 ~ 2018 年工业

资源利用、工业环境质量与工业增长质量等一直处于同步状态；初期石家庄
处于较低水平的同步发展，随后逐渐向高水平同步发展；秦皇岛、邯郸、邢
台、张家口、承德等市的发展差距逐渐扩大。如图 3-21 所示，处于较高等
级的市均位于京津附近心脏的中心位置，等级较低的市位于"心尖"和
"心底"的位置。

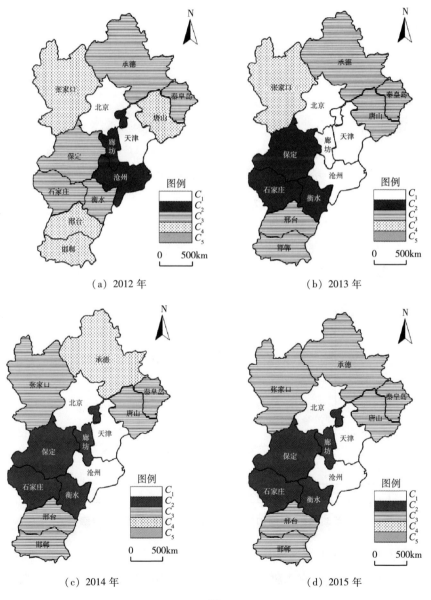

（a）2012 年　　　　　　　　　　（b）2013 年

（c）2014 年　　　　　　　　　　（d）2015 年

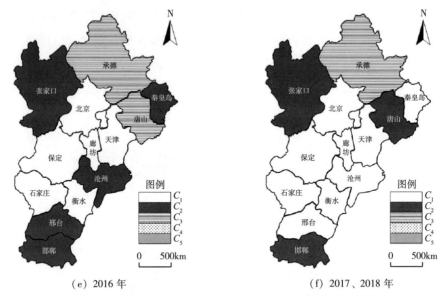

（e）2016 年        （f）2017、2018 年

图 3-21 京津冀 2012~2018 年工业绿色发展绝对水平空间分布

（2）个体时间加权的绝对水平分析。

根据式（3-15）至式（3-19）可得到京津冀 13 市时间加权后工业资源利用、工业环境质量、工业增长质量及工业绿色发展等绝对水平测度值，如图 3-22 所示。

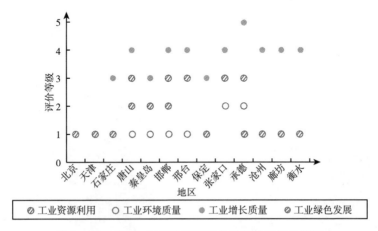

图 3-22 时间加权后京津冀工业绿色发展评价等级

①工业资源利用。

由图 3-22 可知，京津冀 13 市均达到 $C_2$ 级别以上，其中，唐山、秦皇岛、

邯郸、张家口等市处于 $C_2$ 级别，其余市均达到最高级别。由图 3-23 可知，等级较低的市分布较为分散，位于京津冀倒三角的三个顶点处，这主要由于唐山、秦皇岛、邯郸等市作为钢铁、能源、装备制造业等传统重化工业城市，随着产业优化升级的大力推进，工业资源利用水平虽有所上升，但整体水平仍处于 $C_2$ 级别。

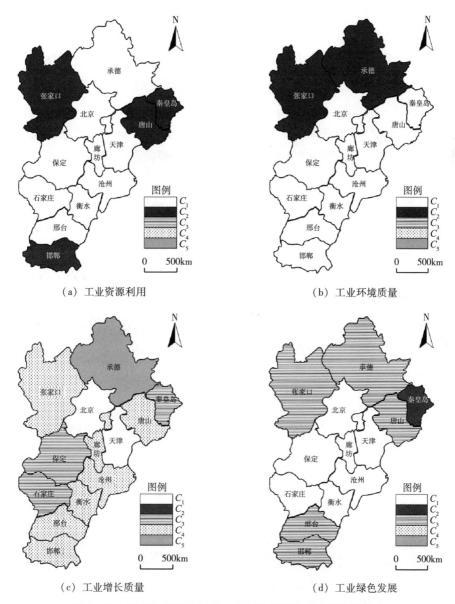

图 3-23　时间加权后京津冀工业绿色发展绝对水平空间分布

②工业环境质量。

由图 3 - 22 可知，除张家口市、承德市处于 $C_2$ 级别外，其余市均达到最高等级。由图 3 - 23 可知，以北京、保定、唐山为界分为上下两部分。这主要由于受地理位置等自然因素的影响，属于欠发达市，大多以旅游业为主，产业结构不均衡，技术较为落后，从而导致对污染物的治理能力较低。

③工业增长质量。

由图 3 - 22 可知，京津在研究期内处于 $C_1$ 级别，石家庄市、秦皇岛市、保定市均达到中等级别，承德市最差，处于最低级别，其余市均处于 $C_4$ 级别。由图 3 - 23 可知，等级较高的区域主要集中于北京、天津、石家庄三角区域，这可能是由于京津石要素、资源等较为集中，从而导致产业在该区域小范围集中聚集，未能充分发挥溢出效应，带动周边市，延伸产业链。

④工业绿色发展。

由图 3 - 22 可知，13 市工业绿色发展水平均达到中等以上级别，其中，北京、天津、石家庄、保定、沧州、廊坊、衡水等市均为 $C_1$ 级别，秦皇岛市为 $C_2$ 级别，其余市均为 $C_3$ 级别。比较发现，北京、天津等市工业资源利用、工业环境质量、工业增长质量等发展较为同步，均处于最高级别，石家庄、唐山、邢台、承德、沧州、廊坊、衡水等市发展差距较大。由图 3 - 23 可知，等级较高的市大多位于京津石一带，说明工业资源利用、工业环境质量、工业增长质量等大多在京津石区域发展均衡，因此应加强各市之间的互动联系，推动各市均衡发展。

## 3.3　京津冀工业绿色区域协同水平测度

为全面考察京津冀工业绿色区域协同的变化趋势，本书将从时空两个维度进行分析。在时间维度上，对京津冀三地整体在 2015 年"绿色发展"提出前后的工业绿色区域协同指数进行对比分析，探究京津冀整体的工业绿色区域协同随时间变化的发展趋势；在空间维度上，考虑到京津冀 13 市的发展水平并不均衡，将对比京津冀 13 市各自的工业绿色区域协同指数，进而分析京津冀工业绿色区域协同的空间格局。

### 3.3.1 时间异质性分析

#### 3.3.1.1 相对指数的时间异质性分析

为考察京津冀总体在2012~2018年工业绿色区域协同相对指数的变动趋势，根据式（3-20），可得到2012~2018年京津冀总体时点工业资源利用、工业环境质量、工业增长质量以及工业绿色发展的区域协同相对指数，如图3-24所示。

（1）工业资源利用。

2012~2018年，如图3-24（a）所示，京津冀总体的工业资源利用区域协同指数持续上升，增幅约为39.94%，年均上升幅度约为5.76%，表示京津冀三地间"去产能"政策落实到位、节能减排成效显著的同时，缩小了

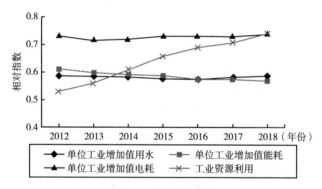

（a）工业资源利用

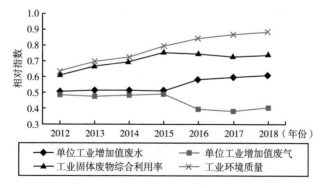

（b）工业环境质量

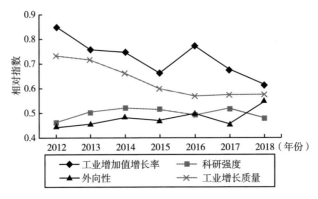

（c）工业增长质量

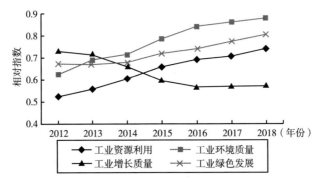

（d）工业绿色发展

图 3-24　2012～2018 年京津冀总体时点工业绿色区域协同相对指数

京津冀能源利用效率的差距。各内部指标的区域协同指数出现小幅波动，其中单位工业增加值用水的区域协同指数在 2012～2016 年逐年下降至 0.5726，2017～2018 年又反弹至 0.5862。单位工业增加值能耗的区域协同指数在 2012～2018 年小幅下跌，降幅约为 6.97%。两者的区域协同指数均在 0.5～0.6 之间徘徊，区域协同发展水平较低，说明工业资源利用的区域协同发展虽初见成效，但距离京津冀协同治理、高效节能的目标仍存在一定差距，资源利用效率如何协同提升仍是京津冀共同面临的难题；而单位工业增加值电耗的区域协同指数出现小幅上升，增幅约为 1.21%，其区域协同指数稳定维持在 0.7 以上，可以说单位工业增加值电耗是带动工业资源利用区域协同指数在 2012～2018 年逐渐上升的主力军。

　　分阶段来看，2012～2014 年工业资源利用、单位工业增加值用水、能耗、电耗的区域协同指数变化幅度分别约为 14.95%、-0.77%、-3.27%、-1.95%；2015~2018 年变化幅度分别约为 12.31%、1.75%、-3.36%、1.18%。由此可见，2015~2018 年工业资源利用的区域协同指数增速对比 2012~2014 年呈相对放缓趋势，由年均上升约 7.21% 降至约 3.95%。究其原因在于单位工业增加值用水及电耗的区域协同指数变化趋势虽转负为正，但单位工业增加值用水及能耗的区域协同指数呈现波动下降趋势，导致工业资源利用的区域协同指数增速放缓，未能延续加速上升趋势。而单位工业增加值用水及能耗区域协同指数的波动变化趋势是由京津冀的产业结构所导致的。河北省内六大高耗能行业规模以上增加值约占全行业的 31.85%，其作为资源消费主体，随工业能耗基数不断降低，节能降耗也呈递减态势，加大了工业结构进一步升级的难度[111]。与此同时，2014 年后京津冀三地逐步进入新旧动能更替期，尤其在 2015~2018 年积极化解过剩产能，产业结构优化升级，从而传统工业企业数量减少，其资源消耗总量也随之减少，但引进大批新兴企业及先进制造企业使消耗量增加，部分地区的单位工业增加值用水及能耗量出现反弹，如沧州市建立 "18+7" 特色产业集群，工业能源消费量上升约为原来的 116.30%，进而导致区域间差距加大，这一时期虽存在一定程度的不稳定性，但京津冀整体的资源利用效率提升趋势明显，为京津冀工业资源利用的区域协同发展打下基础。

（2）工业环境质量。

2012~2018 年，如图 3-24（b）所示，京津冀工业环境质量区域协同指数呈匀速上升趋势，年均上升约为 5.82%，区域间差距逐年缩小。这一时期的区域协同指数增幅总计约为 40.40%，表明京津冀协同排污治理成果显著，施策节奏得当，协同发展态势良好。从内部指标来看，工业固体废物综合利用率的区域协同指数呈现波动上升趋势，于 2015 年升至 0.7528 后回落，又于 2017 年跌至 0.7259 后回升，总计增幅约为 20.36%。单位工业增加值废水及废气的区域协同指数变化呈现出较为明显的 "阶段性" 特征，以 2015 年为界，2012~2014 年变化趋势较为平稳，2015~2018 年呈现分化趋势，波动性较大。两者于 2012~2018 年的区域协同指数变化幅度分别约为 19.71%、-17.40%，基本呈对称式发展。

2012~2014 年，工业环境质量区域协同指数呈现持续上升趋势，增幅约为 14.33%。其中，工业固体废物综合利用率贡献最大，其区域协同指数自 0.6139 上升到 0.6917，增幅约为 12.66%，说明京津冀总体的工业固体废物综合利用率提升明显，内部差距也逐渐缩小，协同发展态势良好。单位工业增加值废水及废气的区域协同指数基本维持稳定态势，变化幅度仅约为 −0.40%、−1.07%。2012~2014 年的区域协同指数平均约为 0.5088、0.4842，其发展差距虽未扩大，但其区域协同水平持续低位表明京津冀三地间依然存在巨大的内部差距，整体环境治理虽整体改善，但各内部指标尚未达到协同运行的水平。

2015~2018 年，各内部指标的区域协同指数一改 2012~2014 年的平稳态势，不稳定性特征明显，并出现分化趋势。其中，单位工业增加值废水的区域协同指数呈逐年上升趋势，增幅总计约为 18.77%；单位工业增加值废气则呈波动向下趋势，降幅总计约为 16.86%。观察其具体变化，单位工业增加值废水的区域协同指数在 2015~2016 年上升幅度最大，由 0.5098 升至 0.5818，之后上升趋势变缓，2016~2018 年升至 0.6055，表明 2015 年绿色发展理念提出后三地均开始积极探索并发展绿色产业，京津冀三地间差距开始缩小。而单位工业增加值废气的区域协同指数于 2015~2017 年由 0.4871 逐年下降至 0.3851，又于 2017~2018 年上升至 0.4050，说明上升态势尚不稳定，未能抵消前期大幅下降的影响，所以出现在总体区域协同发展基数偏低的情况下，治理后总体区域协同指数仍降低的情况，这种不协同趋势的加剧可能与京津冀三地政府间大气治理政策的不协调有关[112]，对于工业环境质量这种"公共物品"而言，极易出现"搭便车"现象导致协调治理"失灵"，京津冀协同发展战略的出台，对于三地政府探索有效合理的合作机制也提出了新的挑战。工业固体废物综合利用率的区域协同指数也经历了先下降而后反弹的过程，最终以小幅下降收尾，降幅约为 1.84%。在各指标综合作用下，工业环境质量的区域协同指数维持平稳上升态势，增幅约为 11.66%，说明京津冀三地环境改善的态势明朗，但区域间治理成效存在明显差异，各指标间协同配合、有序改善的局面还未形成，协同治理任务依旧艰巨。但有研究表明产业转移升级对于河北省节能减排的脱钩具有促进作用[113]，因此随着京津冀间产业迁移进一步加快步伐，带动相关技术共享，有望进一步提升京津冀的协同治理水平。

（3）工业增长质量。

2012～2018 年，如图 3 - 24（c）所示，京津冀总体工业增长质量区域协同指数呈波浪式下降趋势。2012～2016 年由 0.7317 降至 0.5675，2017～2018 年小幅回升至 0.5746，区域协同指数整体降幅约为 21.47%，这是京津冀三地面临增长速度换挡期的直接体现。京津冀各市尝试探索发展新动能，但受资源禀赋与固有产业结构影响，产业转型节奏与步调并不一致，各内部指标区域协同指数的变化趋势也并不平稳，除外向性的区域协同指数呈波动上升趋势外，科技投入强度与工业增加值增长率的区域协同指数均呈波动下降趋势。各指标区域协同指数变化幅度绝对值由大到小排序为：工业增加值增长率（－27.85%）＞外向性（23.80%）＞科研强度（3.60%）。

2012～2014 年，京津冀总体工业增长质量区域协同指数大体呈下降趋势，降幅约为 9.83%，这主要是工业增加值增长率的区域协同指数波动下降所导致的。2012～2013 年工业增加值增长率的区域协同指数由 0.8452 骤降至 0.7528，2013～2014 年下降趋势稍缓，总计降幅约为 12.04%。这一期间要素红利的进一步减退导致资源投入型工业进入发展"瓶颈"期，京津冀三地的工业增加值增速普遍放缓，尤其是以重化工业为支柱产业的唐山市、邯郸市等工业增加值降速明显，与以第三产业为主的京津两地相比差距逐渐扩大，京津冀三地产业转型升级势在必行。反观科技投入强度与外向性的区域协同指数于 2012～2014 年逐年上升，增幅分别约为 12.93%、8.39%，京津冀三地均逐渐认识到技术能力对于探索新动能的重要性，开始普遍重视科技创新水平，使科技投入强度普遍提升，缩小了京津两市和河北省之间的差距。而外向性的区域协同指数上升是由于京津两市在 2012～2014 年外向性比例下降，缩小了原来的差距，使外向性区域协同指数小幅增加，由 0.4446 上升至 0.4819。

2015～2018 年，各指标的区域协同指数变化趋势相比 2012～2014 年波动性更加明显。其中，工业增加值增长率的区域协同指数呈倒"V"形变化趋势，于 2015～2016 年升至峰顶，此时区域协同指数为 0.7687，增幅约为 7.52%，又于 2016～2018 年逐年下降至 0.6098，降幅约为 20.67%，使 2015～2018 年的区域协同指数总计下降约 10.78%。科技投入强度和外向性的区域协同指数分别于2016年、2017年发生较大变化，外向性的区域协同指数于2015~2016年增加至0.4982，又于2016~2017年降至0.4541；科技投入强度的区域协同指数变化趋势则正好相反，先降至0.4939而后增加至0.5150。由此可知，各指标区域协同指数变化趋势表现出显著的"不稳定性"特征，出现这种情况的原因在于这一阶段以提质增效而非发展速度作为主要关注点，三地积极推行产业转移政策、支持新旧产业加快交替，各产业园区的建立将长远造福当地经济，但短期内新兴产业规模小、占比低、不足以抵消传统产业下滑带来的负面影响，导致目前工业增长质量指标增速趋缓，区域间增长质量差距逐渐扩大，区域协同指数波动性明显。这也表明京津冀协同发展战略的实施并非一帆风顺，对协同政策的一致性、连贯性和协同性提出了更高要求[114]。

（4）工业绿色发展。

2012~2018年，如图3-24（d）所示，京津冀总体工业绿色区域协同相对指数呈现上升态势，年均上升约3.02%，增幅总计约为19.56%。2014年正式提出京津冀协同发展战略后，京津冀工业绿色区域协同指数加速上升，当年提速至年均上升约6.23%。至2018年京津冀总体区域协同指数已突破0.8，说明京津冀总体的工业绿色发展差距显著缩小，区域协同发展态势良好。

其中，工业资源利用与工业环境质量的区域协同指数在2012~2018年呈逐年递增趋势，年均增加约5.76%、5.82%，其增幅总计约为39.94%、40.40%，由此易知工业环境质量的区域协同发展在拉动京津冀工业绿色区域协同水平上升的过程中占主导地位，工业资源利用次之。反观京津冀总体工业增长质量区域协同指数则呈现斜"Z"形趋势，2012~2013年出现小幅下降，降幅约为2.01%，2013~2016年区域协同指数快速下跌至0.5675，降幅约为13.99%，而之后于2017~2018年逐步稳定，其区域协同指数回升至0.5746。京津冀整体的工业增长质量区域协同指数的不稳定性在于京津冀三地囿于各自的行政功能定位。一方面三地间的工业增加值增速差距加大，重化工业为支柱产业的市的工业增加值增速明显快于其他市；另一方面京津冀三地对于科研创新重视程度不一，导致科研强度的区域协同指数下降进而作用于工业增长质量区域协同下降。不过可以发现，2013~2016年京津冀总体的工业增长质量暂时的不协同并未影响工业资源利用与工业环境质量的区域协同增长趋势，说明京津冀总体初步实现了经济增长区域协同与环境治理区域协同发展的脱钩。在产业转型升级作用下，工业增长质量区域协同具有较大发展空间，工业绿色区域协同发展也具有较强发展潜力。

### 3.3.1.2　绝对指数的时间异质性分析

为进一步考察京津冀 2012～2018 年总体时点工业绿色区域协同发展，依据表 3－4 的区域协同绝对评价标准，分别对京津冀总体每一年的工业绿色发展、工业资源利用、工业环境质量、工业增长质量的区域协同发展进行绝对评价。将区域协同指数处于不协同区间（0～0.6）以"1"表示，初级协同区间（0.6～0.7）以"2"表示，中级协同区间（0.7～0.8）以"3"表示，良好协同区间（0.8～0.9）以"4"表示，优质协同区间（0.9～1）以"5"表示，结果如图 3－25 所示。

（1）工业资源利用。

2012～2018 年，如图 3－25（a）所示，京津冀总体工业资源利用区域协同指数稳步上升，2014 年区域协同指数约为 0.6064，已迈入初级协同区间，京津冀三地之间工业资源利用量的差距有缩小趋势，但京津冀总体的区域协同发展仍处于较低水平。2018 年的京津冀整体的区域协同指数约为 0.7382，已迈入中级协同区间，三地工业资源利用的差距进一步缩小，促使区域协同发展迈上新台阶。

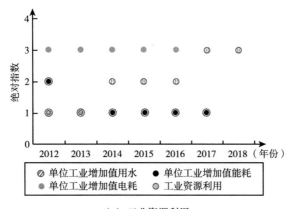

（a）工业资源利用

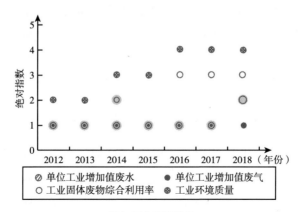

（b）工业环境质量

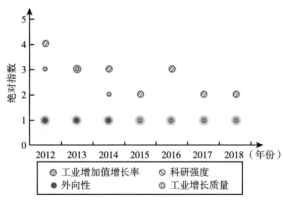

（c）工业增长质量

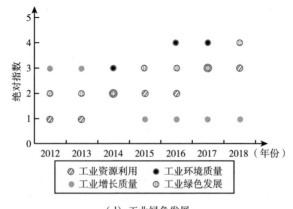

（d）工业绿色发展

**图 3 - 25　2012 ~ 2018 年京津冀总体时点工业绿色区域协同绝对指数**

2012～2014 年，单位工业增加值用水、能耗的区域协同指数平均分别约为 0.5832、0.5991，均处于不协同区间，京津冀三地间的单位工业增加值资源消耗量差距较大。这是由于在绿色发展理念正式提出之前，河北省大部分市深受粗放型发展模式掣肘，资源利用效率较低。其中承德市单位工业增加值用水约为 30.28 立方米/万元，天津市则约为 6.63 立方米/万元，仅为承德市的 21.90%，说明此阶段中京津冀三地工业资源利用水平严重失调。而单位工业增加值电耗处于中级协同区间，但区域协同指数呈下降趋势，由 2012 年的 0.7327 逐步下降至 0.7184。京津冀三地间工业资源利用量的差距存在进一步扩大的风险，资源利用严重失调与产能严重过剩并存，倒逼京津冀三地加快转型升级。

2015～2018 年，京津冀总体工业资源利用区域协同发展呈现向好趋势，2015～2016 年稳定于初级协同区间，并于 2017 年突破中级协同区间门槛（0.7069），标志着京津冀三地的工业资源利用区域协同取得积极进展。其中，单位工业增加值电耗一直保持在中级协同区间内，且其区域协同指数不断上升，2018 年的区域协同指数约为 0.7416，越来越接近良好协同区间，该指标为工业资源利用区域协同指数上升助力最大。单位工业增加值用水及能耗的区域协同指数均有提升，但始终未突破初级协同门槛。自 2015 年后，河北省的发展方式逐渐向"新常态"换轨，六大高耗能行业的资源消耗量从"只升不降"到 2017 年实现"两升四降"，平均降幅在 5% 左右，节能降耗取得了积极进展，但由于相关技术落后使其与京津两地仍存在一定差距[113]，使 2018 年单位工业增加值用水、能耗的区域协同指数分别约为 0.5862、0.5675。2015～2018 年单位工业增加值用水及能耗水平也始终未达到区域协同门槛，之后随京津冀协同发展战略进一步推进，产业转移升级的步伐逐步加快，有望促进京津冀实现产业技术共享，进一步提升工业资源利用区域协同水平。

（2）工业环境质量。

2012～2018 年，如图 3-25（b）所示，京津冀工业环境质量区域协同指数匀速上升，区域协同向好发展。2012～2014 年实现从初级协同（0.6274）到中级协同区间（0.7174）的跨越，2015～2016 年又从中级协同（0.7889）迈入良性协同区间（0.8427），2016～2018 年稳定于良性协同区间（0.8809），不断接近优质协同区间门槛水平（0.9）。平均每 2～3 年其区域协同指数便可稳步上升一个新的台阶，说明京津冀节能减排成效显著，且施策力度得当、节奏较为一致，显著缩小了三地间的工业环境质量差距。

2012～2014年，京津冀工业环境质量区域协同指数逐年提高，于2014年进入中级协同区间。这主要得益于三地工业固体废物综合利用率差距的缩小，该指标虽一直处于初级协同区间，但其区域协同指数逐年上升，由0.6139到0.6683、再到0.6917，逐渐接近中级协同区间。而单位工业增加值废水及废气的区域协同指数较低，2012～2014年处于不协同区间，且呈下降趋势。究其原因在于各市虽积极从"供给侧"去低利润、高污染的过剩产能，但京津冀三地对工业废水及废气治理力度不一、发力方向不同，致使三地工业环境改善程度各异，使区域差距不减反增。

2015～2018年，京津冀三地间的工业环境质量差距进一步缩小，从较为协同跨入协同阶段，区域协同指数从0.7889提升至0.8809，但其内部指标的区域协同指数变化仍呈现一定的不稳定性。其中，单位工业增加值废水的区域协同指数不断上升，2018年突破较为协同门槛，进入初级协同区间（0.6055），实现了从不协同到初级协同的转变，虽其区域协同指数未突破0.7，但并不说明2015～2018年各市废水治理环节薄弱。在此期间京津冀整体的单位工业增加值废水排放年均下降约30%，治理效果显著。但京津两地在工业化进程中占据先行者地位，在构建绿色产业结构上具有明显优势，河北省的传统密集型工业比重仍略大，资源环境压力依然存在，相比之下三地工业废水排放量的差异仍十分显著。此外，单位工业增加值废气的区域协同发展也面临同样的问题，2015～2018年始终处于不协同区间，说明工业环境质量下各内部指标的协同治理能力有待提高。这主要是因为封闭、有界的行政区治理模式根深蒂固，加之治理区域污染会影响到京津冀三地的税收财政，所以在污染协同治理政策上，京津冀三地政府间利益诉求明显不一致，使三地政府对共同的污染治理问题缺乏有效合理的合作机制[115]。当前京津冀协同发展战略的加速推进有利于解决京津冀三地间发展模式不均衡的问题，对于加快构建污染治理协调机制也将有所助益。

（3）工业增长质量。

2012～2018年，如图3-25（c）所示，京津冀总体工业增长质量区域协同指数由0.7317降至0.5746，由中级协同跌至不协同区间。工业增长质量不协同的主要原因在于京津冀三地间增长模式及产业结构差异较大，随之出现差距逐渐扩大的趋势。其中京津两市的工业增长质量区域协同指数仅分别约为0.28、0.41，行政职能定位使北京市和天津市目前在科技投入强度和外向性上占据一定优势，河北省的增长质量与其相比仍存在一定差距，这是行政调整中不可避免的阵痛表现，也说明京津冀总体的工业增长质量区域协同发展尚有余力，未来进步潜力巨大。

2012～2014年，京津冀总体工业增长质量区域协同指数从中级协同（0.7317）跌至初级协同区间（0.6598），区域协同指数平均约为0.7028。其中，科技投入强度与外向性的区域协同指数则一直处于不协同区间，但区域协同指数逐年上升，2012年区域协同指数分别约为0.4609、0.4446，到2014年分别约为0.5204、0.4819，逐步接近初级协同区间；工业增加值增长率的区域协同发展并不稳定，2013年由良性协同（0.8452）降至中级协同区间（0.7526），从协同阶段降至较为协同阶段。在区域协同指数下降的同时，京津冀三地的工业增加值增速也在放缓，整体降幅约为46.94%。在"三期叠加"的艰难背景下，京津冀整体的工业经济面临产能过剩、生产效益下降等困难，尤其是钢铁、石化、制造业这三大产业遭遇发展"瓶颈"，致使以重化工业为主的市与以第三产业为主的市之间的工业经济增长差距逐渐扩大，京津冀由此开启了由高速增长转为中高速增长的新阶段。

2015～2018年，京津冀总体工业增长质量区域协同指数一直在0.57上下徘徊，未能突破初级协同门槛，始终处于不协同区间。在这一阶段中，工业增加值增长率的区域协同指数在2015～2016年由初级协同（0.6594）提升至中级协同区间（0.7687），又于2017年跌至初级协同区间（0.6708），不稳定性依然明显。自京津冀协同发展战略提出后，三地的产业结构升级取得较大进展，但由于"效率优先"发展惯性，区域不平衡发展的问题依然很突出。

（4）工业绿色发展。

2012～2018年，如图3-25（d）所示，京津冀工业绿色区域协同指数不断提升，逐步由初级协同（0.6725）、中级协同（0.7201）迈入良好协同区间（0.8013），表示京津冀总体工业绿色区域协同指数明显提升。京津冀总体工业绿色发展各内部指标的区域协同发展改善程度由大到小排序为：工业环境质量

（40.40%）＞工业资源利用（39.94%）＞工业增长质量（－21.47%）。其中，工业资源利用由不协同（0.5275）跨入中级协同区间（0.7069），工业环境质量由初级协同（0.6274）跨入良好协同区间（0.8809），说明京津冀三地在工业资源利用、工业环境质量方面的差距在逐步缩小。反观工业增长质量的区域协同发展不尽如人意，自2014年跌出初级协同区间（0.6589）后，直至2018年也一直位于不协同区间（0.5746），这种情况的出现和京津冀三地的行政职能定位是分不开的，北京市逐渐聚焦首都功能，天津市强调建成先进制造基地，河北省则以产业转型升级为主要任务来疏解北京非首都功能，三地功能互补、错位发展使增长方向和着力点并不相同，如北京市专注于科研和外向性，河北省则强调工业增加值增长率，导致协同发展初期出现增长质量差距扩大的现象。

2012~2014年，京津冀区域协同指数从0.6725升至0.6779，未见明显突破，一直稳定于初级协同区间（0.6~0.7）。"十二五"期间，京津冀三地的要素红利逐渐衰退，供给侧问题逐渐凸显，工业增加值增长率增速随之放缓，三地开始重新思考环境、资源与增长之间的关系，在此阶段中京津冀的工业绿色发展水平较低，发展质量参差不齐，导致发展差距依然存在。其中，工业资源利用、工业环境质量、工业增长质量的区域协同发展进度各异，整体看来工业环境质量区域协同发展状态最好，已于2014年迈入中级协同区间，工业资源利用协同发展也呈向好趋势，已进入较为协同阶段，迈入初级协同区间。而工业增长质量区域协同指数则自0.7317降至0.6598，由中级协同跌至初级协同区间，其区域协同成为制约工业绿色区域协同发展的主要因素。

2015~2018年，京津冀总体的工业绿色区域协同发展实现了质的飞跃，2015年工业绿色区域协同指数跨入中级协同区间（0.7201），2018年跨入良好协同区间（0.8041）。自提出京津冀协同发展战略后，各市积极响应政策，大力推行节能减排，利用产业转移和技术升级探索发展新动能，工业绿色发展水平与区域协同发展水平均迈上了新台阶，但"偏科"现象十分明显。工业资源利用由2015年的初级协同（0.6573）到2017年上升至中级协同区间（0.7069），工业环境质量由2016年良好协同区间（0.8427）进入到2018年已逼近优质协同区间（0.8809），京津冀整体的工业资源利用和工业环境质量的区域协同发展为工业绿色区域协同发展交上了一份较为满意的答卷。反观工业增长质量在 2015 ~ 2018 年始终处于不协同区间，其中科研强度的区域协同指数平均约为 0.4999，2018 年更是跌至约 0.4775，科研强度的严重失调成为制约三地工业增长质量区域协同发展的主要因素。目前京津冀三地间的产业迁移可以重新配置各地产业组合，促进各地新旧动能更替，新兴产业虽发展势头良好，但目前规模小、占比低、不足以抵消传统产业下滑带来的负面影响，导致工业增长质量提升趋势并不稳定，暂时处于失调状态，同时也说明京津冀协同发展尚存有进步空间。

### 3.3.1.3　收敛性分析

根据式（3 - 22），利用 2012 ~ 2018 年个体时点工业绿色区域协同相对指数可计算出 2012 ~ 2018 年京津冀工业绿色区域协同的 $\sigma$ 收敛系数，结果如图 3 - 26 所示。

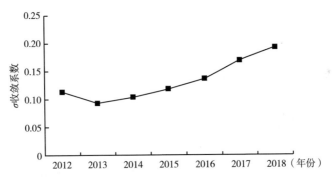

**图 3 - 26　2012 ~ 2018 年京津冀工业绿色区域协同 $\sigma$ 收敛系数**

如图 3 - 26 所示，2012 ~ 2013 年京津冀的工业绿色区域协同 $\sigma$ 收敛系数从 0.1130 下降至 0.0932，2014 ~ 2018 年呈上升趋势，逐渐上升至 0.1915，不存在 $\sigma$ 收敛，说明京津冀市域间工业绿色区域协同发展趋于不一致。

根据式（3 - 23），利用绝对 $\beta$ 收敛模型进一步探究京津冀中工业绿色发展相对高水平与相对低水平市域间的关系。普通面板计量模型按照截距项的划分标准不同，分为只有一个截距项的混合效应固定模型、每个时间点均有一个截距项的时间固定效应模型、每个市均有一个截距项的空间固定效应模型和每个市每个时点均有一个截距项的空间时间双固定效应模型，拟合结果如表 3 - 15 所示。

**表 3 - 15**　　　　　　　　京津冀工业绿色区域协同 $\beta$ 收敛系数

| 变量 | 混合效应 | 空间效应 | 时间效应 | 空间时间双固定效应 |
|---|---|---|---|---|
| *coorgreen* | - 0.0393<br>(0.302) | - 0.0544<br>(0.448) | - 0.0798 **<br>(0.040) | - 0.4999 ***<br>(0.000) |
| *Log*（*L*） | 139.7525 | 147.7239 | 150.0356 | 171.7273 |

注：** 和 *** 分别表示在5%和1%水平下显著。

在拟合四种效应下构建绝对 $\beta$ 收敛模型，由于模型中的数据是指数形式，利用自然对数似然函数值（LogLikelihood，Log（L））判断模型拟合优度。根据 Log（L）结果所示，选择拟合优度最佳的空间时间双固定效应模型进行分析，此时 $\beta$ 收敛系数为 - 0.4999，通过 1%的显著性水平检验。根据式（3 - 24），计算出收敛速度为 0.0533，半生命周期为 12.6027，表明京津冀工业绿色发展（区域协同）存在绝对 $\beta$ 收敛，京津冀 13 市工业绿色发展（区域协同）增速趋同。

结合 $\sigma$ 收敛和 $\beta$ 收敛模型检验结果可知，低水平地区的工业绿色发展（区域协同）速度相对较慢，但与高水平地区的发展速度趋同，若趋势稳定并持续发展，两类地区的发展差距可以稳定在一定水平但不能消除。

### 3.3.2　空间异质性分析

为进一步了解京津冀 13 市之间各自工业绿色区域协同发展情况，对京津冀 13 市的工业绿色区域协同进行空间维度的分析。根据构造的个体时点区域协同相对指数测度模型，利用式（3 - 21）进行测算，得到 2012 ~ 2018 年京津冀 13 市工业资源利用、工业环境质量、工业增长质量以及工业绿色发展的个体时点区域协同相对指数，结果如表 3 - 16 所示。

#### 3.3.2.1　相对指数的空间异质性分析

为全面分析京津冀 13 市工业绿色区域协同相对指数的空间变化，本书既利用个体时点区域协同相对指数来探究各市区域协同发展的相对变化，又利用式（3 - 12）引入时间加权向量进一步凸显各市工业绿色区域协同的空间

表3-16　2012～2018年京津冀个体时点工业绿色区域协同相对指数

| 指标 | 年份 | 北京 | 天津 | 石家庄 | 唐山 | 秦皇岛 | 邯郸 | 邢台 | 保定 | 张家口 | 承德 | 沧州 | 廊坊 | 衡水 |
|---|---|---|---|---|---|---|---|---|---|---|---|---|---|---|
| 工业资源利用 | 2012 | 0.5228 | 0.5268 | 0.5723 | 0.2266 | 0.5093 | 0.5349 | 0.5572 | 0.5855 | 0.4680 | 0.4698 | 0.6001 | 0.5993 | 0.5932 |
| | 2013 | 0.5391 | 0.5571 | 0.6189 | 0.2651 | 0.5776 | 0.5638 | 0.6070 | 0.6247 | 0.4988 | 0.4648 | 0.6338 | 0.6335 | 0.6295 |
| | 2014 | 0.5739 | 0.5909 | 0.6654 | 0.3690 | 0.6342 | 0.6247 | 0.6532 | 0.6584 | 0.5517 | 0.4832 | 0.6684 | 0.6722 | 0.6697 |
| | 2015 | 0.6113 | 0.6318 | 0.7140 | 0.4707 | 0.6996 | 0.6541 | 0.7043 | 0.7013 | 0.6316 | 0.5242 | 0.7061 | 0.7150 | 0.7079 |
| | 2016 | 0.6350 | 0.6478 | 0.7448 | 0.5241 | 0.7342 | 0.6980 | 0.7338 | 0.7290 | 0.6875 | 0.5657 | 0.7372 | 0.7447 | 0.7150 |
| | 2017 | 0.6321 | 0.6499 | 0.7574 | 0.5518 | 0.7358 | 0.7274 | 0.7425 | 0.7473 | 0.6995 | 0.6036 | 0.7539 | 0.7583 | 0.7342 |
| | 2018 | 0.6329 | 0.6718 | 0.7861 | 0.6015 | 0.7702 | 0.7589 | 0.7687 | 0.7676 | 0.7456 | 0.6757 | 0.7859 | 0.7863 | 0.7585 |
| 工业环境质量 | 2012 | 0.5606 | 0.5381 | 0.6580 | 0.7143 | 0.3487 | 0.7158 | 0.5194 | 0.7150 | 0.5279 | 0.6887 | 0.6983 | 0.6974 | 0.7162 |
| | 2013 | 0.6826 | 0.6674 | 0.7534 | 0.7578 | 0.3804 | 0.7634 | 0.6536 | 0.7630 | 0.5461 | 0.6789 | 0.7189 | 0.7262 | 0.7555 |
| | 2014 | 0.6885 | 0.6815 | 0.7721 | 0.7549 | 0.5903 | 0.7683 | 0.6679 | 0.7715 | 0.6024 | 0.6606 | 0.7305 | 0.7408 | 0.7609 |
| | 2015 | 0.7778 | 0.7547 | 0.8329 | 0.8128 | 0.6337 | 0.8370 | 0.7579 | 0.8368 | 0.7402 | 0.7643 | 0.8044 | 0.8259 | 0.8360 |
| | 2016 | 0.8445 | 0.8167 | 0.8797 | 0.8480 | 0.8221 | 0.8782 | 0.8346 | 0.8635 | 0.8355 | 0.7762 | 0.8800 | 0.8740 | 0.8502 |
| | 2017 | 0.9086 | 0.8759 | 0.9077 | 0.8961 | 0.8915 | 0.9085 | 0.9016 | 0.8592 | 0.8544 | 0.7616 | 0.8740 | 0.9019 | 0.8756 |
| | 2018 | 0.9280 | 0.8835 | 0.9247 | 0.9067 | 0.8973 | 0.9272 | 0.9279 | 0.9228 | 0.8473 | 0.7728 | 0.8888 | 0.8990 | 0.9157 |
| 工业增长质量 | 2012 | 0.3777 | 0.4240 | 0.7129 | 0.7333 | 0.6396 | 0.7420 | 0.6890 | 0.6901 | 0.7353 | 0.7436 | 0.7150 | 0.7468 | 0.7422 |
| | 2013 | 0.3258 | 0.3880 | 0.6710 | 0.7123 | 0.7484 | 0.7580 | 0.7597 | 0.6154 | 0.7533 | 0.7304 | 0.7171 | 0.7640 | 0.7632 |
| | 2014 | 0.2851 | 0.3491 | 0.6335 | 0.6996 | 0.6211 | 0.7142 | 0.6806 | 0.6271 | 0.6609 | 0.6949 | 0.7016 | 0.7136 | 0.7052 |

续表

| 指标 | 年份 | 北京 | 天津 | 石家庄 | 唐山 | 秦皇岛 | 邯郸 | 邢台 | 保定 | 张家口 | 承德 | 沧州 | 廊坊 | 衡水 |
|---|---|---|---|---|---|---|---|---|---|---|---|---|---|---|
| 工业增长质量 | 2015 | 0.2687 | 0.3192 | 0.5778 | 0.6560 | 0.5833 | 0.6576 | 0.6318 | 0.6076 | 0.5500 | 0.4664 | 0.6352 | 0.6584 | 0.6377 |
| | 2016 | 0.2822 | 0.2986 | 0.5829 | 0.6439 | 0.5544 | 0.6352 | 0.6439 | 0.5424 | 0.3910 | 0.4776 | 0.5853 | 0.6379 | 0.5938 |
| | 2017 | 0.2014 | 0.4722 | 0.5901 | 0.6447 | 0.5348 | 0.6220 | 0.6449 | 0.5909 | 0.4032 | 0.4648 | 0.5556 | 0.6454 | 0.5798 |
| | 2018 | 0.2341 | 0.5942 | 0.6280 | 0.6444 | 0.5509 | 0.6145 | 0.5804 | 0.6253 | 0.6465 | 0.3283 | 0.5390 | 0.6391 | 0.5586 |
| 工业绿色发展 | 2012 | 0.5265 | 0.4989 | 0.7318 | 0.7142 | 0.6778 | 0.7306 | 0.6883 | 0.7084 | 0.5992 | 0.6815 | 0.7246 | 0.7236 | 0.7223 |
| | 2013 | 0.5590 | 0.5494 | 0.7261 | 0.6806 | 0.6232 | 0.7175 | 0.7065 | 0.7149 | 0.6245 | 0.6330 | 0.7217 | 0.7274 | 0.7277 |
| | 2014 | 0.5596 | 0.5529 | 0.7383 | 0.6714 | 0.7040 | 0.7266 | 0.7101 | 0.7329 | 0.6127 | 0.5787 | 0.7240 | 0.7393 | 0.7370 |
| | 2015 | 0.6058 | 0.5886 | 0.7797 | 0.7117 | 0.7521 | 0.7695 | 0.7548 | 0.7643 | 0.6924 | 0.5975 | 0.7626 | 0.7793 | 0.7791 |
| | 2016 | 0.6229 | 0.5928 | 0.8056 | 0.7147 | 0.7979 | 0.7937 | 0.7823 | 0.7617 | 0.7179 | 0.6147 | 0.8060 | 0.8026 | 0.7811 |
| | 2017 | 0.5996 | 0.6773 | 0.8343 | 0.7494 | 0.8371 | 0.8266 | 0.8257 | 0.8395 | 0.7344 | 0.6254 | 0.8294 | 0.8370 | 0.8175 |
| | 2018 | 0.6306 | 0.7173 | 0.8537 | 0.7866 | 0.8583 | 0.8374 | 0.8377 | 0.8516 | 0.8258 | 0.6348 | 0.8620 | 0.8602 | 0.8614 |

属性，依据个体时间加权工业绿色区域协同相对指数对京津冀 13 市进行排名，探究市域间相对空间分布。

（1）个体时点区域协同相对指数。

京津冀 13 市区域协同相对指数如图 3 - 27 所示。不仅探究 2012 ~ 2018 年京津冀 13 市各自的工业绿色区域协同变化趋势，还将 2012 ~ 2014 年与 2015 ~ 2018 年分阶段进行对比分析，进一步在空间维度上分析各指标区域协同指数变化趋势。

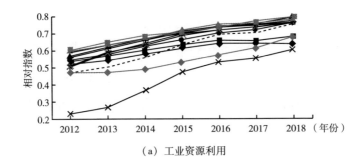

（a）工业资源利用

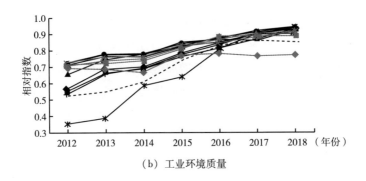

（b）工业环境质量

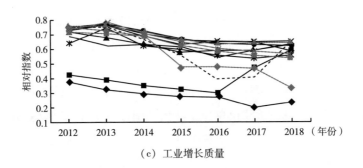

（c）工业增长质量

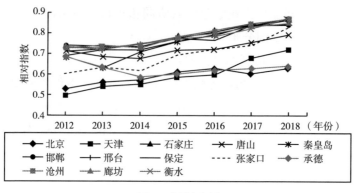

（d）工业绿色发展

**图 3 - 27　2012 ～ 2018 年京津冀个体时点工业绿色区域协同相对指数**

　　2012 ～ 2018 年，由图 3 - 27（d）可知，京津冀工业绿色区域协同指数大体呈波动上升趋势，年均上升约 3.23%。唯独承德市不增反减，下降幅度约为 6.87%，究其原因在于承德市工业增长质量的区域协同指数出现下降，由 2012 年的 0.74 跌至 2018 年的 0.33，跌幅约为 55.41%。其中，2018 年的工业增加值增长率仅约为 1.90%，处于京津冀中最低水平，分析其原因在于外部政策因素和内部结构性矛盾使承德市工业绿色发展与其他 12 市相比差距较大。一方面进入"新常态"后，河北省主张关停高能耗企业直接导致其工业经济失速的压力倍增，各市工业增加值增长率年均降低约 10%；另一方面承德市工业化进程本就不深入，发展质量较低，导致绿色产业的起步较为困难，差距进一步扩大。反观天津市的工业绿色区域协同发展态势最好，其区域协同指数由 4.99 升至 7.13，增幅约为 43.77%，其工业增长质量的区域协同发展态势虽不稳定，但工业资源利用与工业环境质量的区域协同指数均稳步增长，年均上升分别约为 4.59%、10.70%，这得益于京津冀各市顺应"去产能"政策并大力发展绿色产业进而缩小市域间发展差距。且天津市已进入后工业化发展阶段，工业比重及污染排放本就处于较低水平，其 2012 年的单位工业增加值废水为 3.06 吨/立方米，仅为河北省平均水平的 28.81%，之后京津冀各市积极化解过剩产能，节能减排效果显著，到 2018 年河北省平均降幅约为 78.31%，此时天津市单位工业增加值废水为 1.83 吨/立方米，已为河北省平均水平的 79.68%，京津冀市域间发展差距进一步缩小。除承德、天津两市外，其余 11 市的工业绿色区域协同指数增幅则均在 10% ～ 40%，表明各市因资源禀赋不同或产业结构差异造成的差距问题正在被逐步解决。

2012～2014 年，唐山、邯郸、承德、沧州四市工业绿色区域协同指数均出现下降，降幅分别约为 6%、0.55%、5.10%、0.08%，其中邯郸市和沧州市均于 2013 年下降后快速反弹，因此 2012～2014 年的区域协同指数变化幅度较小，而唐山市和承德市的区域协同指数逐年下降，年均下降分别约为 3% 和 5.60%，其中唐山、邯郸、沧州三市工业增加值占比分别约为 56.14%、50.60%、48.71%，工业比重相对较大的同时对资源要素的依赖性较高，其要素投入型的产业发展模式导致了较低的工业产品附加值，粗放式的经济发展模式造成了产能严重过剩，在"十二五"时期问题逐步凸显，使工业增加值增速放缓，年均下降分别约 31%、30%、17%，与平均降幅 22% 差距较大，导致其工业绿色发展区域协同指数下降。而承德市 2014 年的工业增长质量年均增长量约为 0.63，京津冀 13 市的增长量平均值则约为 14.40，其工业增加值仅约为唐山市的 17.61%，悬殊的数据差距说明承德市在其工业化本就不发达的背景下，其改善速度也慢于其余市，进而导致与其他市差距逐渐扩大；石家庄、秦皇岛两市的工业绿色区域协同指数则先由 2013 年下降而后于 2014 年上升，使在此期间的区域协同指数增幅较小，分别约为 0.89% 和 3.87%，这种波动主要源于工业增长质量。石家庄市的科研强度在河北省各市中处于较高水平，之后随各市科研投入逐渐上升，差距有所缩小。而秦皇岛市的工业增加值增长率由 2012 年的 12.10% 骤降至 2.90%，而后反弹至 4.60%，对应工业增加值增长率的区域协同指数也由 89.74% 降至 29.65%，再反弹至 73.69%，使区域协同指数形成"V"形趋势，这是由于 2013 年秦皇岛市以"优环境，调结构"为主要着力点，其工业发展整体低速运行，全年规模以上工业增加值约为 353.26 亿元，增幅较上年下降约 10.9 个百分点，成为自 2000 年以来回落幅度最大的一年，其黑色金属冶炼及压延加工业增长值增速较上年降低约 15.6 个百分点，制约全市经济增长，也拉大了与其余市的差距。2014 年秦皇岛市实施"开放强市、产业立市、旅游兴市、文化铸市"战略，高新技术产业和现代服务业增势较强，两大产业增加值同比增长分别约 8.90% 和 8.40%，扭转了秦皇岛市经济发展排在全省末位的状态，使其区域协同指数进一步上升；在此期间，京津冀其余七市的工业绿色区域协同指数大体呈现逐年递增的向好趋势，年均增幅约为 2%。

2015～2018年，京津冀13市的工业绿色区域协同指数均有所上升，虽增加幅度各有不同，但区域协同发展态势明朗。其中天津市以年均约10.93%的增幅逐年增加，其余12市的年均增幅均在2%～10%。

京津冀13市的工业绿色区域协同指数2015～2018年的趋势走向和2012～2014年相比差异明显。2012～2014年各市区域协同指数平均增幅约为1.02%，2015～2018年平均增幅则约为11.60%，说明各市深入推行供给侧结构性改革，生态经济建设初见成效，京津冀13市的工业绿色区域协同发展势头良好。

从各内部指标分别来看，由图3-27（a）及图3-27（b）可知，工业绿色发展体系下的工业环境质量与工业资源利用的区域协同指数增速逐步趋缓，其中工业资源利用2012～2014年年均增幅约为8.82%，2015～2018年年均增幅约为6.46%，保持稳定上升态势，这得益于京津冀13市于"十三五"期间"去产能"效果显著。2018年河北省钢铁"僵尸企业"全部出清，28家重污染企业全部完成搬迁改造，全省积极行动使河北省各市资源利用率相比2012年提升幅度约为56.19%。

相比之下，工业增长质量的区域协同发展趋势并不稳定。2012～2014年，京津冀13市的工业增长质量区域协同指数基本呈波动下降趋势，平均降幅约为7.92%，其中各市的科研强度与外向性区域协同发展态势良好，问题在于工业增加值增长率的区域协同指数逐年下降，年均下降约6%。在此期间供给侧问题逐步显露，各市积极调结构、去产能，但由于产业结构配置与行政实施力度不一，导致各市工业增加值增速放缓程度各有差异，例如，唐山市工业增加值增速由12降至4.6，降幅约为61.67%；天津市由16.1减至10.1，降幅约为37.27%；沧州市由13.4降至8.9，降幅约为33.58%；除此之外，衡水市和北京市的工业增加值增速的降幅也相对较低，分别约为37.80%和32.27%，由此拉大了市域间工业增长质量的差距。2015～2018年，天津、石家庄、保定、张家口四市工业增长质量区域协同指数出现正向增长，扭转了京津冀整体的负协同局面，工业增长质量区域协同指数平均增幅约为1.56%。而北京市和衡水市的工业增长质量区域协同指数持续下降，两市降幅均超过10%，分别约为12.89%、12.40%。衡水市的工业增加值增长率区域协同指数在2015～2018年下降幅度约为8.47%，究其原因在于各市产业转型节奏不一致，如衡水市持续去产能，保定市开始探索高新技术产业园等。不过总体来看，河北省各市坚决化解过剩产能，调整结构成效显著。除此之外，衡水市的科技投入强度区域协同指数呈下降趋势，下降幅度约为17.06%，也使该市工业增长质量区域协同指数降低，究其原因在于其余市的科技投入强度比例均呈增加趋势，年均增加约3.40%，衡水市的科技投入强度比例反而逐年下降，年均下降约5.10%，进而导致其工业增长质量区域协同指数降低。而北京市工业增加值增长率的区域协同指数在2015～2018年直线上升至0.81后降至0.70，2015年北京市工业增加值增长率仅有0.20%，北京市规模以上工业增加值同比上年增长约1%，增速比上年回落约5.2个百分点，低于全国6.10%的增速，是2010年以来北京市经济增速的最低值。究其原因在于北京市明确全国科技、文化、国际交往、政治中心功能的定位后，强调有序疏解非首都功能，当年大量向外转移低附加值产业，关停工业企业326家，拆除商品批发市场79个。在其产业结构转型过程中，传统工业减速发展，新动能的培育尚需时间，因此制约了工业发展速度，也使该指标协同指数发生剧烈波动，到2016年北京市汽车制造业增加值增长约25.60%，计算机、通信和其他电子设备制造业增加值止跌回升，增长约1%，高新技术产品产量高速增长使北京市工业增加值增长率快速提升，带动区域协同指数反弹。除此之外，北京市的外向性区域协同指数2015～2018年也呈下降趋势，降幅约为4.11%，是造成北京市工业增长质量区域协同指数降低的另一原因。一方面北京市作为国际交往中心，相比其余12市更加便于吸纳外资，使该指标的区域协同指数一直处于较低水平；另一方面2015年北京市获批成为全国首个服务业扩大开放试点城市，利用外资水平又上新台阶，使2017年北京市实际利用外资跃居全国首位，导致与其余12市的外向性差距扩大。向外迁移低附加值产业和向内加强外向型经济都是合力疏解北京市非首都功能这个"牛鼻子"的具体实践，为北京市实现高质量发展扫清障碍、提供助力。

如今京津冀协同发展进入攻坚克难的关键阶段，也是经济增长调整"阵痛期"，但换来的是资源利用水平、环境质量及绿色发展的迅速提高。

（2）个体时间加权区域协同相对指数。

为进一步说明2012～2018年以来京津冀13市工业绿色区域协同发展的

情况，依据"厚今薄古"的原则，引入时间加权向量来计算个体时间加权区域协同相对指数。根据式（3-21），可得到引入时间加权向量后的京津冀13市工业绿色区域协同相对指数及排名，结果如表3-17所示。

①工业资源利用。

如表3-17所示，工业资源利用的区域协同指数排在前三位的市分别为廊坊市（0.7379）、石家庄市（0.7349）、沧州市（0.7343）。其中，廊坊市占据榜首，其工业资源利用的区域协同指数逐年稳步提升，2018年其区域协同指数约为0.7863，同年也在13市中排名首位。2012年，石家庄市的工业资源利用区域协同指数仅约为0.5823，小于沧州市的0.6001。在"新发展"理念要求下进一步提高资源利用效率，2018年石家庄市的区域协同指数已约为0.7861，而沧州市则因承接大量京津转移产业，导致后期资源利用量显著增加，从而其区域协同指数稍逊于石家庄市；排在最后三位的市分别是唐山市（0.5062）、承德市（0.5861）、北京市（0.6150）。这三市均囿于各自特殊的产业结构进而导致工业资源利用效率偏低。其中，唐山市以高耗能的黑色金属工业为支柱产业，其占比约为68.90%；承德市则正好相反，其工业化发展并不充分，没有形成规模经济的条件，且技术水平落后导致单位能耗量大；而北京市早已进入后工业化阶段，低能耗水平领先于其余12市。虽然这三市的区域协同指数与2012年相比已有很大进步，但由于差距基数较大，还需要持续发力来加速产业结构改革以进一步缩小市域间差距。

**表3-17    京津冀个体时间加权区域协同相对指数排名**

| 地区 | 工业资源利用 | | 工业环境质量 | | 工业增长质量 | | 工业绿色发展 | |
|------|------|------|------|------|------|------|------|------|
| | 相对指数 | 排名 | 相对指数 | 排名 | 相对指数 | 排名 | 相对指数 | 排名 |
| 北京 | 0.6150 | 11 | 0.8415 | 8 | 0.2547 | 13 | 0.6046 | 13 |
| 天津 | 0.6382 | 10 | 0.8107 | 10 | 0.4465 | 12 | 0.6396 | 11 |
| 石家庄 | 0.7349 | 2 | 0.8680 | 2 | 0.6132 | 5 | 0.8102 | 2 |
| 唐山 | 0.5062 | 13 | 0.8536 | 6 | 0.6584 | 2 | 0.7387 | 9 |
| 秦皇岛 | 0.7138 | 7 | 0.7718 | 12 | 0.5734 | 9 | 0.7962 | 7 |
| 邯郸 | 0.6968 | 8 | 0.8720 | 1 | 0.6473 | 3 | 0.7987 | 6 |
| 邢台 | 0.7209 | 5 | 0.8307 | 9 | 0.6352 | 4 | 0.7911 | 8 |
| 保定 | 0.7232 | 4 | 0.8574 | 3 | 0.6046 | 7 | 0.7996 | 5 |

续表

| 地区 | 工业资源利用 | | 工业环境质量 | | 工业增长质量 | | 工业绿色发展 | |
|------|------|------|------|------|------|------|------|------|
| | 相对指数 | 排名 | 相对指数 | 排名 | 相对指数 | 排名 | 相对指数 | 排名 |
| 张家口 | 0.6691 | 9 | 0.7816 | 11 | 0.5513 | 10 | 0.7323 | 10 |
| 承德 | 0.5861 | 12 | 0.7510 | 13 | 0.4725 | 11 | 0.6223 | 12 |
| 沧州 | 0.7343 | 3 | 0.8422 | 7 | 0.5936 | 8 | 0.8079 | 3 |
| 廊坊 | 0.7379 | 1 | 0.8544 | 5 | 0.6612 | 1 | 0.8120 | 1 |
| 衡水 | 0.7176 | 6 | 0.8554 | 4 | 0.6111 | 6 | 0.8043 | 4 |

②工业环境质量。

京津冀 13 市的时间加权区域协同相对指数均在 0.75 以上，市域间工业环境质量的差距显著缩小。根据时间加权区域协同相对指数，排在前三位的市为邯郸市（0.8720）、石家庄市（0.8680）、保定市（0.8574）。其中，保定市工业固体废物综合利用率的区域协同指数最优，邯郸市和石家庄市的工业固体废物综合利用率的区域协同指数仅次于保定市，单位工业增加值废水的区域协同指数高于平均水平。在各指标综合作用下，三市的工业环境质量协同水平领先于其他市；排在最后三位的市分别为承德市（0.7510）、秦皇岛市（0.7718）、张家口市（0.7816）。这三市的单位工业增加值废气区域协同指数均低于 0.5，说明与其他九市差距较大。尤其自 2015 年后，各市着力推行"绿色发展"，以政府为主导的环境管制起到了刺激各市发展技术、大力缩减污染物排放的作用。承德、秦皇岛、张家口三市均受制于不完整的工业化进程而慢于其他各市改革产业结构的步伐，也导致了与其他各市的治污成效相比差距出现扩大。

③工业增长质量。

排名前三位的市为廊坊市（0.6612）、唐山市（0.6584）、邯郸市（0.6473）。其中，唐山市的工业增加值增长率区域协同指数最高；邯郸市的外向性区域协同指数排在第二位；廊坊市工业增长质量内部指标并未显著高于其他市，但各指标协调运行，实现了整体效益大于局部效益之和，使其工业增长质量区域协同指数排在首位。排在最后三位的市分别为北京市（0.2547）、天津市（0.4465）、承德市（0.6473）。其中，北京、天津两市凭借在京津冀协同发展战略中的主要引擎地位领先于河北 11 市发展，暂时看来两市的区域协同指数处于较低区间。而承德市则由于发展基础薄弱，发展动力不足，因而各内部指标区域协同指数均偏低。

④工业绿色发展。

排名前三位的市分别为廊坊市（0.8120）、石家庄市（0.8102）、沧州市（0.8079），与工业资源利用区域协同指数的前三名一致；排在最后三位的市分别为北京市（0.6046）、承德市（0.6223）、天津市（0.6396），与工业增长质量区域协同指数后三位一致。可见在各市的工业环境质量区域协同指数普遍较高时，工业资源利用与工业增长质量的区域协同指数成为决定各市工业绿色区域协同指数排名的关键因子。廊坊市、石家庄市、沧州市三市工业绿色区域协同发展态势最佳，而北京市、承德市、天津市三市受制于工业增长质量的过快或过慢的发展速度，与其余九市相比差距显著。

### 3.3.2.2 绝对指数的空间异质性分析

为进一步考察京津冀13市在2012～2018年工业绿色区域协同发展程度，依据表3-4的评价标准，分别对13市每一年的个体时点相对区域协同指数进行绝对评价，各指标的区域协同评价结果如表3-18所示。

表3-18　　　　京津冀个体时点工业绿色区域协同绝对指数

| 区间 | 2012年 | 2013年 | 2014年 | 2015年 | 2016年 | 2017年 | 2018年 |
|---|---|---|---|---|---|---|---|
| 不协同 | 北京<br>天津<br>张家口 | 北京<br>天津 | 北京<br>天津<br>承德 | 天津<br>承德 | 天津 | 北京 | — |
| 初级协同 | 秦皇岛<br>邢台<br>承德 | 唐山<br>秦皇岛<br>张家口<br>承德 | 唐山 | 北京<br>张家口 | 北京<br>承德 | 天津<br>承德 | 北京<br>承德 |
| 中级协同 | 石家庄<br>唐山<br>邯郸<br>保定<br>沧州<br>廊坊<br>衡水 | 石家庄<br>邯郸<br>邢台<br>保定<br>沧州<br>廊坊<br>衡水 | 石家庄<br>秦皇岛<br>邯郸<br>邢台<br>保定<br>沧州<br>廊坊<br>衡水 | 石家庄<br>秦皇岛<br>唐山<br>邯郸<br>邢台<br>保定<br>沧州<br>廊坊<br>衡水 | 秦皇岛<br>张家口<br>唐山<br>邯郸<br>邢台<br>保定<br>衡水 | 唐山<br>张家口 | 天津<br>唐山 |

续表

| 区间 | 2012 年 | 2013 年 | 2014 年 | 2015 年 | 2016 年 | 2017 年 | 2018 年 |
|------|---------|---------|---------|---------|---------|---------|---------|
| 良好协同 | — | — | — | — | 石家庄<br>沧州<br>廊坊 | 石家庄<br>秦皇岛<br>邯郸<br>邢台<br>保定<br>沧州<br>廊坊<br>衡水 | 石家庄<br>秦皇岛<br>张家口<br>邯郸<br>邢台<br>保定<br>沧州<br>廊坊<br>衡水 |
| 优质协同 | — | — | — | — | — | — | — |

2012～2014 年，京津冀 13 市的工业绿色区域协同指数稳定分布在不协同、初级协同和中级协同 3 个区间内，各市的区域协同指数小幅波动。其中北京、天津两市一直稳定在不协同区间内。2012 年北京市工业绿色发展的区域协同指数约为 0.37、天津市约为 0.42、河北省各市的平均区域协同指数约为 0.72，这是因为河北省 11 市的工业化进程远远落后于京津两市，正处于工业化中期向后期过渡的过程中，而北京市已接近现代化，天津市处于后工业化时期，产业结构的差异导致研究初期的京津两市和河北各市的工业绿色发展各项指标差距较大；石家庄、邯郸、沧州、廊坊、衡水、保定 6 市一直稳定在中级协同区间，此 6 市的工业绿色发展水平差距不大，在京津冀 13 市中处于中等水平；张家口、邢台、秦皇岛 3 市的工业绿色区域协同指数均有所上升，张家口市由不协同（0.59）迈入初级协同区间（0.62）、邢台市和秦皇岛市由初级协同（0.68、0.62）迈入中级协同区间（0.71、0.70）。以上 3 市工业绿色区域协同指数上升的主要原因在于其工业资源利用与工业环境质量由不协同纷纷跨入了初级协同区间。其中张家口市、秦皇岛市工业化发展不充分，邢台市产业层次较低，使 3 市的工业资源利用水平相对低下，如张家口市工业增加值仅占生产总值的 37.32%，但单位工业增加值废水及废气（13.77 吨/万元、249.64 吨/亿元）却排在京津冀各市中第三位，环境产出效率相对低下，导致研究前期的工业绿色发展处于不协同区间，之后围绕"增绿""治污"两大主题，张家口市引入大批低碳环保的绿色项

目，围绕钢铁、玻璃、水泥、电力四大行业开展了 111 项减排治污工程，使当年全市单位 GDP 能耗下降约 7.05%，空气质量污染综合指数同比下降约 29%，缩小了和其他市之间工业绿色发展的差距；承德、唐山两市的区域协同指数则出现下跌，承德市由初级协同（0.62）跌至不协同区间（0.58），唐山市则由中级协同（0.71）跌至初级协同区间（0.68）。其中承德市单位工业增加值废气排放量不减反增，从 215.5 吨/亿元升至 239.9 吨/亿元，导致了工业资源利用区域协同指数的下降，其外向性从 81% 跌至 64% 导致了工业增长质量区域协同指数的下降。唐山市则响应"绿色崛起"的发展理念，整治钢铁企业，导致其工业增加值增长率从 12% 降至 4.6%，降幅约为 62%，远超其他市，使其工业增长质量区域协同指数降低。

2015～2018 年，京津冀 13 市的工业绿色区域协同指数均有所改善，至 2018 年各市已完全消除不协同区间。河北省中有九市已迈入良好协同区间，这是河北省坚决化解过剩产能、推动高质量发展的成果。其中，天津、承德两市从不协同（0.59、0.59）进入较为协同阶段（0.71、0.63），这两市的工业环境质量与工业资源利用均已跨入协同区间，进而带动工业绿色区域协同指数上升；石家庄、秦皇岛、邯郸、邢台、保定、张家口、沧州、廊坊、衡水九市均跨入良好协同区间，除工业资源利用及工业环境质量颇见成效外，其工业增长质量的区域协同指数也迈上新台阶。石家庄、邯郸、保定、张家口、廊坊、衡水六市的工业增长质量已进入较为协同阶段，区域协同指数均超过 0.6。秦皇岛、邢台、沧州三市的工业增长质量虽在初级区域协同标准之下，但区域协同指数逐渐上升有望在短期内脱离不协同区间；北京市的工业绿色区域协同指数偶有波动，最后稳定在初级协同区间内。自疏解非首都功能以来，北京市的工业环境质量实现了质的飞跃。单位 GDP 电耗及单位工业增加值废气均处于京津冀中最低水平。而且，北京市作为全国科技创新中心、国际中心，其外向性与科研强度都占据绝对优势，与其他各市之间产生了一定距离，共同决定了其区域协同发展暂时处于较低水平；唐山市则一直稳定于中级协同区间，其中工业资源利用已由不协同（0.47）跨入初级协同区间（0.60），工业环境质量由良好协同（0.81）跨入优质协同区间（0.91），工业增长质量虽有波动但稳定在初级协同区间（0.64），唐山市的工业绿色区域协同发展虽未有明显变化，但各子系统均有向好趋势，说明工业绿色区域协同指数尚有上升的潜力。

为进一步从空间维度对京津冀 13 市工业绿色区域协同进行辨析，利用 Geoda 软件对京津冀 13 市工业绿色发展的个体时点区域协同绝对指数输出空间分布图，将区域协同指数处于不协同区间（0.6 ~ 0.6）以"1"表示，初级协同区间（0.6 ~ 0.7）以"2"表示，中级协同区间（0.7 ~ 0.8）以"3"表示，良好协同区间（0.8 ~ 0.9）以"4"表示，优质协同区间（0.9 ~ 1）以"5"表示，如图 3 - 28 至图 3 - 31 所示。

（1）工业资源利用。

从工业资源利用区域协同的空间分布来看，由图 3 - 28 可知，其以沧州、衡水两市为核心，呈现向外辐射的空间分布格局。冀南部的工业资源利用区域协同指数逐渐上升，之后冀东北部的区域协同指数有所改善，最后冀西部的张家口、保定等市的区域协同指数也随之上升。整体来看，区域协同指数较高的地区为保定、石家庄、衡水、沧州等市，主要位于冀中部；区域协同指数较低的地区为北京、天津、承德、唐山等市，主要位于冀北部。可以发现河北省内各市大体上呈现工业资源利用区域协同指数较高的特点，这可能由于同属河北省的行政管辖范围内，省内行政指导下的绿色产业计划实施效率更高。

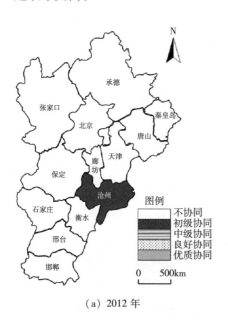

（a）2012 年

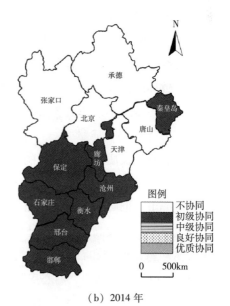

（b）2014 年

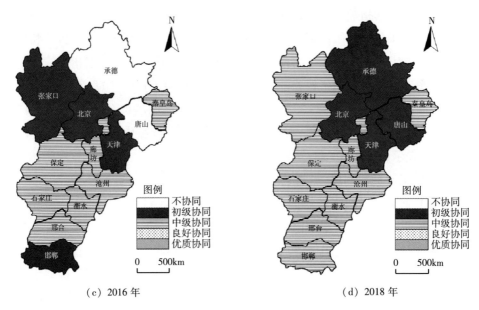

（c）2016 年　　　　　　　　　　　（d）2018 年

**图 3 - 28　京津冀个体时点工业资源利用区域协同绝对指数空间分布**

（2）工业环境质量。

由图 3 - 29 可知，工业环境质量区域协同的空间分布呈现出以冀中部的保定市、衡水市等为中心向外扩散的空间格局。区域协同指数较高的市大多位于京津冀中下部的"心房"及"心底"区域，较低的市主要位于上部"动脉"区域及沿海地带。环境规制的成效既受各地产业结构影响，也受地理位置约束，如天津、秦皇岛等沿海市极易出现为降低成本而污染海水的现象，导致环境治理成效"打折"，因此需要执行强行政制度来弥补这类负外部性，进一步缩小京津冀各市差距。

（3）工业增长质量。

从工业增长质量区域协同的空间分布来看，由图 3 - 30 可知，空间上呈现出外部包围并向内扩散的空间格局，这种"包围式"布局起初由张家口市、承德市、邯郸市等构成，而后由保定市、石家庄市、唐山市等接手。整体区域协同指数较高的区域基本为京津冀的外围市，大多位于京津两市上部的"主动脉"区域和石家庄市省会的"左心室"区域，区域协同指数较低的区域主要位于冀东部的"右心房"位置的市和冀中部的京津两市，主要原因可能在于京津与河北省 11 市相比差距较大，而冀中部各市距离京津较近因此受

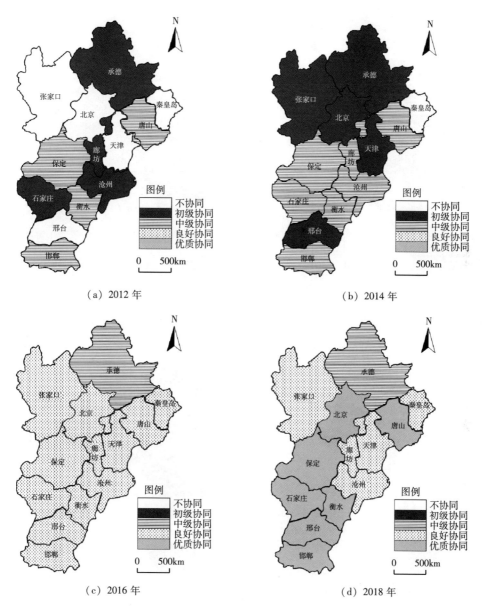

图 3 - 29 京津冀个体时点工业环境质量区域协同绝对指数空间分布

辐射效应影响较大，其经济发展更可能被京津两市带动，加速各类资源要素的交换，从而与其余市相比工业增长质量水平较高，区域协同指数更低。

（4）工业绿色发展。

从工业绿色区域协同的空间分布来看，由图 3 - 31 可知，空间格局基本分

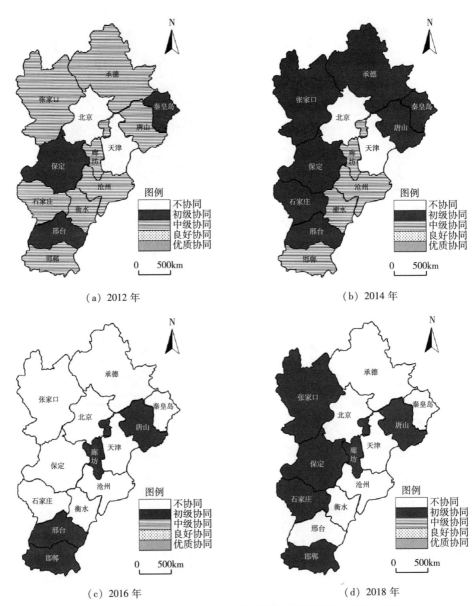

（a）2012 年　　　　　　　　　　（b）2014 年

（c）2016 年　　　　　　　　　　（d）2018 年

**图 3 - 30　京津冀个体时点工业增长质量区域协同绝对指数空间分布**

成三部分，冀南部的"心肌"地区的区域协同发展状况最好，包括石家庄、衡水；冀西北部的"左心房"地区的区域协同发展次之，包括张家口、保定市；冀东北部的"左心室"地区的区域协同发展最差，包括北京、天津。其中，区域协同指数较高的市主要有邯郸、邢台、石家庄、衡水等，区域协同

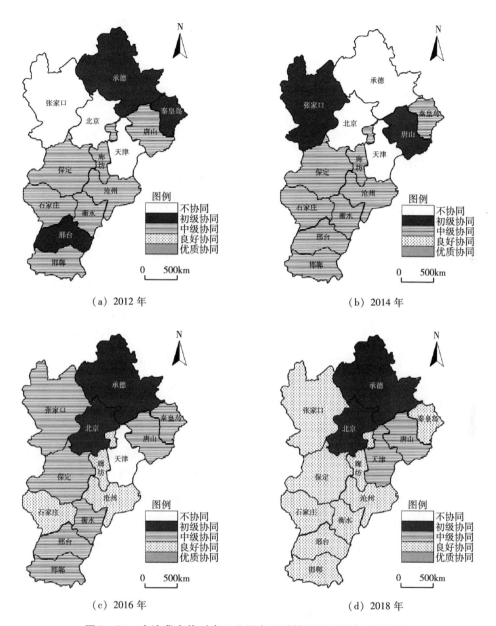

（a）2012 年　　　　　　　　　　　（b）2014 年

（c）2016 年　　　　　　　　　　　（d）2018 年

**图 3 - 31　京津冀个体时点工业绿色区域协同绝对指数空间分布**

指数较低的市主要有北京、天津、秦皇岛、承德等。需要明确一点的是，区域协同指数仅指京津冀市域间发展差距的大小，并不代表发展水平的高低，部分市的工业绿色区域协同指数虽较低但其工业绿色发展水平可能远超其他区域，如京津两市；自然也可能是落后于其他市，如承德市。在京津冀协同发展战略指引下，13 市根据各自功能定位，各司其职，当前空间布局的三部分也可称作京津冀协同功能互补的雏形，以京津为核心；冀西北打造生态屏障；冀东部承接产业转移；冀南部距离京津两地距离较远，则以石家庄市为中心建设现代服务业，在行政指引下，逐步形成优势互补、错位发展的区域格局。

## 3.4 京津冀工业绿色发展与其区域协同的格兰杰因果检验

工业绿色区域协同是工业绿色发展空间差距的体现，两者受空间效应的影响具有联系。当空间单元间的工业绿色发展差距发生变化时，由于存在"辐射作用"或"虹吸作用"，工业绿色发展高水平地区会促进或抑制工业绿色发展低水平地区并受到低水平地区的促进与抑制，进而各个空间单元的工业绿色发展水平发生相应变化。

为了检验京津冀工业绿色发展与工业绿色区域协同是否具有联系，本书对两者进行格兰杰检验。格兰杰检验是用来判断某个变量的前期信息是否会影响另一个变量的当期信息，因此常用来研究两个变量及以上的经济互动关系。完整的格兰杰检验步骤是平稳性检验、协整检验、判断最优滞后阶数检验、格兰杰因果关系检验。前两个步骤要求数据具有平稳性进而排除"伪回归"，是进行格兰杰因果检验的基础。由于变量产生影响的滞后期具有不确定性，因此判断出最优滞后阶数后再进行格兰杰因果检验。本书同时使用 IPS 检验和 LLC 检验考察数据平稳性，选择 ADF（augment dickey-fuller）检验进行数据协整检验，通过 AIC、BIC 和 HQIC 准则判断最优阶数，使用 GMM 估计进行格兰杰因果检验。

首先对工业绿色发展和工业绿色区域协同分别进行平稳性检验，结果见表 3–19。表 3–19 结果显示，工业绿色发展与工业绿色区域协同均以 1% 的显著性水平通过 IPS 检验和 LLC 检验，说明每个变量具有平稳性。

表 3 - 19　2012 ~ 2018 年工业绿色发展与工业绿色区域协同平稳性检验

| 变量 | IPS 检验 | LLC 检验 | 结论 |
|---|---|---|---|
| 工业绿色发展 | - 5. 8304 *** <br> (0. 000) | - 21. 1477 *** <br> (0. 000) | 平稳 |
| 工业绿色区域协同 | - 4. 3085 *** <br> (0. 000) | - 10. 2085 *** <br> (0. 000) | 平稳 |

注：*** 表示在 1% 水平下显著。

之后对工业绿色发展与工业绿色区域协同进行协整检验，结果如表 3 - 20 所示。

表 3 - 20　2012 ~ 2018 年工业绿色发展与工业绿色区域协同协整检验

| | t 值 | p 值 |
|---|---|---|
| ADF | - 6. 2742 *** | 0. 0000 |

注：*** 表示在 1% 水平下显著。

表 3 - 20 显示，工业绿色发展与工业绿色区域协同以 1% 的显著性水平通过 ADF 检验，说明变量间具有稳定的变化趋势。结合平稳性检验结果，工业绿色发展与工业绿色区域协同可以排除"伪回归"情况，因而进一步检验最优滞后阶数，结果如表 3 - 21 所示。

表 3 - 21　2012 ~ 2018 年工业绿色发展与工业绿色区域协同最优滞后阶数检验

| lag | AIC | BIC | HQIC |
|---|---|---|---|
| 1 | - 8. 2421 | - 7. 2386 * | - 7. 8462 |
| 2 | - 8. 2431 | - 6. 9673 | - 7. 754 |
| 3 | - 8. 6364 * | - 7. 0155 | - 8. 0548 * |
| 4 | - 6. 9991 | - 4. 9668 | - 6. 4139 |
| 5 | 8. 9991 | 10. 9982 | 8. 5882 |

注：* 表示该滞后期下结果最优。

由表 3 - 21 结果可知，根据 AIC 和 HQIC 原则滞后三阶结果最优，而根据 BIC 原则滞后一阶结果最优，考虑多数原则，选择三阶为最优滞后阶数进行格兰杰检验，结果如表 3 - 22 所示。

表 3 – 22    2012～2018 年工业绿色发展与工业绿色区域协同格兰杰检验

| 原假设 | 滞后阶数 | F 统计值 | p 值 |
| --- | --- | --- | --- |
| green 不是 coorgreen 的格兰杰原因 | 3 | 3.5161 | 0.3190 |
| coorgreen 不是 green 的格兰杰原因 | 3 | 17.785 *** | 0.0000 |

注：*** 表示在 1% 水平下显著。

表 3 – 22 结果显示，工业绿色发展不是工业绿色区域协同的格兰杰原因，而工业绿色区域协同是工业绿色发展的格兰杰原因。结合京津冀工业绿色发展 13 市均呈上升趋势的特点，格兰杰检验结果说明，当京津冀空间单元间的工业绿色发展拉开差距时，具有空间效应，高水平地区会影响低水平地区的工业绿色发展。结合前面 $\beta$ 收敛检验结果，工业绿色发展变化的速度趋于一致，工业绿色发展差距的变化一致，所以京津冀工业绿色发展尚未对工业绿色区域协同产生显著影响。

## 3.5　本章小结

基于绿色发展的内涵，参考权威评价指标体系，构建了涵盖工业资源利用、工业环境质量、工业增长质量 3 个准则 9 个指标的区域工业绿色发展测度指标体系，兼顾主观与客观，综合运用 AHP 法和改进熵权法计算权重。在此基础上，得出以下结论。

（1）设置分级标准，结合未确知模型，对 2012～2018 年京津冀工业绿色发展的相对水平和绝对水平进行测度并总结时间变化趋势。绿色发展的实践始于 2012 年，自 2012 年以来京津冀总体的工业绿色发展、工业资源利用以及工业环境质量水平均呈逐年上升趋势且均已达到 $C_1$（好）级别，工业增长质量水平呈扁平"W"形发展且一直处于 $C_4$（较差）级别。相对于 2012～2014 年，自 2015 年"绿色发展"和"供给侧结构性改革"提出以来，工业绿色发展、工业资源利用以及工业环境质量水平的年均增长率有所降低，工业增长质量水平由下降变为波动上升趋势。京津冀市域间工业发展不平衡，2012～2018 年京津冀 13 市工业绿色发展、工业资源利用以及工业环境质量水平均呈上升趋势，且北京、天津、沧州、廊坊、衡水等在大多年

份均处于 $C_1$（好）级别，石家庄、保定、秦皇岛等市由 $C_3$（中等）升至 $C_1$（好）级别，唐山、邯郸、邢台、张家口等市由 $C_4$（较差）升至 $C_2$（较好）级别，承德市稳定在 $C_3$（中等）级别；工业增长质量水平变动趋势有所不同，北京市呈上升趋势，天津、承德、沧州、衡水等均呈波动下降趋势，石家庄、唐山、秦皇岛、邯郸、邢台、保定、张家口、廊坊等市均呈"U"形趋势，除北京市和天津市已处于 $C_1$（好）级别外，其余市大多年份均处于较低级别。相对于 2012~2014 年，自 2015 年以来，13 市工业资源利用、工业环境质量以及工业绿色发展水平的平均增速均有所降低；除天津、承德、沧州、衡水等市进一步降低但速度减缓外，其余市工业增长质量水平平均增速由负转正，均有所回升。为进一步明确空间格局，根据"厚今薄古"的原则引入时间加权向量，结果发现研究期内，以京津为中心的空间分布格局较为明显，且两极分化较为严重，逐渐形成以京津为中心的高水平区域和西北、西南的低水平区域。

（2）综合运用协同度模型和收敛性模型，设置分级标准，对 2012~2018 年京津冀工业绿色区域协同指数进行测度并总结时间变化趋势，结果发现，自 2012 年以来，京津冀总体工业绿色发展、工业资源利用与工业环境质量区域协同指数均呈持续上升趋势且已跨入协同区间；但工业增长质量区域协同指数呈波浪式下降趋势且已跌入不协同区间。相对于 2012~2014 年，自 2015 年以来京津冀总体工业绿色区域协同指数增速更加明显，突破初级协同区间跨入良好协同区间，但"偏科"现象仍十分明显；工业资源利用与工业环境质量区域协同指数增速放缓，分别跨入中级协同、良好协同区间；工业增长质量区域协同指数降速明显减缓，始终处于不协同区间，成为制约京津冀总体区域协同发展的主要指标。根据收敛性分析，工业绿色发展相对低水平地区与相对高水平地区的发展速度趋同，工业绿色区域协同将可以稳定在一定水平。京津冀市域间工业绿色发展不平衡，2012~2018 年，除承德市外，其余 12 市的工业绿色区域协同指数均出现不同程度的上升。其中，北京市从不协同跨入初级协同区间，天津市从不协同跨入中级协同区间，石家庄、秦皇岛、邯郸、邢台、保定、沧州、廊坊、衡水等市从中级协同跨入良好协同区间，张家口市则从不协同跨入良好协同区间，区域协同指数年均上升约 3.23%，这主要得益于工业环境质量及工业资源利用区域协同指数的上升趋势。而工业增长质量区域协同指数基本呈波动下降趋势，其中承德市深受其害，一直在不协同和初级协同之间徘徊。相对于 2012～2014 年，自 2015 年以来各市工业绿色区域协同进步更加明显，其中各市工业环境质量与工业资源利用的区域协同指数持续上升，但唐山市工业资源利用区域协同指数仍低于其余 12 市，致使其一直维持于中级协同区间，未能实现突破；工业增长质量区域协同指数中天津、石家庄、保定、张家口四市出现正向增长，扭转了京津冀负协同的局面。至 2018 年京津冀各市已完全消除不协同区间，工业绿色区域协同发展迈上了新台阶。京津冀的空间格局基本可分成三个部分，冀南部的"心肌"地区区域协同指数最高，包括石家庄、衡水等；冀西北的"左心房"地区区域协同指数次之，包括张家口、保定等市，冀东北部的"左心室"地区区域协同指数最低，包括北京、天津等市。工业资源利用和工业环境质量区域协同指数较高的市聚集于冀中南部，包括保定、石家庄、衡水、沧州等市；工业增长质量区域协同指数较高的市多处在京津冀外围，包括廊坊、唐山、邯郸、邢台等市，大多位于京津冀中部的"主动脉"区域和"左心室"区域。

（3）对京津冀工业绿色发展与工业绿色区域协同的互动关系进行格兰杰因果检验，结果表明，工业绿色发展不是工业绿色区域协同的格兰杰原因，而工业绿色区域协同是工业绿色发展的格兰杰原因；京津冀工业绿色发展尚未对工业绿色区域协同产生显著影响。

# 第4章

# 京津冀工业绿色协同发展水平的障碍因素诊断

在完成测度的基础上，为了进一步分析导致京津冀工业绿色协同发展现有水平与理想水平之间存在差距的因素，即障碍因素，本书引入了障碍度模型。该模型通过量化各障碍因素对障碍作用的贡献程度，即障碍度，来对其障碍作用的强弱进行考察，进而可以分析各指标障碍度在研究期间的动态变化情况并对产生障碍的关键性因子进行判断。根据绿色协同发展的内涵，京津冀工业绿色协同发展障碍因素及其障碍度分析同样涉及京津冀工业绿色发展和京津冀工业绿色区域协同两个方面；根据前面分析，有必要探究京津冀工业绿色协同发展障碍因素及其障碍度的时间和空间双重异质性。

## 4.1 改进障碍度模型

### 4.1.1 时点障碍度模型

（1）个体时点障碍度模型。

传统障碍度模型仅适用于个体时点障碍度的计算，具体包括个体单指标时点障碍度模型和个体多指标时点障碍度模型。

①个体单指标时点障碍度模型。

第 $m$ 个对象第 $i$ 个准则第 $j$ 个指标第 $t$ 年的"单指标障碍度"利用单个

指标偏离贡献度占比来表示[116-117]，即：

$$o_{mijt} = (F_{ij} \times I_{mijt}) / \sum_{i,j} (F_{ij} \times I_{mijt}), t = 1, \cdots, k; m = 1, \cdots, n \quad (4-1)$$

其中，$F_{ij}$ 反映"因子贡献度"，利用指标单层权重与其所属准则权重的乘积，即指标的综合权重来表示，即 $F_{ij} = w'_{ij} \times w_i = \vartheta_{ij}$；$I_{mijt}$ 反映"指标偏离度"，利用指标标准化值与理想值 1 之间的差值来表示，即 $I_{mijt} = 1 - X'_{mijt}$。

②个体多指标时点障碍度模型。

第 $m$ 个对象第 $i$ 个准则第 $t$ 年的"总障碍度"利用个体单指标障碍度之和来表示，即：

$$O_{mit} = \sum_j o_{mijt}, t = 1, \cdots, k; m = 1, \cdots, n; i = 1, \cdots, r \quad (4-2)$$

（2）总体时点障碍度模型。

为进一步分析总体的障碍因素，通过将同一时点同一指标不同个体的指标偏离度累加求和的方式对传统障碍度模型进行了改进。

①总体单指标时点障碍度模型。

基于式（4-1），$n$ 个对象总体第 $i$ 个准则第 $j$ 个指标第 $t$ 年的"单指标障碍度"可表示为：

$$o_{ijt} = \left( F_{ij} \times \sum_{m=1}^n I_{mijt} \right) / \sum_{i,j} \left( F_{ij} \times \sum_{m=1}^n I_{mijt} \right), t = 1, \cdots, k \quad (4-3)$$

②总体多指标时点障碍度模型。

基于式（4-2），$n$ 个对象总体第 $i$ 个准则第 $t$ 年的"总障碍度"可表示为：

$$O_{it} = \sum_j o_{ijt}, t = 1, \cdots, k; i = 1, \cdots, r \quad (4-4)$$

## 4.1.2　时间加权障碍度模型

考虑到我国虽然在 2012 年已经把生态文明建设纳入"五位一体"的国家发展战略，但是在 2015 年的十八届五中全会中才正式提出"绿色发展"这一理念，而且在当年还通过了《京津冀协同发展规划纲要》，因此，为了更好地体现"时代性"，进一步明确个体和总体的障碍因子，引入时间加权向量来进一步改进时点障碍度模型。

（1）个体时间加权障碍度模型。

①个体单指标时间加权障碍度模型。

基于式（4-1），个体单指标时间加权障碍度可用被赋予不同时间权重的个体单指标时点障碍度之和来表示，即：

$$o_{mij} = \sum o_{mijt}\gamma_t \tag{4-5}$$

②个体多指标时间加权障碍度模型。

个体多指标时间加权障碍度用个体单指标时间加权障碍度之和来表示，即：

$$O_{mi} = \sum o_{mij} \tag{4-6}$$

（2）总体时间加权障碍度模型。

①总体单指标时间加权障碍度模型。

基于式（4-3），总体单指标时间加权障碍度可用被赋予不同时间权重的总体单指标时点障碍度之和来表示，即：

$$o_{ij} = \sum o_{ijt}\gamma_t \tag{4-7}$$

②总体多指标时间加权障碍度模型。

总体多指标时间加权障碍度用总体单指标时间加权障碍度之和来表示，即：

$$O_i = \sum o_{ij} \tag{4-8}$$

需要特别说明的是，在对京津冀工业绿色区域协同的障碍因子进行考察时，对"指标偏离度"进行了创新性改进，构建了与传统障碍度模型中利用指标标准化值与理想值 1 之间的差值来表示的"指标偏离度"所不同的"协同偏离度"，即利用指标的区域协同指数与理想值 1 之间的差值来表示。

$$D'_{mijt} = 1 - D_{mijt}, t = 1, \cdots, k \tag{4-9}$$

因此，在计算京津冀工业绿色区域协同的指标障碍度时，需要将指标偏离度改为协同偏离度，其他指标的计算与京津冀工业绿色发展一致。

## 4.2　京津冀工业绿色发展水平的障碍因素诊断

根据式（4–1）、式（4–2），可分别得到 2012～2018 年北京市、天津市、石家庄市、唐山市、秦皇岛市、邯郸市、邢台市、保定市、张家口市、承德市、沧州市、廊坊市和衡水市工业绿色发展的个体时点障碍度；根据式（4–3）、式（4–4），可得到京津冀工业绿色发展的总体时点障碍度；同样取"时间度" $\tau = 0.3$，根据式（4–5）、式（4–6），可分别得到京津冀 13 市工业绿色发展的个体时间加权障碍度；根据式（4–7）和式（4–8），可分别得到京津冀工业绿色发展的总体时间加权障碍度，计算结果如表 4–1 至表 4–15 所示。

### 4.2.1　时间异质性分析

表 4–1　　　　　　2012～2018 年京津冀工业绿色发展的障碍度

| 指标 | | 2012 年 | 2013 年 | 2014 年 | 2015 年 | 2016 年 | 2017 年 | 2018 年 | 次数 | 频率（%） | 时间加权 | 排名 |
|---|---|---|---|---|---|---|---|---|---|---|---|---|
| $X_1$ | $X_{11}$ | 5.57 | 5.61 | 5.12 | 4.92 | 4.83 | 4.66 | 3.84 | 0 | 0 | 4.60 | 9 |
| | $X_{12}$ | 13.13 | 13.21 | 12.21 | 12.37 | 12.87 | 12.90 | 12.23 | 7 | 100 | 12.60 | 4 |
| | $X_{13}$ | 14.02 | 14.71 | 14.13 | 13.44 | 14.08 | 14.96 | 15.79 | 7 | 100 | 14.77 | 3 |
| | 合计 | 32.72 | 33.53 | 31.46 | 30.73 | 31.78 | 32.52 | 31.86 | — | | 31.97 | **2** |
| $X_2$ | $X_{21}$ | 11.19 | 10.67 | 9.96 | 9.21 | 6.24 | 3.46 | 2.60 | 0 | 0 | 5.64 | 8 |
| | $X_{22}$ | 12.91 | 13.24 | 13.63 | 10.73 | 7.86 | 4.95 | 4.05 | 4 | 57.14 | 7.40 | 6 |
| | $X_{23}$ | 10.51 | 5.00 | 4.84 | 4.47 | 5.72 | 6.57 | 7.76 | 0 | 0 | 6.49 | 7 |
| | 合计 | 34.61 | 28.91 | 28.43 | 24.41 | 19.82 | 14.98 | 14.41 | — | | 19.53 | **3** |
| $X_3$ | $X_{31}$ | 2.16 | 4.05 | 6.01 | 7.74 | 8.28 | 10.08 | 9.34 | 3 | 42.86 | 8.23 | 5 |
| | $X_{32}$ | 18.62 | 20.34 | 20.52 | 22.23 | 24.56 | 25.70 | 26.34 | 7 | 100 | 24.24 | 1 |
| | $X_{33}$ | 11.88 | 13.18 | 13.56 | 14.89 | 15.56 | 16.72 | 18.05 | 7 | 100 | 16.04 | 2 |
| | 合计 | 32.66 | 37.57 | 40.09 | 44.86 | 48.40 | 52.50 | 53.73 | — | | 48.51 | **1** |

注：表中字母代表的指标见表 3–1。

如表 4–1、图 4–1 所示，从 2012～2018 年整体来看，"工业资源利用"（$X_1$）障碍度以年均约 0.38% 的速度下降；从其内部指标来看，虽然"单位

GDP 电耗"（$X_{13}$）障碍度以年均约 2.11% 的速度上升，但是"单位工业增加值用水量"（$X_{11}$）和"单位工业增加值能耗"（$X_{12}$）的障碍度分别以年均约 5.81% 和 1.10% 的速度下降，从而使 $X_1$ 的障碍度在研究期间整体呈下降趋势。"工业环境质量"（$X_2$）障碍度以年均约 13.22% 的速度下降；其内部指标"单位工业增加值废水排放"（$X_{21}$）、"单位工业增加值废气排放"（$X_{22}$）和"工业固体废物综合利用率"（$X_{23}$）的障碍度也呈现下降的趋势，其年均下降速度分别约为 20.08%、16.29% 和 0.39%，从而使 $X_2$ 的障碍度在研究期间整体呈现较大幅度的下降。而"工业增长质量"（$X_3$）障碍度则以年均约 8.72% 的速度上升；其内部指标"工业增加值增长率"（$X_{31}$）、"科技投入强度"（$X_{32}$）、"外向性"（$X_{33}$）的障碍度同样呈现上升的趋势，其年均上升速度分别约为 31.01%、6.01% 和 7.26%，从而导致 $X_3$ 的障碍度在研究期间整体呈现上升趋势。

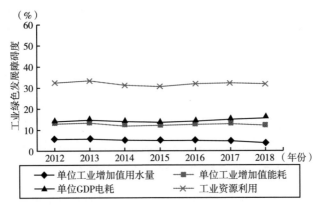

（a）工业资源利用

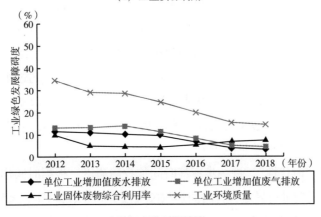

（b）工业环境质量

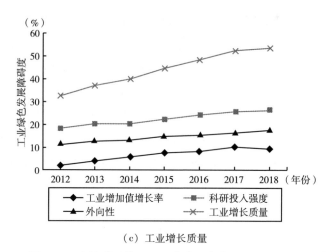

（c）工业增长质量

**图 4 - 1　京津冀总体工业绿色发展各指标障碍度变化**

为进一步总结变化规律，依据指标障碍度的大小，对每一年各因素的障碍度进行排序，将障碍度最大的前五位数据加粗，并计算各因素在研究期间居前五位的频率。按照出现频率高低排名可知，"单位工业增加值能耗"（$X_{12}$）、"单位 GDP 电耗"（$X_{13}$）、"科技投入强度"（$X_{32}$）和"外向性"（$X_{33}$）在 2012～2018 年排名均位于前五，出现频率均为 100%；"单位工业增加值废气排放"（$X_{22}$）主要在 2012～2015 年排名位于前五，出现频率约为 57.14%；"工业增加值增长率"（$X_{31}$）则是在 2016 年开始取代 $X_{22}$，在 2016～2018 年进入前五，出现频率约为 42.86%；"单位工业增加值用水量"（$X_{11}$）、"单位工业增加值废水排放"（$X_{21}$）和"工业固体废物综合利用率"（$X_{23}$）在研究期间排名并未进入前五，出现的频率均为 0。排名前五位的障碍因子发生变化的原因一方面是 2015 年供给侧结构性改革的提出，使京津冀各市积极响应"去产能"的号召，再加上天津市第三产业的比重首次超过第二产业，正式进入后工业化时期，使京津冀地区整体的工业增加值增长率有所下降；另一方面，则是由于生态文明建设的要求和"绿色发展"理念的提出，使京津冀整体工业废水排放总量减少。

考虑到"时代性"，进一步考察时间加权障碍度。根据时间加权障碍度对障碍因子的类型进行界定，将时间加权障碍度≥10%、≥5%、<5% 的指标分别界定为重点障碍因子、一般障碍因子和轻度障碍因子。如表 4 - 1 所示，

"科技投入强度"（$X_{32}$）、"外向性"（$X_{33}$）、"单位 GDP 电耗"（$X_{13}$）、"单位工业增加值能耗"（$X_{12}$）的时间加权障碍度分别约为 24.24%、16.04%、14.77% 和 12.60%，均为重点障碍因子；"工业增加值增长率"（$X_{31}$）、"单位工业增加值废气排放"（$X_{22}$）、"工业固体废物综合利用率"（$X_{23}$）和"单位工业增加值废水排放"（$X_{21}$）出现的频率分别约为 8.23%、7.40%、6.49% 和 5.64%，均为一般障碍因子；"单位工业增加值用水量"（$X_{11}$）的时间加权障碍度约为 4.60%，为轻度障碍因子。将时间加权障碍度排名与按照出现频率高低所得的排名进行比较，可以发现，出现频率约为 42.86% 的"工业增加值增长率"（$X_{31}$）的时间加权障碍度排名超过了出现频率约为 57.14% 的"单位工业增加值废气排放"（$X_{22}$）的排名，居第五位。这同样是由于"绿色发展"理念和供给侧结构性改革的提出，京津冀各市积极"去产能"、优化产业结构，使单位工业增加值废气排放对京津冀工业绿色发展的阻碍作用加速减弱，其障碍度开始以年均约 27.32% 的速度下降，而这也会在一定程度上使工业增加值增长率在近年对京津冀工业绿色发展的阻碍作用加强。

## 4.2.2　空间异质性分析

在对京津冀工业绿色发展障碍因素的时间异质性进行分析的基础上，考虑到京津冀区域内部工业发展不平衡的现实情况，需要对京津冀 13 市工业绿色发展的障碍因素分别进行分析，并总结空间异质性。

### 4.2.2.1　北京市工业绿色发展水平的障碍因素诊断

（1）时点障碍度。

由表 4 - 2、图 4 - 2 可知，北京市"工业资源利用"（$X_1$）障碍度以年均约 18.20% 的速度下降，具体来看，可以发现其内部指标"单位工业增加值用水量"（$X_{11}$）、"单位工业增加值能耗"（$X_{12}$）和"单位 GDP 电耗"（$X_{13}$）的障碍度均在整体上呈现下降趋势，其年均下降速度分别约为 6.87%、27.24% 和 39.66%；"工业环境质量"（$X_2$）障碍度在 2016 年以前以年均约 4.65% 的速度呈现小幅下降的趋势，但是在 2017～2018 年便受到更多的"工业固体废物综合利用率"（$X_{23}$）障碍度的影响，开始以年均约19.21%的速度上升；"工业增长质量"（$X_3$）障碍度在2016年以前以年均约9.50%的速度上升，这与其内部指标的障碍度均在整体上呈现上升趋势有关，但是在2017年后由于"外向性"（$X_{33}$）障碍度开始出现波动，使$X_3$的障碍度也开始波动变化。

表4-2　　　　　　　2012~2018年北京市工业绿色发展障碍度

| 指标 | | 2012年 | 2013年 | 2014年 | 2015年 | 2016年 | 2017年 | 2018年 | 次数 | 频率（%） | 时间加权 | 排名 |
|---|---|---|---|---|---|---|---|---|---|---|---|---|
| $X_1$ | $X_{11}$ | **14.02** | **15.84** | **15.34** | **10.91** | **11.41** | **11.26** | **8.40** | 7 | 100 | 11.10 | 4 |
| | $X_{12}$ | **13.07** | **9.53** | 7.77 | 7.35 | 6.98 | 6.46 | 0.00 | 3 | 42.86 | 5.24 | 6 |
| | $X_{13}$ | 6.86 | 5.15 | 3.93 | 2.54 | 2.50 | 1.19 | 0.00 | 0 | 0 | 1.91 | 8 |
| | 合计 | 33.95 | 30.52 | 27.04 | 20.80 | 20.89 | 18.91 | 8.40 | | — | 18.25 | **3** |
| $X_2$ | $X_{21}$ | 7.18 | 7.98 | 7.28 | **7.49** | **7.50** | **8.55** | **7.14** | 4 | 57.14 | 7.62 | 5 |
| | $X_{22}$ | 5.73 | 5.44 | 4.15 | 2.19 | 0.93 | 0.00 | 0.79 | 0 | 0 | 1.58 | 9 |
| | $X_{23}$ | **12.27** | **9.30** | 8.93 | **12.48** | **12.12** | **29.60** | **33.69** | 7 | 100 | 22.31 | 2 |
| | 合计 | 25.18 | 22.72 | 20.36 | 22.16 | 20.55 | 38.15 | 41.62 | | — | 31.51 | **2** |
| $X_3$ | $X_{31}$ | **14.86** | **15.54** | **18.82** | **30.33** | **26.20** | **32.20** | **33.43** | 7 | 100 | 28.50 | 1 |
| | $X_{32}$ | 3.95 | 4.20 | 5.03 | 4.40 | 6.16 | **10.75** | 0.00 | 1 | 14.29 | 4.76 | 7 |
| | $X_{33}$ | **22.05** | **27.02** | **28.73** | **22.30** | **26.18** | 0.00 | **16.55** | 6 | 85.71 | 16.98 | 3 |
| | 合计 | 40.86 | 46.76 | 52.58 | 57.03 | 58.54 | 42.95 | 49.98 | | — | 50.24 | **1** |

注：表中字母代表的指标见表3-1。

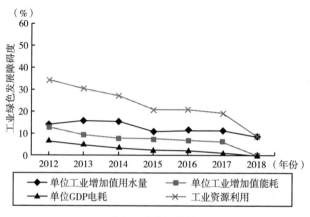

（a）工业资源利用

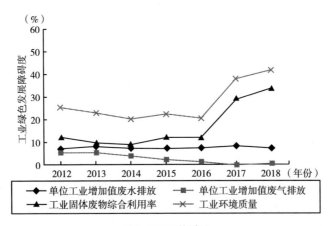

（b）工业环境质量

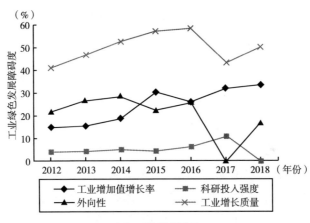

（c）工业增长质量

**图 4 - 2　北京市工业绿色发展各指标障碍度变化**

从出现频率高低排名来看，"单位工业增加值用水量"（$X_{11}$）、"工业固体废物综合利用率"（$X_{23}$）、"工业增加值增长率"（$X_{31}$）在 2012～2018 年排名均位于前五，出现频率均为 100%；"外向性"（$X_{33}$）除了 2017 年以外，在其他年份排名均位于前五，出现频率约为 85.71%；"单位工业增加值废水排放"（$X_{21}$）在 2012～2014 年均排名第六，2015～2018 年排名进入前五，出现频率约为 57.14%；"单位工业增加值能耗"（$X_{12}$）主要在 2014 年以前排名进入前五，出现频率约为 42.86%；"科技投入强度"（$X_{32}$）则仅在 2017 年位于前五，出现频率约为 14.29%；"单位 GDP 电耗"（$X_{13}$）和"单位工业增加值废气排放"（$X_{22}$）在研究期间排名均并未进入前五，出现频率均为 0。

（2）时间加权障碍度。

从时间加权障碍度进一步考察可知，出现频率约为 85.71% 的"外向性"（$X_{33}$）的时间加权障碍度超过了出现频率为 100% 的"单位工业增加值用水量"（$X_{11}$），排名上升至第三位。分析原因可知，由于受到世界经济增速趋缓的影响，我国的外资利用情况在近年有所恶化，尤其是在 2018 年当年，北京市的实际利用外资较上年减少约 30.76%，明显大于全社会固定资产投资总额约为 9.90% 的降幅，导致外向性在近年对北京市工业绿色发展的阻碍作用有所凸显。

### 4.2.2.2　天津市工业绿色发展水平的障碍因素诊断

（1）时点障碍度。

由表 4-3 和图 4-3 可知，天津市"工业资源利用"（$X_1$）障碍度以年均约 12.57% 的速度下降，其内部指标的障碍度均在整体上呈现下降趋势，具体来看，"单位工业增加值用水量"（$X_{11}$）、"单位工业增加值能耗"（$X_{12}$）和"单位 GDP 电耗"（$X_{13}$）的障碍度分别以年均约 15.16%、13.88% 和 9.74% 的速度下降；"工业环境质量"（$X_2$）障碍度以年均约 18.31% 的速度下降，从其内部指标来看，虽然"工业固体废物综合利用率"（$X_{23}$）障碍度以年均约 4.83% 的速度上升，但是由于"单位工业增加值废水排放"（$X_{21}$）、"单位工业增加值废气排放"（$X_{22}$）的障碍度均出现了较大幅度的下降，其年均下降速度分别约为 13.18% 和 26.06%，所以 $X_2$ 的障碍度在整体上呈现下降趋势；"工业增长质量"（$X_3$）障碍度以年均约 8.89% 的速度上升，虽然其内部指标 $X_{32}$ 和 $X_{33}$ 的障碍度在 2016 年出现了波动，但是由于两个指标障碍度的波动趋势正好相反，因而其波动对 $X_3$ 障碍度的影响并不是很大。

从出现频率高低排名来看，"单位工业增加值能耗"（$X_{12}$）、"单位 GDP 电耗"（$X_{13}$）和"科技投入强度"（$X_{32}$）在 2012~2018 年排名均位于前五，出现频率均为 100%；"外向性"（$X_{33}$）除了在 2016 年排名退至第八外，在其他年份均位于前五，出现频率约为 85.71%；"工业增加值增长率"（$X_{31}$）

主要在 2014 年后排名开始上升，进入前五位，出现频率约为 71.43%；"单位工业增加值废气排放"（$X_{22}$）在 2012~2013 年排名居第五位，出现频率约为 28.57%；"单位工业增加值废水排放"（$X_{21}$）则仅在 2016 年排名居第五位，出现频率约为 14.29%；而"单位工业增加值用水量"（$X_{11}$）和"工业固体废物综合利用率"（$X_{23}$）在研究期间排名均未进入前五，出现频率均为 0。

表 4 – 3　　　　　2012~2018 年天津市工业绿色发展障碍度

| 指标 | | 2012 年 | 2013 年 | 2014 年 | 2015 年 | 2016 年 | 2017 年 | 2018 年 | 次数 | 频率（%） | 时间加权 | 排名 |
|---|---|---|---|---|---|---|---|---|---|---|---|
| $X_1$ | $X_{11}$ | 4.58 | 4.11 | 3.26 | 2.63 | 3.09 | 1.87 | 1.52 | 0 | 0 | 2.42 | 8 |
| | $X_{12}$ | **15.83** | **14.98** | **13.15** | **11.66** | **12.50** | **6.68** | **5.68** | 7 | 100 | 9.34 | 4 |
| | $X_{13}$ | **13.44** | **11.32** | **9.62** | **8.85** | **9.27** | **5.16** | **6.19** | 7 | 100 | 7.69 | 5 |
| | 合计 | 33.85 | 30.41 | 26.03 | 23.14 | 24.86 | 13.71 | 13.39 | — | | 19.45 | **2** |
| $X_2$ | $X_{21}$ | 7.22 | 5.98 | 5.25 | 4.92 | **5.22** | 3.30 | 2.88 | 1 | 14.29 | 4.17 | 6 |
| | $X_{22}$ | **8.55** | **7.79** | 8.24 | 6.18 | 3.58 | 1.66 | 1.12 | 2 | 28.57 | 3.56 | 7 |
| | $X_{23}$ | 0.44 | 0.65 | 0.63 | 0.89 | 0.86 | 0.60 | 0.46 | 0 | 0 | 0.63 | 9 |
| | 合计 | 16.21 | 14.42 | 14.12 | 11.99 | 9.66 | 5.56 | 4.46 | — | | 8.36 | 3 |
| $X_3$ | $X_{31}$ | 0.00 | 4.87 | **8.82** | **10.90** | **16.51** | **19.67** | **18.48** | 5 | 71.43 | 15.10 | **3** |
| | $X_{32}$ | **34.34** | **33.52** | **33.51** | **35.09** | **48.03** | **36.89** | **33.99** | 7 | 100 | 36.98 | 1 |
| | $X_{33}$ | **15.59** | **16.78** | **17.51** | **18.88** | 0.95 | **24.16** | **29.68** | **6** | **85.71** | **20.12** | 2 |
| | 合计 | 49.93 | 55.17 | 59.84 | 64.87 | 65.49 | 80.72 | 82.15 | | | 72.20 | **1** |

注：表中字母代表的指标见表 3 – 1。

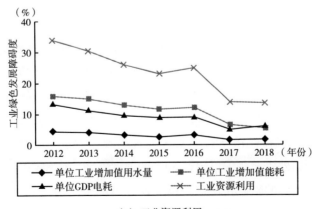

（a）工业资源利用

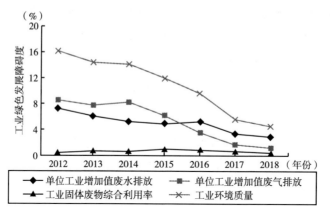

（b）工业环境质量

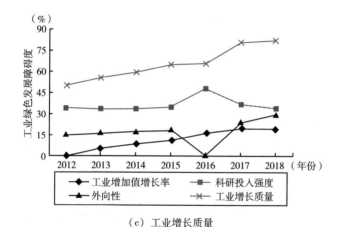

（c）工业增长质量

图4-3 天津市工业绿色发展各指标障碍度变化

（2）时间加权障碍度。

从时间加权障碍度进一步考察分析，可以发现出现频率约为85.71%的"外向性"（$X_{33}$）的时间加权障碍度排名超过了出现频率均为100%的"单位工业增加值能耗"（$X_{12}$）和"单位GDP电耗"（$X_{13}$），排名上升两个位次，成为第二名；究其原因，天津市作为北方最大的港口城市，其外向型的经济特征使天津市在经济下行期对于外资的吸引力有所下降，2017~2018年，其实际利用外资金额均以超过50%的速度下降，这使外向性在近年对天津市工业绿色发展的阻碍作用进一步加强。出现频率约为71.43%的"工业增加值增长率"（$X_{31}$）的时间加权障碍度排名同样实现了较大幅度的提升，从第五位升至第三位；这主要是与天津市正经历产业转型期有关，近年天津市的第三产业比重不断增加，第二产业比重压缩，在 2015 年第三产业的比重首次超过第二产业，占比约为 58.60%，这使天津市在 2015 年之后工业增加值增长率均低于 10%，导致工业增加值增长率这一因子的阻碍作用在近年有所加强；而单位工业增加值能耗和单位 GDP 电耗的障碍度始终保持下降趋势，使其排名也随之下降。

### 4.2.2.3　石家庄市工业绿色发展水平的障碍因素诊断

（1）时点障碍度。

由表 4-4 和图 4-4 可知，石家庄市"工业资源利用"（$X_1$）障碍度的年均下降速度约为 0.09%，从其内部指标来看，"单位工业增加值用水量"（$X_{11}$）和"单位工业增加值能耗"（$X_{12}$）的障碍度均呈现下降的趋势，其年均下降速度分别约为 4.05% 和 1.54%，而"单位 GDP 电耗"（$X_{13}$）障碍度则以年均约 3.04% 的速度上升，所以 $X_1$ 的障碍度在整体上呈现小幅下降趋势；"工业环境质量"（$X_2$）障碍度以年均约 16.37% 的速度下降，具体来看，在 2013 年以前，$X_2$ 的障碍度受到更多的"工业固体废物综合利用率"（$X_{23}$）障碍度的影响，但在 2014~2018 年，开始在更大程度上受到 $X_{21}$ 和 $X_{22}$ 障碍度的影响，而 $X_{21}$ 和 $X_{22}$ 的障碍度分别以年均约 21.93% 和 17.74% 的速度保持着整体下降的趋势，因此 $X_2$ 的障碍度在 2014 年后仍然保持下降趋势；而 $X_3$ 障碍度则由于其内部指标均保持着整体上升的趋势而以年均约 11.31% 的速度上升，其内部指标的障碍度则分别以年均约 35.58%、7.58% 和 10.71% 的速度上升。

表 4-4　　　　　　　2012~2018 年石家庄市工业绿色发展障碍度

| 指标 | | 2012 年 | 2013 年 | 2014 年 | 2015 年 | 2016 年 | 2017 年 | 2018 年 | 次数 | 频率（%） | 时间加权 | 排名 |
|---|---|---|---|---|---|---|---|---|---|---|---|---|
| $X_1$ | $X_{11}$ | 5.41 | 5.84 | 5.67 | 5.28 | 5.19 | 5.10 | 4.13 | 0 | 0 | 4.94 | 8 |
| | $X_{12}$ | **13.65** | **14.78** | **13.84** | **13.85** | **14.10** | **13.86** | **12.29** | 7 | 100 | 13.46 | 3 |
| | $X_{13}$ | **11.90** | **12.90** | **12.58** | **12.18** | **12.91** | **13.60** | **14.17** | 7 | 100 | 13.30 | 4 |
| | 合计 | 30.96 | 33.52 | 32.09 | 31.31 | 32.20 | 32.56 | 30.59 | | — | 31.70 | **2** |

续表

| 指标 | | 2012 年 | 2013 年 | 2014 年 | 2015 年 | 2016 年 | 2017 年 | 2018 年 | 次数 | 频率（%） | 时间加权 | 排名 |
|---|---|---|---|---|---|---|---|---|---|---|---|---|
| $X_2$ | $X_{21}$ | **18.46** | **17.83** | **15.38** | **14.63** | 8.64 | 5.27 | 3.71 | 4 | 57.14 | 8.62 | 6 |
| | $X_{22}$ | 10.30 | 11.61 | 10.66 | 8.61 | 6.37 | 3.01 | 2.62 | 0 | 0 | 5.57 | 7 |
| | $X_{23}$ | 9.91 | 0.32 | 1.21 | 0.54 | 1.56 | 2.76 | 5.78 | 0 | 0 | 3.28 | 9 |
| | 合计 | 38.67 | 29.76 | 27.25 | 23.78 | 16.57 | 11.04 | 12.11 | | — | 17.47 | **3** |
| $X_3$ | $X_{31}$ | 1.85 | 3.31 | 5.46 | 7.19 | **9.13** | **11.32** | **9.84** | 3 | 42.86 | 8.63 | 5 |
| | $X_{32}$ | **16.60** | **19.28** | **20.02** | **21.00** | **23.22** | **24.19** | **25.60** | 7 | 100 | 23.12 | 1 |
| | $X_{33}$ | **11.93** | **14.14** | **15.17** | **16.71** | **18.88** | **20.89** | **21.87** | 7 | 100 | 19.09 | 2 |
| | 合计 | 30.38 | 36.73 | 40.65 | 44.90 | 51.23 | 56.40 | 57.31 | | — | 50.84 | **1** |

注：表中字母代表的指标见表 3 – 1。

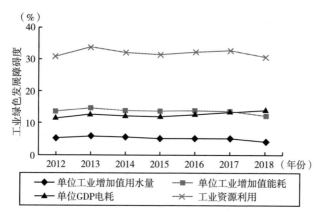

（a）工业资源利用

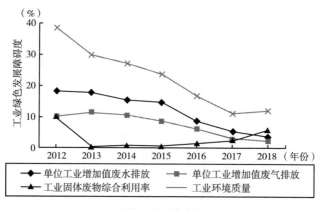

（b）工业环境质量

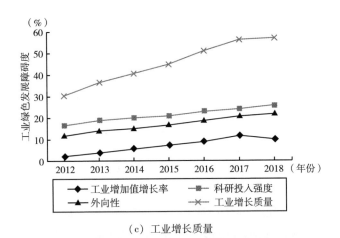

（c）工业增长质量

**图 4－4　石家庄市工业绿色发展各指标障碍度变化**

从出现频率高低排名来看，"单位工业增加值能耗"（$X_{12}$）、"单位 GDP 电耗"（$X_{13}$）、"科技投入强度"（$X_{32}$）和"外向性"（$X_{33}$）在 2012～2018 年排名均位于前五，出现频率均为 100%；"单位工业增加值废水排放"（$X_{21}$）主要在 2015 年以前位于前五，在 2016 年后由于工业废水排放总量开始以年均约 32.32% 的速度下降，排名逐渐退出前五，其出现频率约为 57.14%；"工业增加值增长率"（$X_{31}$）则在 2016～2018 年排名进入前五，出现频率约为 42.86%；而"单位工业增加值用水量"（$X_{11}$）、"单位工业增加值废气排放"（$X_{22}$）和"工业固体废物综合利用率"（$X_{23}$）在研究期间排名均未进入前五，出现频率均为 0。

（2）时间加权障碍度。

从时间加权障碍度进一步考察可知，出现频率约为 42.86% 的"工业增加值增长率"（$X_{31}$）的时间加权障碍度排名超过出现频率约为 57.14% 的"单位工业增加值废水排放"（$X_{21}$），上升至第五位。这主要是由于石家庄市作为京津冀世界级城市群的"第三极"，在近年积极打造全国重要的战略性新兴产业基地，使其工业增加值增长率几乎保持逐年下降的趋势，且在 2016 年跌至 5% 以下，导致工业增加值增长率对石家庄市工业绿色发展的阻碍作用在近年更加凸显；而由于生态文明建设的推进以及"绿色发展"理念的提出，其工业废水排放总量以年均约 21.60% 的速度快速下降，使单位工业增加值废水排放对其工业绿色发展的阻碍作用逐渐减小。

#### 4.2.2.4 唐山市工业绿色发展水平的障碍因素诊断

（1）时点障碍度。

由表 4 - 5 和图 4 - 5 可知，唐山市"工业资源利用"（$X_1$）障碍度的波动幅度较小，从其内部指标来看，"单位工业增加值用水量"（$X_{11}$）障碍度以年均约 2.32% 的速度上升，"单位工业增加值能耗"（$X_{12}$）和"单位 GDP 电耗"（$X_{13}$）障碍度在整体上均呈现小幅下降的趋势，其年均下降速度分别约为 0.73% 和 2.44%；"工业环境质量"（$X_2$）障碍度在整体上呈现较为明显的下降趋势，其年均下降速度约为 7.92%，从其内部指标来看，除了"工业固体废物综合利用率"（$X_{23}$）障碍度以年均约 11.74% 的速度上升以外，"单位工业增加值废水排放"（$X_{21}$）和"单位工业增加值废气排放"（$X_{22}$）的障碍度均呈现下降趋势，其年均下降速度分别约为 18.25% 和 12.32%；"工业增长质量"（$X_3$）障碍度则由于其内部指标"工业增加值增长率"（$X_{31}$）、"科技投入强度"（$X_{32}$）和"外向性"（$X_{33}$）的障碍度分别以年均约 27.75%、3.35% 和 6.18% 的速度上升，而在整体上也呈现上升的趋势，其年均上升速度约为 6.43%。

表 4 - 5　　　　　　　　2012～2018 年唐山市工业绿色发展障碍度

| 指标 | | 2012 年 | 2013 年 | 2014 年 | 2015 年 | 2016 年 | 2017 年 | 2018 年 | 次数 | 频率（%） | 时间加权 | 排名 |
|---|---|---|---|---|---|---|---|---|---|---|---|
| $X_1$ | $X_{11}$ | 7.35 | 7.80 | 7.36 | 7.99 | 7.50 | **8.67** | **8.27** | 2 | 28.57 | 8.06 | 6 |
| | $X_{12}$ | **21.29** | **20.25** | **18.45** | **18.78** | **19.42** | **20.51** | **20.22** | 7 | 100 | 19.89 | 1 |
| | $X_{13}$ | **16.79** | **17.26** | **16.31** | **14.46** | **13.61** | **13.92** | **14.34** | 7 | 100 | 14.59 | 3 |
| | 合计 | 45.43 | 45.31 | 42.12 | 41.23 | 40.53 | 43.10 | 42.83 | — | | 42.54 | **1** |
| $X_2$ | $X_{21}$ | 6.00 | 3.21 | 3.48 | 2.85 | 3.26 | 2.01 | 1.42 | 0 | 0 | 2.50 | 9 |
| | $X_{22}$ | **15.54** | **15.36** | **15.19** | **13.59** | **11.45** | 7.71 | 6.73 | 5 | 71.43 | 10.13 | 5 |
| | $X_{23}$ | 3.73 | 5.04 | 5.68 | 5.63 | 6.30 | 4.85 | 6.53 | 0 | 0 | 5.73 | 8 |
| | 合计 | 25.27 | 23.61 | 24.35 | 22.07 | 21.01 | 14.57 | 14.68 | — | | 18.36 | **3** |
| $X_3$ | $X_{31}$ | 1.92 | 3.08 | 5.54 | 6.00 | 6.16 | 7.47 | 7.02 | 0 | 0 | 6.28 | 7 |
| | $X_{32}$ | **16.94** | **17.08** | **16.89** | **18.40** | **19.57** | **20.86** | **20.54** | 7 | 100 | 19.53 | 2 |
| | $X_{33}$ | **10.45** | **10.91** | **11.10** | **12.29** | **12.73** | **13.99** | **14.93** | 7 | 100 | 13.29 | 4 |
| | 合计 | 29.31 | 31.07 | 33.53 | 36.69 | 38.46 | 42.32 | 42.49 | — | | 39.10 | **2** |

注：表中字母代表的指标见表 3 - 1。

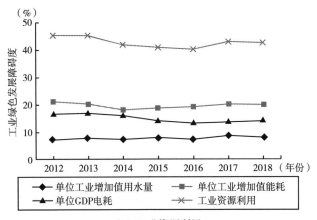

（a）工业资源利用

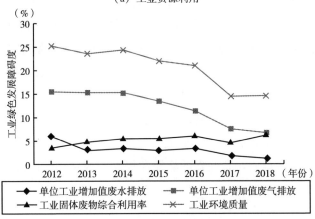

（b）工业环境质量

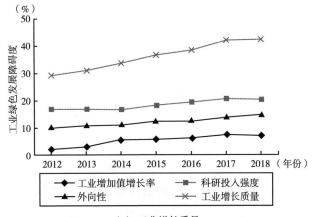

（c）工业增长质量

图 4-5　唐山市工业绿色发展各指标障碍度变化

从出现频率高低排名来看，"单位工业增加值能耗"（$X_{12}$）、"单位 GDP 电耗"（$X_{13}$）、"科技投入强度"（$X_{32}$）和"外向性"（$X_{33}$）在 2012～2018 年排名均位于前五，出现频率均为 100%；"单位工业增加值废气排放"（$X_{22}$）主要在 2016 年以前排名位于前五，出现频率约为 71.43%；"单位工业增加值用水量"（$X_{11}$）则在 2017 年排名进入前五，出现频率约为 28.57%；而"工业增加值增长率"（$X_{31}$）、"单位工业增加值废水排放"（$X_{21}$）、"工业固体废物综合利用率"（$X_{23}$）在研究期间排名并未进入前五，出现频率均为 0。

（2）时间加权障碍度。

从时间加权障碍度进一步考察可知，各指标的时间加权障碍度排名与按照出现频率高低所得的排名基本保持一致，这意味着唐山市工业绿色发展的障碍因子在长期较为稳定。分析原因可知，唐山市作为工业大市，其发达的重化工业对能源的依赖性仍然较强，而为了积极响应生态文明建设的号召，其在能源选择上更倾向于相对较为清洁的电力资源，导致其对电力资源的消耗较大；除此之外，唐山市长久以来第二产业比重较大的产业结构也在一定程度上影响其科技投入水平和外资吸引能力。因此，作为首都经济圈重要支点的唐山市在未来需要加快其工业化进程，进一步加大对科技创新的支持力度，尤其可以将重点放在有关降低能耗和提高资源利用效率等方面，从而更好地促进其工业绿色发展。

### 4.2.2.5　秦皇岛市工业绿色发展水平的障碍因素诊断

（1）时点障碍度。

由表 4-6 和图 4-6 可知，秦皇岛市"工业资源利用"（$X_1$）障碍度以年均约 2.55% 的速度上升，从其内部指标来看，虽然"单位工业增加值用水量"（$X_{11}$）障碍度以年均约 12.77% 的速度下降，但是由于其障碍度较小，因而对 $X_1$ 障碍度的影响有限，而"单位工业增加值能耗"（$X_{12}$）和"单位 GDP 电耗"（$X_{13}$）障碍度的年均变化速度虽然低于 $X_{11}$，分别以年均约 6.88% 和 1.95% 的速度上升，但是由于这两个因子本身障碍度较大，从而对 $X_1$ 的影响较大；"工业环境质量"（$X_2$）障碍度主要由于其内部指标障碍度分别以年均约 11.85%、15.16% 和 2.38% 的速度下降，而同样呈现下降趋势，年均下降速度约为 12.35%；"工业增长质量"（$X_3$）障碍度则由于内部指标障碍度分别以年均约 43.16% 、11.23% 和 8.51% 的速度上升而同样呈现上升趋势，年均上升速度约为 11.86% 。

表 4-6　　　　　　　　2012～2018 年秦皇岛市工业绿色发展障碍度

| 指标 | | 2012 年 | 2013 年 | 2014 年 | 2015 年 | 2016 年 | 2017 年 | 2018 年 | 次数 | 频率（%） | 时间加权 | 排名 |
|---|---|---|---|---|---|---|---|---|---|---|---|---|
| $X_1$ | $X_{11}$ | 5.31 | 3.86 | 3.97 | 3.11 | 3.26 | 2.71 | 2.21 | 0 | 0 | 2.98 | 9 |
| | $X_{12}$ | **13.80** | **12.93** | **13.77** | **13.71** | **15.75** | **20.24** | **19.86** | 7 | 100 | 17.36 | 2 |
| | $X_{13}$ | **13.93** | **13.23** | **12.91** | **11.78** | **13.29** | **15.05** | **15.33** | 7 | 100 | 14.13 | 3 |
| | 合计 | 33.04 | 30.02 | 30.65 | 28.60 | 32.30 | 38.00 | 37.40 | | — | 34.47 | **2** |
| $X_2$ | $X_{21}$ | **13.33** | **13.23** | **14.48** | **18.09** | **10.47** | 5.98 | 4.80 | 5 | 71.43 | 9.23 | 6 |
| | $X_{22}$ | **20.97** | **20.53** | **18.27** | **12.70** | **13.01** | **8.16** | **7.14** | 7 | 100 | 11.32 | 4 |
| | $X_{23}$ | 9.97 | 8.32 | 6.47 | 6.47 | 4.50 | 4.13 | 6.74 | 0 | 0 | 5.98 | 8 |
| | 合计 | 44.27 | 42.08 | 39.22 | 37.26 | 27.98 | 18.27 | 18.68 | | — | 26.53 | **3** |
| $X_3$ | $X_{31}$ | 1.61 | 5.52 | 5.41 | 6.34 | 7.02 | 7.78 | 6.17 | 0 | 0 | 6.38 | 7 |
| | $X_{32}$ | **13.68** | **14.97** | **16.62** | **18.65** | **22.26** | **25.15** | **25.75** | 7 | 100 | 22.27 | 1 |
| | $X_{33}$ | 7.40 | 7.40 | 8.10 | 9.15 | 10.43 | **10.79** | **12.00** | 2 | 28.57 | 10.33 | 5 |
| | 合计 | 22.69 | 27.89 | 30.13 | 34.14 | 39.71 | 43.72 | 43.92 | | — | 38.98 | **1** |

注：表中字母代表的指标见表 3-1。

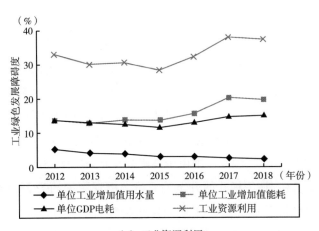

（a）工业资源利用

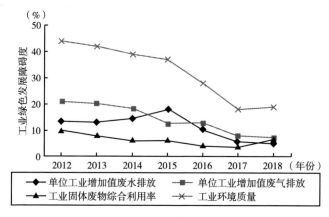

（b）工业环境质量

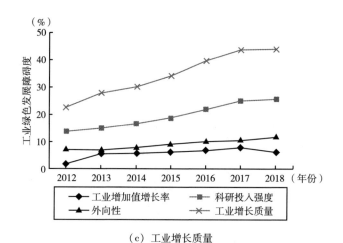

（c）工业增长质量

图 4 - 6　秦皇岛市工业绿色发展各指标障碍度变化

　　从出现频率高低排名具体来看，"单位工业增加值能耗"（$X_{12}$）、"单位 GDP 电耗"（$X_{13}$）、"单位工业增加值废气排放"（$X_{22}$）、"科技投入强度"（$X_{32}$）在 2012～2018 年排名均位于前五，出现频率均为 100%；"单位工业增加值废水排放"（$X_{21}$）主要在 2012～2016 年排名进入前五，出现频率约为 71.43%；"外向性"（$X_{33}$）则由于其障碍度以年均约 8.51% 的速度上升，使其障碍度排名在 2017 年开始升至第五位，出现频率约为 28.57%；"单位工业增加值用水量"（$X_{11}$）、"工业固体废物综合利用率"（$X_{23}$）和"工业增加值增长率"（$X_{31}$）在研究期间排名均未进入前五，出现频率均为 0。

（2）时间加权障碍度。

从时间加权障碍度进一步考察可知，出现频率约为28.57%的"外向性"（$X_{33}$）的时间加权障碍度排名超过出现频率约为71.43%的"单位工业增加值废水排放"（$X_{21}$）。分析原因可知，由于2016年后，秦皇岛市的工业废水排放总量开始由升转降，由原来以年均约6.46%的速度上升转变为以年均约33.17%的速度下降，使其障碍度在2016年便开始下降，并在2017年后对秦皇岛市工业绿色发展的阻碍作用显著减小；而作为港口城市的秦皇岛在近年同样受到世界经济增速趋缓的影响，使外向性对当地工业绿色发展的阻碍作用有所加强，从而导致其时间加权障碍度排名发生了变化。由此可知，秦皇岛市在未来应把握环渤海经济圈开发战略的机遇，更加重视对外资的吸引和利用，以更好地促进其工业绿色发展。

#### 4.2.2.6 邯郸市工业绿色发展水平的障碍因素诊断

（1）时点障碍度。

由表4-7和图4-7可知，整体来看，邯郸市"工业资源利用"（$X_1$）障碍度的变化较为平稳，其中，内部指标"单位工业增加值用水量"（$X_{11}$）和"单位工业增加值能耗"（$X_{12}$）的障碍度分别以年均约4.08%和0.98%的速度下降，而"单位GDP电耗"（$X_{13}$）障碍度则以年均约2.78%的速度小幅上升，使$X_1$障碍度的年均上升速度仅约为0.04%；"工业环境质量"（$X_2$）障碍度在整体上呈下降趋势，其年均下降幅度约为12.97%，就内部指标而言，虽然"工业固体废物综合利用率"（$X_{23}$）障碍度的年均增幅较大，约为77.63%，但由于其障碍度始终保持在10%以下，使其对$X_2$障碍度的影响有限，而"单位工业增加值废水排放"（$X_{21}$）和"单位工业增加值废气排放"（$X_{22}$）障碍度的年均下降速度分别约为19.23%和17.15%，总的来看，工业环境质量障碍度整体呈下降趋势；"工业增长质量"（$X_3$）障碍度则由于其内部指标"工业增加值增长率"（$X_{31}$）、"科技投入强度"（$X_{32}$）和"外向性"（$X_{33}$）的障碍度均呈较为明显的上升趋势（以年均约8.76%的速度上升），其内部指标障碍度的年均上升速度分别约为38.39%、5.64%和7.34%。

表 4 - 7　　　　　　　　**2012～2018 年邯郸市工业绿色发展障碍度**

| 指标 | | 2012 年 | 2013 年 | 2014 年 | 2015 年 | 2016 年 | 2017 年 | 2018 年 | 次数 | 频率（%） | 时间加权 | 排名 |
|---|---|---|---|---|---|---|---|---|---|---|---|---|
| $X_1$ | $X_{11}$ | 3.65 | 3.56 | 3.08 | 3.11 | 3.08 | 3.03 | 2.82 | 0 | 0 | 3.05 | 8 |
| | $X_{12}$ | **21.36** | **21.86** | **20.14** | **21.40** | **21.83** | **22.03** | **19.93** | 7 | 100 | 21.08 | 2 |
| | $X_{13}$ | **12.56** | **13.96** | **12.99** | **13.58** | **13.00** | **14.06** | **14.63** | 7 | 100 | 13.85 | 4 |
| | 合计 | 37.57 | 39.38 | 36.21 | 38.09 | 37.91 | 39.12 | 37.38 | | — | 37.98 | **2** |
| $X_2$ | $X_{21}$ | 3.48 | 4.40 | 3.66 | 3.62 | 2.57 | 0.82 | 0.60 | 0 | 0 | 1.93 | 9 |
| | $X_{22}$ | **18.31** | **18.55** | **20.27** | **14.55** | **9.31** | 6.74 | 5.28 | 5 | 71.43 | 9.98 | 5 |
| | $X_{23}$ | 9.53 | 0.96 | 1.07 | 0.71 | 3.68 | 1.83 | 5.67 | 0 | 0 | 3.41 | 7 |
| | 合计 | 31.32 | 23.91 | 25.00 | 18.88 | 15.56 | 9.39 | 11.55 | | — | 15.32 | **3** |
| $X_3$ | $X_{31}$ | 1.75 | 4.36 | 6.03 | 7.03 | 7.40 | **8.99** | **8.95** | 2 | 28.57 | 7.64 | 6 |
| | $X_{32}$ | **18.22** | **20.07** | **20.08** | **21.54** | **23.81** | **25.75** | **25.15** | 7 | 100 | 23.61 | 1 |
| | $X_{33}$ | **11.14** | **12.27** | **12.69** | **14.47** | **15.33** | **16.76** | **16.96** | 7 | 100 | 15.46 | 3 |
| | 合计 | 31.11 | 36.70 | 38.80 | 43.04 | 46.54 | 51.50 | 51.06 | | — | 46.71 | **1** |

注：表中字母代表的指标见表 3 - 1。

　　从出现频率高低排名来看，"单位工业增加值能耗"（$X_{12}$）、"单位 GDP 电耗"（$X_{13}$）、"科技投入强度"（$X_{32}$）、"外向性"（$X_{33}$）在 2012～2018 年排名均位于前五，出现频率均为 100%；"单位工业增加值废气排放"（$X_{22}$）

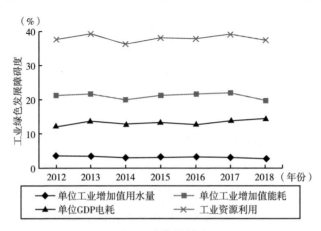

（a）工业资源利用

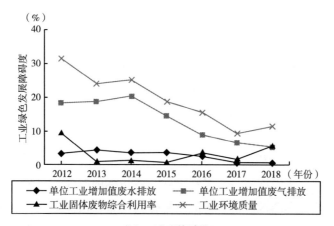

（b）工业环境质量

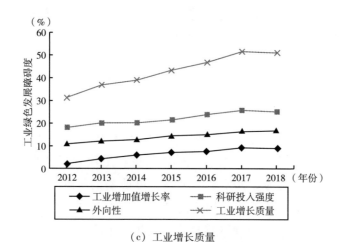

（c）工业增长质量

图 4-7　邯郸市工业绿色发展各指标障碍度变化

在 2012~2016 年排名进入前五，在 2017 年以约为 27.6% 的速度降至约
6.74% 的水平，排名退至第六位，其出现频率约为 71.43%；"工业增加值增
长率"（$X_{31}$）障碍度在 2014~2016 年均在 6% 以上，排名第六，2017 年上
升至约 8.99% 的水平，使其排名升至第五，出现频率约为 28.57%；而"单
位工业增加值用水量"（$X_{11}$）、"单位工业增加值废水排放"（$X_{21}$）和"工
业固体废物综合利用率"（$X_{23}$）在研究期间排名均未进入前五，出现频率均
为 0。分析排名前五位的障碍因子发生变化的原因可知，2015 年后，邯郸市

的工业废气排放总量从原本以年均约 6.17% 的速度增加转变为以年均约 29.84% 的速度减少，其中工业烟尘排放总量更是由原本以年均约 25.18% 的速度增加，转变为以年均约 32.21% 的速度减少，使该因子在 2017 年后对邯郸市工业绿色发展的阻碍作用显著减小。而为了打造全国重要的先进制造业基地，邯郸市的产业结构也在不断优化，第二产业比重的压缩使 $X_{31}$ 的障碍度以年均约 38.39% 的速度增加，导致该因子对邯郸市工业绿色发展的阻碍作用日益凸显。

（2）时间加权障碍度。

从时间加权障碍度进一步考察可知，各指标的时间加权障碍度排名基本上与按照出现频率高低所得排名的结果保持一致，由此可知邯郸市工业绿色发展的障碍因子长期以来较为稳定，因此需要更加重视这些问题。例如，可以采取一定措施进一步引进外商投资，提高实际利用外资额，同时将政策和资金引向高新技术产业，进一步加快其工业绿色发展进程。

### 4.2.2.7 邢台市工业绿色发展水平的障碍因素诊断

（1）时点障碍度。

由表 4-8 和图 4-8 可知，邢台市"工业资源利用"（$X_1$）障碍度与其内部指标"单位 GDP 电耗"（$X_{13}$）的障碍度均呈较为明显的上升趋势，其年均上升速度分别约为 3.50% 和 7.39%，可见 $X_1$ 的障碍度更多地受到 $X_{13}$ 的影响，不过由于"单位工业增加值能耗"（$X_{12}$）和"单位工业增加值用水量"（$X_{11}$）的障碍度均呈现下降趋势，其年均下降速度分别约为 6.76% 和 0.25%，使 $X_1$ 障碍度的增速较为缓慢；"工业环境质量"（$X_2$）的障碍度受其内部指标"单位工业增加值废水排放"（$X_{21}$）、"单位工业增加值废气排放"（$X_{22}$）和"工业固体废物综合利用率"（$X_{23}$）的障碍度均保持下降趋势的影响，而同样在整体上呈现下降趋势，其年均下降速度约为 18.74%；同样，"工业增长质量"（$X_3$）障碍度则由于内部指标的障碍度分别以年均约 28.18%、9.43% 和 8.20% 的速度上升而同样呈现上升趋势，年均上升速度约为 10.55%。

表 4 – 8　　　　　　　2012～2018 年邢台市工业绿色发展障碍度

| 指标 | | 2012 年 | 2013 年 | 2014 年 | 2015 年 | 2016 年 | 2017 年 | 2018 年 | 次数 | 频率（%） | 时间加权 | 排名 |
|---|---|---|---|---|---|---|---|---|---|---|---|---|
| $X_1$ | $X_{11}$ | 2.76 | 2.41 | 1.85 | 1.91 | 1.81 | 2.03 | 1.73 | 0 | 0 | 1.92 | 8 |
| | $X_{12}$ | **11.87** | **11.72** | 10.77 | 11.08 | 11.42 | **12.01** | **11.62** | 4 | 57.14 | 11.56 | 4 |
| | $X_{13}$ | 15.16 | **16.88** | 16.16 | 15.88 | 18.01 | 21.36 | 22.85 | 7 | 100 | 19.66 | 2 |
| | 合计 | 29.79 | 31.01 | 28.78 | 28.87 | 31.24 | 35.40 | 36.20 | — | | 33.14 | **2** |
| $X_2$ | $X_{21}$ | 18.10 | 18.58 | 17.59 | 15.49 | 12.43 | 7.98 | 4.98 | 6 | 85.71 | 10.54 | 5 |
| | $X_{22}$ | 14.36 | 15.41 | 17.15 | 14.53 | 12.47 | 6.25 | 4.59 | 5 | 71.43 | 9.54 | 6 |
| | $X_{23}$ | 8.61 | 1.07 | 0.90 | 1.00 | 0.95 | 0.83 | 1.26 | 0 | 0 | 1.36 | 9 |
| | 合计 | 41.07 | 35.06 | 35.64 | 31.02 | 25.85 | 15.06 | 10.83 | — | | 21.44 | **3** |
| $X_3$ | $X_{31}$ | 2.08 | 3.69 | 5.66 | 6.52 | 6.47 | 7.73 | **8.07** | 1 | 14.29 | 6.83 | 7 |
| | $X_{32}$ | 16.39 | 18.82 | 18.49 | 20.09 | 22.12 | 25.33 | 27.93 | 7 | 100 | 23.64 | 1 |
| | $X_{33}$ | 10.68 | 11.41 | **11.43** | **13.51** | **14.32** | **16.48** | **16.96** | 5 | 71.43 | 14.94 | 3 |
| | 合计 | 29.15 | 33.92 | 35.58 | 40.12 | 42.91 | 49.54 | 52.96 | — | | 45.41 | **1** |

注：表中字母代表的指标见表 3 – 1。

从出现频率高低排名具体来看，"单位 GDP 电耗"（$X_{13}$）、"科技投入强度"（$X_{32}$）在 2012～2018 年排名均位于前五，出现频率均为 100%；"单位工业增加值废水排放"（$X_{21}$）出现的频率约为 85.71%，主要在 2012～2017 年排名位于前五；"单位工业增加值废气排放"（$X_{22}$）和"外向性"（$X_{33}$）

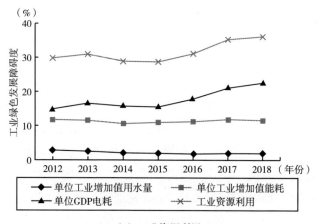

（a）工业资源利用

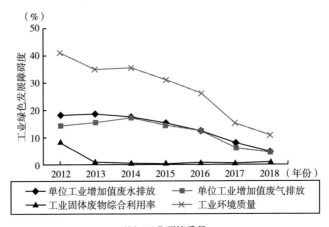

（b）工业环境质量

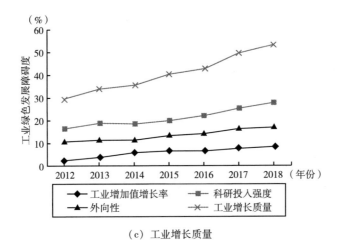

（c）工业增长质量

图 4 - 8　邢台市工业绿色发展各指标障碍度变化

出现频率均约为 71.43%，具体来看，$X_{22}$ 主要在 2012 ~ 2016 年排名进入前五，而 $X_{33}$ 则是在 2014 年排名开始进入前五，且逐渐从第五位上升至第三位；"单位工业增加值能耗"（$X_{12}$）分别在 2013 年以前和 2017 年后进入前五，出现频率约为 57.14%；"工业增加值增长率"（$X_{31}$）则仅在 2018 年进入前五，出现频率约为 14.29%；而"单位工业增加值用水量"（$X_{11}$）和"工业固体废物综合利用率"（$X_{23}$）在研究期间排名均未进入前五，出现频率均为 0。分析排名前五位的障碍因子发生变化的原因可知，自 2015 年"绿色发展"理念提出以来，邢台市的工业废气排放总量和工业废水排放总量开始呈现下降趋势，年均下降幅度分别约为 26.28% 和 29.33%，其中在 2017 年两者降幅分别高达约 53.74% 和 37.10%，使 $X_{21}$ 和 $X_{22}$ 对邢台市工业绿色发展的阻碍作用减小；但是由于邢台市作为华北地区重要的能源基地的现实情况，虽然当地也在努力提高能源利用效率，但是仍然会在一定时期出现反复的情况，使单位工业增加值能耗分别在 2012～2014 年和 2017 年后排名进入前五。

（2）时间加权障碍度。

从时间加权障碍度进一步考察可知，出现频率约为 57.14% 的"单位工业增加值能耗"（$X_{12}$）的时间加权障碍度排名超过了出现频率更高的"单位工业增加值废水排放"（$X_{21}$）（出现频率约为 85.71%）和"单位工业增加值废气排放"（$X_{22}$）（出现频率约为 71.43%），居第四位。这一方面是由于邢台市在工业废水和废气排放的治理方面取得了成效，另一方面也体现出邢台市为了打造承接产业转移的战略平台所做的努力，邢台市依托其较为深厚的制造业基础，在承接转移产业的过程中倾向于承接制造业，这会在一定程度上影响其工业增加值能耗的降低。

### 4.2.2.8　保定市工业绿色发展水平的障碍因素诊断

（1）时点障碍度。

由表 4-9 和图 4-9 可知，保定市"工业资源利用"（$X_1$）障碍度以年均约 2.27% 的速度呈波动上升的趋势，与"单位 GDP 电耗"（$X_{13}$）障碍度的变动趋势在整体上较为相似，虽然"单位工业增加值用水量"（$X_{11}$）和"单位工业增加值能耗"（$X_{12}$）的障碍度均呈现下降趋势，但由于 $X_{13}$ 的障碍度较大，因而对 $X_1$ 障碍度的影响更大；"工业环境质量"（$X_2$）障碍度在 2016 年之前由于其内部指标障碍度均呈下降趋势，而同样保持较为平稳的下降趋势，但在 2017 年，"工业固体废物综合利用率"（$X_{23}$）障碍度出现了大幅增加，上升至约 18.30% 的水平，导致 $X_2$ 的障碍度在当年也出现了高达约 93.54% 的涨幅；"工业增长质量"（$X_3$）障碍度则受其内部指标"工业增加值增长率"（$X_{31}$）、"科技投入强度"（$X_{32}$）和"外向性"（$X_{33}$）的障碍度分别以年均约 37.95%、4.94% 和 7.50% 的速度上升的影响，而在整体上呈现上升趋势，年均上升速度约为 8.49%。

表 4 - 9　　　　　　　　　　2012～2018 年保定市工业绿色发展障碍度

| 指标 | | 2012 年 | 2013 年 | 2014 年 | 2015 年 | 2016 年 | 2017 年 | 2018 年 | 次数 | 频率（%） | 时间加权 | 排名 |
|---|---|---|---|---|---|---|---|---|---|---|---|---|
| $X_1$ | $X_{11}$ | 2.50 | 2.65 | 2.10 | 1.89 | 1.50 | 1.19 | 0.86 | 0 | 0 | 1.44 | 9 |
| | $X_{12}$ | 5.21 | 5.96 | 4.36 | 4.08 | 4.60 | 3.39 | 3.47 | 0 | 0 | 4.01 | 7 |
| | $X_{13}$ | 15.16 | 16.94 | 16.49 | 16.79 | 20.45 | 17.91 | 20.75 | 7 | 100 | 18.77 | 3 |
| | 合计 | 22.87 | 25.55 | 22.95 | 22.76 | 26.55 | 22.49 | 25.08 | | — | 24.22 | 2 |
| $X_2$ | $X_{21}$ | 19.18 | 18.20 | 16.83 | 13.39 | 9.29 | 6.39 | 7.09 | 5 | 71.43 | 10.05 | 4 |
| | $X_{22}$ | 8.52 | 9.59 | 8.97 | 6.55 | 3.59 | 1.09 | 0.94 | 2 | 28.57 | 3.59 | 8 |
| | $X_{23}$ | 12.64 | 2.99 | 3.98 | 2.26 | 0.44 | 18.30 | 8.82 | 3 | 42.86 | 8.23 | 6 |
| | 合计 | 40.34 | 30.78 | 29.78 | 22.20 | 13.32 | 25.78 | 16.85 | | — | 21.87 | 3 |
| $X_3$ | $X_{31}$ | 1.99 | 3.68 | 6.91 | 9.64 | 9.59 | 11.50 | 11.05 | 4 | 57.14 | 9.56 | 5 |
| | $X_{32}$ | 20.24 | 22.75 | 22.88 | 25.17 | 27.58 | 21.31 | 25.53 | 7 | 100 | 24.26 | 1 |
| | $X_{33}$ | 14.56 | 17.24 | 17.48 | 20.24 | 22.95 | 18.91 | 21.49 | 7 | 100 | 20.10 | 2 |
| | 合计 | 36.79 | 43.67 | 47.27 | 55.05 | 60.12 | 51.72 | 58.07 | | — | 53.92 | 1 |

注：表中字母代表的指标见表 3 - 1。

从出现频率高低排名来看，"单位 GDP 电耗"（$X_{13}$）、"科技投入强度"（$X_{32}$）、"外向性"（$X_{33}$）在 2012～2018 年排名均位于前五，出现频率均为 100%；"单位工业增加值废水排放"（$X_{21}$）主要在 2016 年以前排名前五，出现频率约为 71.43%；"工业增加值增长率"（$X_{31}$）在 2015 年以后排名开始进入前五，出现频率约为 57.14%；"工业固体废物综合利用率"（$X_{23}$）

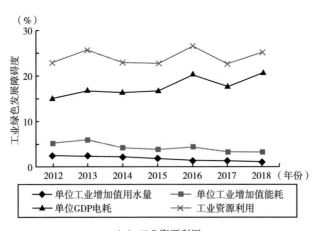

（a）工业资源利用

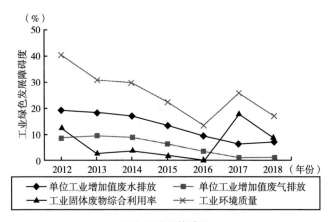

（b）工业环境质量

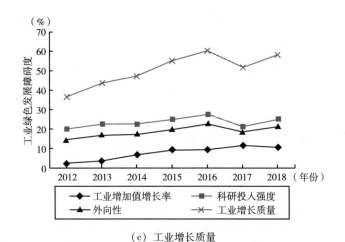

（c）工业增长质量

**图 4 - 9　保定市工业绿色发展各指标障碍度变化**

进入前五的年份分别在 2012 年和 2017 ~ 2018 年，出现频率约为 42.86% ；"单位工业增加值废气排放"（$X_{22}$）则在 2013 ~ 2014 年排名进入前五，出现频率约为 28.57% ；"单位工业增加值用水量"（$X_{11}$）、"单位工业增加值能耗"（$X_{12}$）排名并未进入前五，出现频率均为 0。

（2）时间加权障碍度。

从时间加权障碍度进一步考察可知，除了"单位工业增加值能耗"（$X_{12}$）和"单位工业增加值废气排放"（$X_{22}$）的时间加权障碍度排名出现了变化外，其他指标的两种排名基本保持一致。具体来看，出现频率为 0 的单位工业增加值能耗的时间加权障碍度排名超过了出现频率约为 28.57% 的单位工业增加值废气排放，排名升至第七位。自 2015 年"绿色发展"的理念提出以来，保定市的工业废气排放总量开始由升转降，尤其是工业烟尘排放总量由之前以年均约 22.06% 的速度上升，转变为以年均约 32.77% 的速度下降，使近年来该因子对保定市工业绿色发展的阻碍作用明显减小。

### 4.2.2.9  张家口市工业绿色发展水平的障碍因素诊断

（1）时点障碍度。

由表 4-10 和图 4-10 可知，张家口市"工业资源利用"（$X_1$）障碍度变化较为平稳，与其内部指标障碍度均波动较小有关，其中"单位工业增加值用水量"（$X_{11}$）和"单位工业增加值能耗"（$X_{12}$）的障碍度分别以年均约 6.97% 和 0.32% 的速度下降，"单位 GDP 电耗"（$X_{13}$）障碍度以年均约 5.09% 的速度上升，使"工业资源利用"（$X_1$）的障碍度在整体上仅以年均约 0.28% 的速度上升；"工业环境质量"（$X_2$）障碍度以年均约 8.83% 的速度下降，主要由于内部指标"单位工业增加值废水排放"（$X_{21}$）、"单位工业增加值废气排放"（$X_{22}$）的障碍度分别以年均约 19.75% 和 14.24% 的速度下降；"工业增长质量"（$X_3$）障碍度由于其内部指标的障碍度分别以年均约 22.12%、9.37% 和 8.09% 的速度上升，而在整体上以年均约 8.60% 的速度上升。

表 4-10　　　　　　2012~2018 年张家口市工业绿色发展障碍度

| 指标 | | 2012 年 | 2013 年 | 2014 年 | 2015 年 | 2016 年 | 2017 年 | 2018 年 | 次数 | 频率（%） | 时间加权 | 排名 |
|---|---|---|---|---|---|---|---|---|---|---|---|---|
| $X_1$ | $X_{11}$ | 6.42 | 6.70 | 6.07 | 6.32 | 5.79 | 5.20 | 4.04 | 0 | 0 | 5.28 | 8 |
| | $X_{12}$ | **17.86** | **17.88** | **16.85** | **17.07** | **17.58** | **17.86** | **17.48** | 7 | 100 | 17.52 | 2 |
| | $X_{13}$ | 10.25 | 9.93 | 9.59 | **9.30** | **9.76** | **11.38** | **13.49** | 4 | 57.14 | 11.24 | 4 |
| | 合计 | 34.53 | 34.51 | 32.51 | 32.69 | 33.13 | 34.44 | 35.01 | — | | 34.04 | **2** |
| $X_2$ | $X_{21}$ | **12.27** | **11.34** | **11.27** | 8.82 | 7.03 | 3.54 | 2.88 | 3 | 42.86 | 6.02 | 7 |
| | $X_{22}$ | **14.11** | **14.48** | **14.88** | 12.49 | 7.15 | 6.16 | 5.04 | 4 | 57.14 | 8.30 | 6 |
| | $X_{23}$ | **12.06** | 10.20 | 9.53 | 8.38 | **9.41** | **9.81** | **13.33** | 4 | 57.14 | 10.76 | 5 |
| | 合计 | 38.44 | 36.02 | 35.68 | 29.69 | 23.59 | 19.51 | 21.25 | — | | 25.08 | **3** |

续表

| 指标 | | 2012 年 | 2013 年 | 2014 年 | 2015 年 | 2016 年 | 2017 年 | 2018 年 | 次数 | 频率（%） | 时间加权 | 排名 |
|---|---|---|---|---|---|---|---|---|---|---|---|---|
| $X_3$ | $X_{31}$ | 1.52 | 2.72 | 4.69 | 5.93 | 7.55 | 8.26 | 1.50 | 0 | 0 | 4.85 | 9 |
| | $X_{32}$ | **15.90** | **16.52** | **16.73** | **19.72** | **22.69** | **23.81** | **26.95** | 7 | 100 | 22.74 | 1 |
| | $X_{33}$ | 9.62 | **10.23** | **10.39** | **11.98** | **13.04** | **13.98** | **15.28** | 6 | 85.71 | 13.27 | 3 |
| | 合计 | 27.04 | 29.47 | 31.81 | 37.63 | 43.28 | 46.05 | 43.73 | — | | 40.86 | **1** |

注：表中字母代表的指标见表3-1。

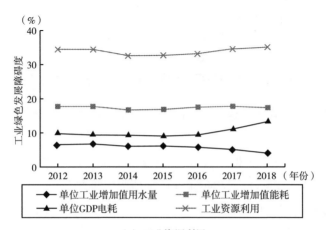

（a）工业资源利用

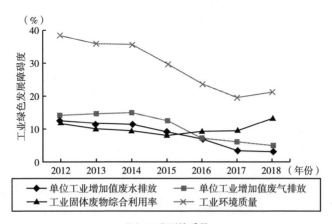

（b）工业环境质量

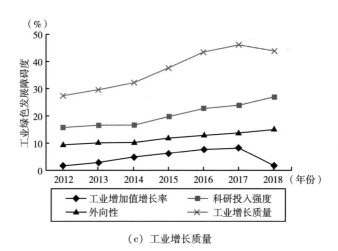

（c）工业增长质量

**图 4 - 10  张家口市工业绿色发展各指标障碍度变化**

从出现频率高低排名来看，"单位工业增加值能耗"（$X_{12}$）、"科技投入强度"（$X_{32}$）在 2012～2018 年排名均位于前五，出现频率均为 100%；"外向性"（$X_{33}$）在 2013～2018 年排名均位于前五，出现频率约为 85.71%；"单位 GDP 电耗"（$X_{13}$）、"单位工业增加值废气排放"（$X_{22}$）、"工业固体废物综合利用率"（$X_{23}$）出现频率均约为 57.14%，其中 $X_{13}$ 从 2016 年开始，排名进入前五，$X_{22}$ 主要在 2015 年以前排名位于前五，而 $X_{23}$ 则分别在 2012 年和 2016～2018 年排名进入前五；"单位工业增加值废水排放"（$X_{21}$）在 2014 年以前排名进入前五，出现频率约为 42.86%；而"单位工业增加值用水量"（$X_{11}$）和"工业增加值增长率"（$X_{31}$）在研究期间排名均未进入前五，出现频率均为 0。分析排名前五位的障碍因子发生变化的原因可知，在 2015 年以后，张家口市的工业废水排放总量的下降速度出现了较大幅度的提升，从 2012～2014 年以年均约为 0.42% 的速度上升至约 23.23%；同时工业废气排放总量也实现了由升转降，尤其是工业烟尘排放总量实现了由升转降，从 2012～2014 年以年均约 30.36% 的速度上升转变为以年均约 17.26% 的速度下降，使 $X_{21}$ 和 $X_{21}$ 这两个指标对张家口市工业绿色发展的阻碍作用显著减小；除此之外，张家口市在近年积极打造"奥运新城"，大力增加基础设施建设投资，这也会在一定程度上使当地的电力消耗和工业固体废物产生量有所增加。

（2）时间加权障碍度。

从时间加权障碍度进一步考察可知，各指标的时间加权障碍度排名与按照出现频率高低所得的排名基本上保持一致，这表明，虽然张家口市的障碍因子排名在研究期间发生过变化，但是由于新凸显因子的出现频率较高，使两种排名并无较大差异。因此张家口市在积极建设"奥运新城"的同时，也应继续加大科技创新力度，积极开发其丰富的风力资源，并提高能源利用效率，努力在减废降耗的同时打造京津生态屏障。

### 4.2.2.10　承德市工业绿色发展水平的障碍因素诊断

（1）时点障碍度。

由表 4 – 11 和图 4 – 11 可知，承德市"工业资源利用"（$X_1$）障碍度受其内部指标的障碍度波动较小的影响，而在整体上变动较为平稳，其年均下降速度约 2.14%；"工业环境质量"（$X_2$）障碍度则与"单位工业增加值废气排放"（$X_{22}$）障碍度的变动基本保持一致，其年均下降速度分别约为10.97% 和 4.80%，虽然"工业固体废物综合利用率"（$X_{23}$）的障碍度较大，但由于其障碍度波动较小，仅以年均约 0.39% 的速度上升，因此对 $X_2$ 的影响并不显著；"工业增长质量"（$X_3$）障碍度则由于其内部指标的障碍度均呈上升趋势而在整体上以年均约 6.47% 的速度上升。

从出现频率高低排名来看，"单位工业增加值能耗"（$X_{12}$）、"单位 GDP电耗"（$X_{13}$）、"工业固体废物综合利用率"（$X_{23}$）、"科技投入强度"（$X_{32}$）在 2012～2018 年排名均位于前五，出现频率为 100%；"外向性"（$X_{33}$）分别在 2013 年和 2015～2018 年排名进入前五，出现频率约为 71.43%；"单位工业增加值废气排放"（$X_{22}$）在 2014 年以前排名有所波动，分别在 2012 年和2014 年位于前五，出现频率约为 28.57%；而"单位工业增加值用水量"（$X_{11}$）、"单位工业增加值废水排放"（$X_{21}$）和"工业增加值增长率"（$X_{31}$）在研究期间排名均未进入前五，出现频率均为 0。分析排名前五位的障碍因子发生变化的原因可知，自 2015 年后，承德市的工业废气排放总量实现了由升转降，由 2012～2014 年以年均约 18.07% 的速度上升转变为以年均约为21.58% 的速度下降，其中，工业烟尘排放总量的变化尤为明显，从之前以年均约 76.97% 的速度上升转变为以年均约 22.48% 的速度下降，从而使 $X_{22}$

障碍度出现大幅降低；除此之外，由于世界经济增速趋缓，承德市的实际利用外资受到影响，在2017年承德市实际利用外资金额较2016年出现大幅下降，降幅高达约80.68%，这也使2015年后外向性对工业绿色发展的阻碍作用增强。

表4–11    2012～2018年承德市工业绿色发展障碍度

| | 指标 | 2012年 | 2013年 | 2014年 | 2015年 | 2016年 | 2017年 | 2018年 | 次数 | 频率（%） | 时间加权 | 排名 |
|---|---|---|---|---|---|---|---|---|---|---|---|---|
| $X_1$ | $X_{11}$ | 9.94 | 10.24 | 9.82 | 11.68 | 11.18 | 10.49 | 8.11 | 0 | 0 | 9.91 | 6 |
| | $X_{12}$ | **13.07** | **12.61** | **11.33** | **12.41** | **12.93** | **12.38** | **12.52** | 7 | 100 | 12.47 | 5 |
| | $X_{13}$ | **15.23** | **15.04** | **14.23** | **12.15** | **11.94** | **12.81** | **12.85** | 7 | 100 | 12.97 | 3 |
| | 合计 | 38.24 | 37.89 | 35.38 | 36.24 | 36.05 | 35.68 | 33.48 | | — | 35.35 | **2** |
| $X_2$ | $X_{21}$ | 1.90 | 2.04 | 1.64 | 1.35 | 1.35 | 1.27 | 0.57 | 0 | 0 | 1.18 | 9 |
| | $X_{22}$ | **13.46** | 11.55 | **14.87** | 11.15 | 9.44 | 7.43 | 6.04 | 2 | 28.57 | 8.90 | 7 |
| | $X_{23}$ | **16.60** | **16.83** | **16.21** | **14.34** | **14.49** | **15.00** | **16.74** | 7 | 100 | 15.66 | 2 |
| | 合计 | 31.96 | 30.42 | 32.72 | 26.84 | 25.28 | 23.70 | 23.35 | | — | 25.74 | **3** |
| $X_3$ | $X_{31}$ | 1.33 | 2.18 | 3.78 | 5.91 | 6.01 | 6.42 | 7.88 | 0 | 0 | 6.04 | 8 |
| | $X_{32}$ | **17.48** | **17.89** | **17.14** | **18.99** | **20.06** | **20.57** | **21.57** | 7 | 100 | 20.03 | 1 |
| | $X_{33}$ | 10.99 | **11.61** | 10.98 | **12.01** | **12.61** | **13.64** | **13.72** | 5 | 71.43 | 12.84 | 4 |
| | 合计 | 29.80 | 31.68 | 31.90 | 36.91 | 38.68 | 40.63 | 43.17 | | — | 38.91 | **1** |

注：表中字母代表的指标见表3–1。

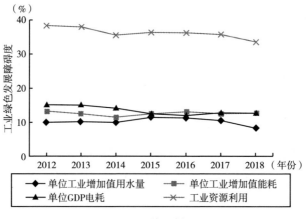

（a）工业资源利用

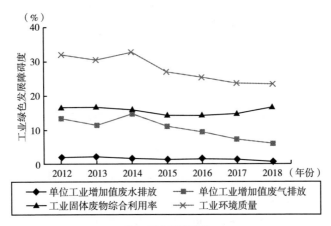

（b）工业环境质量

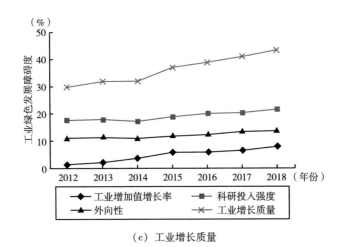

（c）工业增长质量

**图 4 - 11　承德市工业绿色发展各指标障碍度变化**

（2）时间加权障碍度。

从时间加权障碍度进一步考察可知，出现频率约为 71.43% 的"外向性"（$X_{33}$）的时间加权障碍度排名超过了出现频率为 100% 的"单位工业增加值能耗"（$X_{12}$），上升至第四位；而出现频率约为 28.57% 的"单位工业增加值废气排放"（$X_{22}$）的时间加权障碍度排名降至第七位，被出现频率为 0 的"单位工业增加值用水量"（$X_{11}$）所超越。究其原因，由于近年来承德市实际利用外资出现下降，尤其是在 2017 年出现了较 2016 年高达约

80.68%的降幅，使其外向性的障碍度增加；而在同年，承德市工业能源消费总量开始由升转降，其降速大约为年均1.53%，从而导致两个指标的排名发生变化；而2015年后承德市的工业废气排放总量开始以年均约21.58%的速度逐年下降，使单位工业增加值废气排放的时间加权障碍度排名出现下降。

### 4.2.2.11 沧州市工业绿色发展水平的障碍因素诊断

（1）时点障碍度。

由表4-12和图4-12可知，沧州市"工业资源利用"（$X_1$）障碍度呈"U"形变动，在2015年以前主要受到"单位工业增加值用水量"（$X_{11}$）障碍度的影响，以年均约3.64%的速度下降，在2016年后开始受到更多的"单位GDP电耗"（$X_{13}$）障碍度的影响，其障碍度出现上升趋势，年均上升速度约为6.61%；"工业环境质量"（$X_2$）障碍度的波动情况较为明显，在2013年以前，受"工业固体废物综合利用率"（$X_{23}$）障碍度以年均约98.94%的速度下降的影响，在整体上呈现较大幅度的下降趋势，降幅约为44.86%，随后开始受"单位工业增加值废水排放"（$X_{21}$）和"单位工业增加值废气排放"（$X_{22}$）障碍度的影响，保持平稳下降趋势，但是从2016年开始，由于工业固体废物综合利用率的障碍度出现大幅度的下降，使$X_2$的障碍度在2017年也出现了约为81.09%的降幅；"工业增长质量"（$X_3$）障碍度主要由于其内部指标的障碍度均呈较为明显的上升趋势而以年均约8.52%的速度上升，其中内部指标"工业增加值增长率"（$X_{31}$）、"科技投入强度"（$X_{32}$）和"外向性"（$X_{33}$）的障碍度分别以年均约43.68%、5.13%和6.88%的速度上升。

表4-12　　　　　2012~2018年沧州市工业绿色发展障碍度

| 指标 | | 2012年 | 2013年 | 2014年 | 2015年 | 2016年 | 2017年 | 2018年 | 次数 | 频率（%） | 时间加权 | 排名 |
|---|---|---|---|---|---|---|---|---|---|---|---|
| $X_1$ | $X_{11}$ | **10.76** | **11.03** | **8.44** | 5.46 | 5.88 | 6.78 | 6.17 | 3 | 42.86 | 6.86 | 6 |
| | $X_{12}$ | 6.59 | 6.98 | 6.41 | 7.76 | **8.01** | **8.24** | **8.60** | 3 | 42.86 | 7.96 | 5 |
| | $X_{13}$ | 9.75 | **11.39** | **11.54** | **10.75** | 10.13 | **12.75** | **14.11** | 6 | 85.71 | 12.20 | 3 |
| | 合计 | 27.10 | 29.40 | 26.39 | 23.97 | 24.02 | 27.77 | 28.88 | — | | 27.02 | **2** |

续表

| | 指标 | 2012 年 | 2013 年 | 2014 年 | 2015 年 | 2016 年 | 2017 年 | 2018 年 | 次数 | 频率（%） | 时间加权 | 排名 |
|---|---|---|---|---|---|---|---|---|---|---|---|---|
| $X_2$ | $X_{21}$ | **11.97** | **9.61** | **9.56** | **8.73** | 2.99 | 1.59 | 1.71 | 4 | 57.14 | 4.30 | 7 |
| | $X_{22}$ | 6.13 | 7.00 | 7.12 | 5.68 | 2.00 | 1.47 | 1.80 | 0 | 0 | 3.17 | 8 |
| | $X_{23}$ | **12.26** | 0.13 | 0.04 | 0.00 | **12.57** | 0.26 | 0.21 | 2 | 28.57 | 2.70 | 9 |
| | 合计 | 30.36 | 16.74 | 16.72 | 14.41 | 17.56 | 3.32 | 3.72 | | — | 10.17 | **3** |
| $X_3$ | $X_{31}$ | 1.68 | 3.92 | 5.66 | **7.85** | 7.55 | **10.64** | **11.55** | 3 | 42.86 | 8.88 | 4 |
| | $X_{32}$ | 25.71 | **31.21** | **31.71** | **33.23** | **31.47** | **35.78** | **33.85** | 7 | 100 | 33.13 | 1 |
| | $X_{33}$ | 15.15 | **18.73** | **19.52** | **20.53** | **19.40** | **22.50** | **22.00** | 7 | 100 | 20.81 | 2 |
| | 合计 | 42.54 | 53.86 | 56.89 | 61.61 | 58.42 | 68.92 | 67.40 | | — | 62.82 | **1** |

注：表中字母代表的指标见表 3-1。

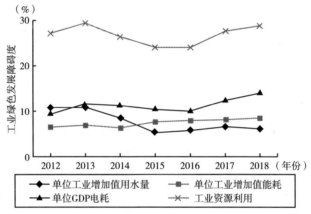

（a）工业资源利用

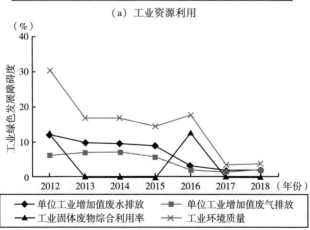

（b）工业环境质量

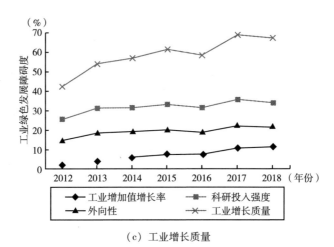

（c）工业增长质量

**图4-12　沧州市工业绿色发展各指标障碍度变化**

从出现频率高低排名来看，"科技投入强度"（$X_{32}$）、"外向性"（$X_{33}$）在2012~2018年排名均位于前五，出现频率均为100%；"单位GDP电耗"（$X_{13}$）在2013年后开始位于前五，主要居于第三、第四位，出现频率约为85.71%；"单位工业增加值废水排放"（$X_{21}$）在2015年以前作为排名前五的障碍因子，出现频率约为57.14%；"单位工业增加值用水量"（$X_{11}$）、"单位工业增加值能耗"（$X_{12}$）和"工业增加值增长率"（$X_{31}$）的出现频率均约为42.86%，其中"单位工业增加值用水量"（$X_{11}$）在2014年以前排名进入前五，"单位工业增加值能耗"（$X_{12}$）在2016年以后开始居于第五位，"工业增加值增长率"（$X_{31}$）则分别在2015年、2017~2018年排名进入前五；"工业固体废物综合利用率"（$X_{23}$）在2012年和2016年排名进入前五，出现频率约为28.57%；而"单位工业增加值废气排放"（$X_{22}$）在研究期间排名并未进入前五，出现频率为0。

（2）时间加权障碍度。

从时间加权障碍度进一步考察可知，出现频率约为42.86%的"工业增加值增长率"（$X_{31}$）、"单位工业增加值能耗"（$X_{12}$）和"单位工业增加值用水量"（$X_{11}$）的时间加权障碍度排名均超过出现频率约为57.14%的"单位工业增加值废水排放"（$X_{21}$）。分析原因可知，"绿色发展"理念提出以来，沧州市的工业废水排放总量的下降速度加快，2012~2014年以年均约

8.58% 的降速提升至约 19.60% ；除此之外，2015 年，沧州临港经济开发区绿源水处理有限公司承担的"先进膜材料与膜集成工业处理高浓度化工废水技术开发与应用示范"项目还入选了国家科技驰骋计划材料领域项目并获得了国家科技支撑计划专项经费 997 万元，这使沧州市的废水处理能力大幅提升。

### 4.2.2.12　廊坊市工业绿色发展水平的障碍因素诊断

（1）时点障碍度。

由表 4 – 13 和图 4 – 13 可知，廊坊市"工业资源利用"（$X_1$）障碍度主要受其内部指标"单位 GDP 电耗"（$X_{13}$）障碍度的影响，不过在 2015 年后，由于"单位工业增加值用水量"（$X_{11}$）和"单位工业增加值能耗"（$X_{12}$）障碍度的下降趋势较为明显，分别以年均约 29.87% 和 6.81% 的速度下降，使"工业资源利用"（$X_1$）的障碍度在 2015 年后上升速度开始趋缓；"工业环境质量"（$X_2$）障碍度在研究期间呈现明显的下降趋势，其年均下降速度约为 22.46% ，其中内部指标"单位工业增加值废水排放"（$X_{21}$）和"单位工业增加值废气排放"（$X_{22}$）的障碍度分别以年均约 32.57% 和 17.84% 的速度下降，虽然"工业固体废物综合利用率"（$X_{23}$）障碍度在此期间有所波动，但是由于其障碍度较小，因而对工业环境质量的影响有限；"工业增长质量"（$X_3$）障碍度则由于内部指标的障碍度均呈整体上升的趋势而以年均约 7.76% 的速度上升，其中"工业增加值增长率"（$X_{31}$）、"科技投入强度"（$X_{32}$）和"外向性"（$X_{33}$）障碍度的年均上升速度分别约为 30.73% 、3.51% 和 7.87% 。

表 4 – 13　　　　　　2012 ~ 2018 年廊坊市工业绿色发展障碍度

| 指标 | | 2012 年 | 2013 年 | 2014 年 | 2015 年 | 2016 年 | 2017 年 | 2018 年 | 次数 | 频率（%） | 时间加权 | 排名 |
|---|---|---|---|---|---|---|---|---|---|---|---|---|
| $X_1$ | $X_{11}$ | 1.11 | 1.19 | 0.96 | 0.76 | 0.63 | 0.34 | 0.25 | 0 | 0 | 0.55 | 9 |
| | $X_{12}$ | 6.25 | 6.73 | 6.61 | 6.43 | 5.94 | **5.34** | **5.43** | 2 | 28.57 | 5.82 | 5 |
| | $X_{13}$ | **20.78** | **23.69** | **21.94** | **21.32** | **22.38** | **23.42** | **24.31** | 7 | 100 | 23.06 | 2 |
| | 合计 | 28.14 | 31.61 | 29.51 | 28.51 | 28.95 | 29.10 | 29.99 | — | | 29.43 | **2** |

续表

| 指标 | | 2012 年 | 2013 年 | 2014 年 | 2015 年 | 2016 年 | 2017 年 | 2018 年 | 次数 | 频率（%） | 时间加权 | 排名 |
|---|---|---|---|---|---|---|---|---|---|---|---|---|
| $X_2$ | $X_{21}$ | **9.33** | **8.81** | **8.32** | 6.96 | **6.82** | 2.13 | 0.06 | 4 | 57.14 | 4.05 | 7 |
| | $X_{22}$ | 8.65 | **8.76** | **9.61** | **9.63** | 5.71 | 3.76 | 2.13 | 3 | 42.86 | 5.27 | 6 |
| | $X_{23}$ | **12.40** | 0.32 | 0.00 | 0.90 | 1.83 | 3.46 | 3.55 | 1 | 14.29 | 2.84 | 8 |
| | 合计 | 30.38 | 17.89 | 17.93 | 17.49 | 14.36 | 9.35 | 5.74 | — | | 12.16 | **3** |
| $X_3$ | $X_{31}$ | 2.88 | 4.97 | 7.70 | **7.81** | **8.74** | **12.44** | **12.59** | 4 | 57.14 | 10.08 | 4 |
| | $X_{32}$ | **24.99** | **29.12** | **28.27** | **28.70** | **29.25** | **29.37** | **30.43** | 7 | 100 | 29.30 | 1 |
| | $X_{33}$ | **13.61** | **16.40** | **16.58** | **17.49** | **18.70** | **19.74** | **21.25** | 7 | 100 | 19.04 | 3 |
| | 合计 | 41.48 | 50.49 | 52.55 | 54.00 | 56.69 | 61.55 | 64.27 | — | | 58.42 | **1** |

注：表中字母代表的指标见表 3 - 1。

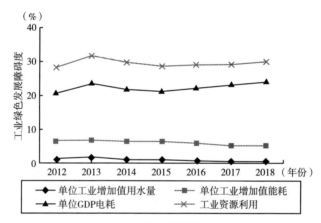

（a）工业资源利用

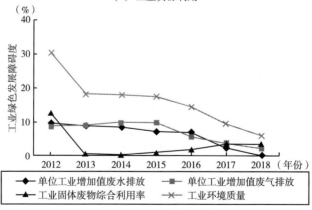

（b）工业环境质量

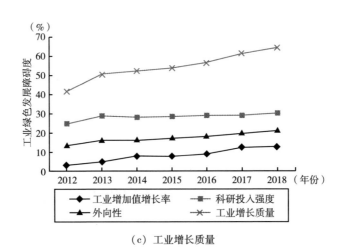

（c）工业增长质量

**图 4 – 13　廊坊市工业绿色发展各指标障碍度变化**

从出现频率高低排名具体来看，"单位 GDP 电耗"（$X_{13}$）、"科技投入强度"（$X_{32}$）和"外向性"（$X_{33}$）在 2012～2018 年排名均位于前五，出现频率均为 100%；"单位工业增加值废水排放"（$X_{21}$）、"工业增加值增长率"（$X_{31}$）出现频率均约为 57.14%，其中"单位工业增加值废水排放"（$X_{21}$）分别在 2012～2014 年和 2016 年排名位于前五，"工业增加值增长率"（$X_{31}$）主要在 2015～2018 年位于前五；"单位工业增加值废气排放"（$X_{22}$）在 2013～2015 年排名位于前五，出现频率约为 42.86%；"单位工业增加值能耗"（$X_{12}$）在 2017～2018 年排名进入前五，出现频率约为 28.57%；而"工业固体废物综合利用率"（$X_{23}$）仅在 2012 年进入前五，出现频率约为 14.29%；"单位工业增加值用水量"（$X_{11}$）则在研究期间排名从未进入前五，出现频率为 0。

（2）时间加权障碍度。

从时间加权障碍度进一步考察可知，出现频率约为 28.57% 的"单位工业增加值能耗"（$X_{12}$）的时间加权障碍度排名超过出现频率更高的"单位工业增加值废水排放"（$X_{21}$）（约为 57.14%）和"单位工业增加值废气排放"（$X_{22}$）（约为 42.86%），上升至第五位；而出现频率约为 42.86% 的"单位工业增加值废气排放"（$X_{22}$）的时间加权障碍度排名也超过了"单位工业增加值能耗"（$X_{12}$）。究其原因，主要是由于廊坊市积极践行"绿色发展"理念，从2015年开始，全面启动建市以来最严环保措施的"大气污染防治攻坚十条"，力求通过科学治理、坚决治理、共同治理、精准治理，确保实现空气质量根本好转；2018年，廊坊市大气污染防治处还被人力资源社会保障部环境保护部授予"全国环境保护系统先进集体"，可见其废气治理的成效；除此之外，从2015年开始，廊坊市住建局也开始积极推动重点镇污水处理设施建设工作，并且对全市装备水平低、环境设施差的企业进行了排查和取缔。

### 4.2.2.13 衡水市工业绿色发展水平的障碍因素诊断

（1）时点障碍度。

由表4-14和图4-14可知，衡水市"工业资源利用"（$X_1$）障碍度在整体上呈波动下降的趋势，其年均下降速度约为0.60%，其内部指标"单位工业增加值用水量"（$X_{11}$）、"单位工业增加值能耗"（$X_{12}$）的障碍度均呈下降趋势，年均下降幅度分别约为26.22%和9.29%，虽然"单位GDP电耗"（$X_{13}$）的障碍度仅以年均约3.39%的速度上升，但是由于其障碍度较大，因而对"工业资源利用"（$X_1$）的影响较大，使其障碍度在整体上降幅较小；"工业环境质量"（$X_2$）障碍度在2017年前以年均约32.19%的速度下降，但在之后主要受到"工业固体废物综合利用率"（$X_{23}$）障碍度的影响，开始出现上升趋势；"工业增长质量"（$X_3$）障碍度则由于其内部指标"工业增加值增长率"（$X_{31}$）、"科技投入强度"（$X_{32}$）和"外向性"（$X_{33}$）的障碍度分别以年均约33.84%、6.29%和7.48%的速度上升而同样在整体上呈现上升趋势，年均上升速度约为8.77%。

表4-14　　　　　　　　2012～2018年衡水市工业绿色发展障碍度

| 指标 | | 2012年 | 2013年 | 2014年 | 2015年 | 2016年 | 2017年 | 2018年 | 次数 | 频率（%） | 时间加权 | 排名 |
|---|---|---|---|---|---|---|---|---|---|---|---|---|
| $X_1$ | $X_{11}$ | 2.15 | 2.08 | 2.11 | 1.35 | 0.87 | 1.01 | 0.00 | 0 | 0 | 0.92 | 9 |
| | $X_{12}$ | 4.83 | 4.73 | 3.74 | 2.73 | 1.76 | **2.59** | 2.14 | 1 | 14.29 | 2.66 | 8 |
| | $X_{13}$ | **17.16** | **18.74** | **19.05** | **18.66** | **19.95** | **21.00** | **20.86** | 7 | 100 | 20.04 | 3 |
| | 合计 | 24.14 | 25.55 | 24.90 | 22.74 | 22.58 | 24.60 | 23.00 | | — | 23.62 | **2** |

续表

| 指标 | | 2012 年 | 2013 年 | 2014 年 | 2015 年 | 2016 年 | 2017 年 | 2018 年 | 次数 | 频率（%） | 时间加权 | 排名 |
|---|---|---|---|---|---|---|---|---|---|---|---|
| $X_2$ | $X_{21}$ | **13.32** | **16.84** | **13.71** | **12.52** | **5.84** | 0.00 | 0.31 | 5 | 71.43 | 5.26 | 5 |
| | $X_{22}$ | 8.82 | **9.31** | **10.35** | 7.69 | 3.29 | 1.19 | 1.23 | 2 | 28.57 | 3.90 | 6 |
| | $X_{23}$ | **12.15** | 0.06 | 0.11 | 0.21 | 0.38 | 2.55 | **7.83** | 2 | 28.57 | 3.62 | 7 |
| | 合计 | 34.29 | 26.21 | 24.17 | 20.42 | 9.51 | 3.74 | 9.37 | — | | 12.78 | **3** |
| $X_3$ | $X_{31}$ | 2.10 | 3.70 | 5.97 | **8.80** | **10.30** | **11.47** | **10.29** | 4 | 57.14 | 9.26 | 4 |
| | $X_{32}$ | **24.94** | **27.64** | **27.49** | **29.05** | **35.23** | **36.85** | **35.34** | 7 | 100 | 33.34 | 1 |
| | $X_{33}$ | **14.52** | **16.90** | **17.47** | **18.99** | **22.39** | **23.34** | **22.01** | 7 | 100 | 20.99 | 2 |
| | 合计 | 41.56 | 48.24 | 50.93 | 56.84 | 67.92 | 71.66 | 67.64 | — | | 63.59 | **1** |

注：表中字母代表的指标见表 3−1。

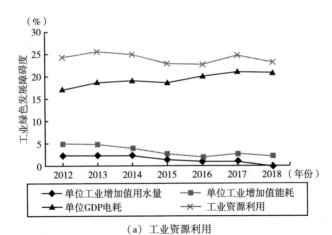

（a）工业资源利用

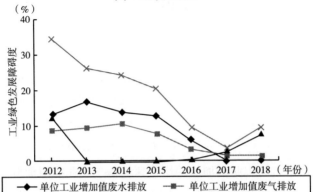

（b）工业环境质量

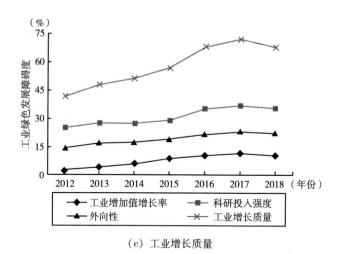

（c）工业增长质量

**图4-14 衡水市工业绿色发展各指标障碍度变化**

从出现频率高低排名来看，"单位 GDP 电耗"（$X_{13}$）、"科技投入强度"（$X_{32}$）、"外向性"（$X_{33}$）在 2012～2018 年排名均位于前五，出现频率均为 100%；"单位工业增加值废水排放"（$X_{21}$）在 2012～2016 年排名进入前五，出现频率约为 71.43%；"工业增加值增长率"（$X_{31}$）在 2015 年以后排名上升，进入前五，其出现的频率约为 57.14%；"单位工业增加值废气排放"（$X_{22}$）、"工业固体废物综合利用率"（$X_{23}$）出现频率均约为 28.57%，其中 $X_{22}$ 在 2013～2014 年排名进入前五，而 $X_{23}$ 则分别在 2012 年和 2018 年排名位于前五；"单位工业增加值能耗"（$X_{12}$）仅在 2017 年排名居于第五位，出现频率约为 14.29%；而"单位工业增加值用水量"（$X_{11}$）在研究期间排名并未进入前五，出现频率为 0。分析排名前五位的障碍因子发生变化的原因可知，在 2015 年后，衡水市的工业废气排放总量开始呈现明显的下降趋势，从之前以年均约 9.45% 的速度上升转变为以年均约 33.17% 的速度下降，这主要是由于其工业烟尘排放总量出现了较大幅度的变化，由 2012～2014 年以年均约 28.36% 的速度上升转变为以年均约 36.80% 的下降；而在这一时期由于供给侧结构性改革的提出，使其工业增加值增长率开始放缓。除此之外，2017 年衡水市的工业增加值的增长速度低于工业能源消费总量的增长速度，分别约为 4.30% 和 12.61%，所以导致 $X_{12}$ 这一因子在当年对工业绿色发展产生较大的阻碍作用；但是由于 2018 年衡水市的工业固体废物综合利用率出现约为 16.11% 的下降，使该因子在当年对工业绿色发展的阻碍作用加强。

（2）时间加权障碍度。

从时间加权障碍度进一步考察可知，出现频率约为 57.14% 的"工业增加值增长率"（$X_{31}$）的时间加权障碍度排名超过了出现频率约为 71.43% 的"单位工业增加值废水排放"（$X_{21}$）。究其原因，一方面由于供给侧结构性改革提出以来，衡水市在"去产能"和优化产业结构等方面做出了努力，使其工业增加值增长率有所下降；另一方面是由于其工业废水处理问题得到了较好的解决，截至 2018 年，衡水市全市 13 个省级开发区 21 个工业园区全部建立"一园一档"的管理制度，除阜城经济开发区东区和北区外，所有园区集中式污水处理设施均已建设完成，并安装了自动监测装置。

## 4.2.3　京津冀工业绿色发展水平障碍因素的空间格局分析

为便于总结京津冀工业绿色发展障碍因素的空间异质性，在对 13 市工业绿色发展障碍因素进行分析的基础上，依据时间加权障碍度进行排名，同样将≥10%、≥5%、<5% 的指标界定为重点障碍因子、一般障碍因子和轻度障碍因子，在表 4 - 15 中分别用"■""▲""★"标识，如表 4 - 15 所示；同时借助 Geoda 将结果以地图形式呈现，如图 4 - 15 所示，能够更加直观地体现空间异质性。

（1）"单位工业增加值用水量"（$X_{11}$）。如表 4 - 15 和图 4 - 15（a）所示，单位工业增加值用水量的时间加权障碍度在北京市约为 11.1%，为重点障碍因子；在唐山、张家口、承德和沧州市均超过 5%，为一般障碍因子；而在天津、石家庄、秦皇岛、邯郸、邢台、保定、廊坊市和衡水市均小于 5%，为轻度障碍因子。究其原因，北京市虽然在 2010 年开始严格实施产业用水效率准则制度，制定限制发展的高耗水产业名录，使"黑色金属冶炼及压延业""纺织业""造纸和纸制品业"等行业的用水量开始下降，但是"食品制造业""计算机、通信和其他电子设备制造业"等行业的用水量仍然偏大；不过值得肯定的是，北京市科技水平较高，再生水在工业用水中的比重较大，例如在 2014 年，再生水已经占电力工业用水总量的 65.6%，成为其主要水源。

表4 - 15　　　　京津冀 13 市工业绿色发展时间加权障碍度及排名

| 指标 | | $X_{11}$ | $X_{12}$ | $X_{13}$ | $X_1$ | $X_{21}$ | $X_{22}$ | $X_{23}$ | $X_2$ | $X_{31}$ | $X_{32}$ | $X_{33}$ | $X_3$ |
|---|---|---|---|---|---|---|---|---|---|---|---|---|---|
| 北京 | 障碍度 | 11.10 | 5.24 | 1.91 | 18.25 | 7.62 | 1.58 | 22.31 | 31.51 | 28.50 | 4.76 | 16.98 | 50.24 |
| | 排名 | 4■ | 6▲ | 8★ | ③ | 5▲ | 9★ | 2■ | ② | 1■ | 7★ | 3■ | ① |
| 天津 | 障碍度 | 2.42 | 9.34 | 7.69 | 19.45 | 4.17 | 3.56 | 0.63 | 8.36 | 15.10 | 36.98 | 20.12 | 72.20 |
| | 排名 | 8★ | 4▲ | 5▲ | ② | 6★ | 7★ | 9★ | ③ | 3■ | 1■ | 2■ | ① |
| 石家庄 | 障碍度 | 4.94 | 13.46 | 13.30 | 31.70 | 8.62 | 5.57 | 3.28 | 17.47 | 8.63 | 23.12 | 19.09 | 50.84 |
| | 排名 | 8★ | 3■ | 4■ | ② | 6▲ | 7▲ | 9★ | ③ | 5▲ | 1■ | 2■ | ① |
| 唐山 | 障碍度 | 8.06 | 19.89 | 14.59 | 42.54 | 2.50 | 10.13 | 5.73 | 18.36 | 6.28 | 19.53 | 13.29 | 39.10 |
| | 排名 | 6▲ | 1■ | 3■ | ① | 9★ | 5■ | 8▲ | ③ | 7▲ | 2■ | 4■ | ② |
| 秦皇岛 | 障碍度 | 2.98 | 17.36 | 14.13 | 34.47 | 9.23 | 11.32 | 5.98 | 26.53 | 6.38 | 22.27 | 10.33 | 38.98 |
| | 排名 | 9★ | 2■ | 3■ | ② | 6▲ | 4■ | 8▲ | ③ | 7▲ | 1■ | 5■ | ① |
| 邯郸 | 障碍度 | 3.05 | 21.08 | 13.85 | 37.98 | 1.93 | 9.98 | 3.41 | 15.32 | 7.64 | 23.61 | 15.46 | 46.71 |
| | 排名 | 8★ | 2■ | 4■ | ② | 9★ | 5▲ | 7★ | ③ | 6▲ | 1■ | 3■ | ① |
| 邢台 | 障碍度 | 1.92 | 11.56 | 19.66 | 33.14 | 10.54 | 9.54 | 1.36 | 21.44 | 6.83 | 23.64 | 14.94 | 45.41 |
| | 排名 | 8★ | 4■ | 2■ | ② | 5■ | 6▲ | 9★ | ③ | 7▲ | 1■ | 3■ | ① |
| 保定 | 障碍度 | 1.44 | 4.01 | 18.77 | 24.22 | 10.05 | 3.59 | 8.23 | 21.87 | 9.56 | 24.26 | 20.10 | 53.92 |
| | 排名 | 9★ | 7★ | 3■ | ② | 4■ | 8★ | 6▲ | ③ | 5▲ | 1■ | 2■ | ① |
| 张家口 | 障碍度 | 5.28 | 17.52 | 11.24 | 34.04 | 6.02 | 8.30 | 10.76 | 25.08 | 4.85 | 22.74 | 13.27 | 40.86 |
| | 排名 | 8▲ | 2■ | 4■ | ② | 7▲ | 6▲ | 5■ | ③ | 9★ | 1■ | 3■ | ① |
| 承德 | 障碍度 | 9.91 | 12.47 | 12.97 | 35.35 | 1.18 | 8.90 | 15.66 | 25.74 | 6.04 | 20.03 | 12.84 | 38.91 |
| | 排名 | 6▲ | 5■ | 3■ | ② | 9★ | 7▲ | 2■ | ③ | 8▲ | 1■ | 4■ | ① |
| 沧州 | 障碍度 | 6.86 | 7.96 | 12.20 | 27.02 | 4.30 | 3.17 | 2.70 | 10.17 | 8.88 | 33.13 | 20.81 | 62.82 |
| | 排名 | 6▲ | 5▲ | 3■ | ② | 7★ | 8★ | 9★ | ③ | 4▲ | 1■ | 2■ | ① |
| 廊坊 | 障碍度 | 0.55 | 5.82 | 23.06 | 29.43 | 4.05 | 5.27 | 2.84 | 12.16 | 10.08 | 29.30 | 19.04 | 58.42 |
| | 排名 | 9★ | 5▲ | 2■ | ② | 7★ | 6▲ | 8★ | ③ | 4■ | 1■ | 3■ | ① |
| 衡水 | 障碍度 | 0.92 | 2.66 | 20.04 | 23.62 | 5.26 | 3.90 | 3.62 | 12.78 | 9.26 | 33.34 | 20.99 | 63.59 |
| | 排名 | 9★ | 8★ | 3■ | ② | 5▲ | 6★ | 7★ | ③ | 4▲ | 1■ | 2■ | ① |

注：表中"■""▲""★"分别表示重点障碍因子、一般障碍因子、轻度障碍因子。

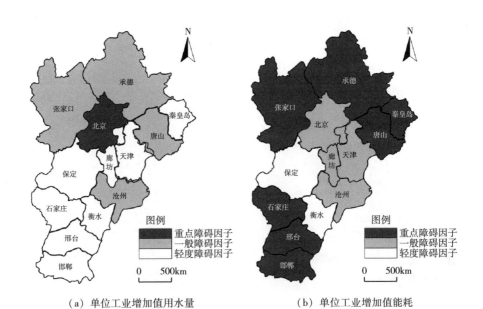

（a）单位工业增加值用水量　　　　　（b）单位工业增加值能耗

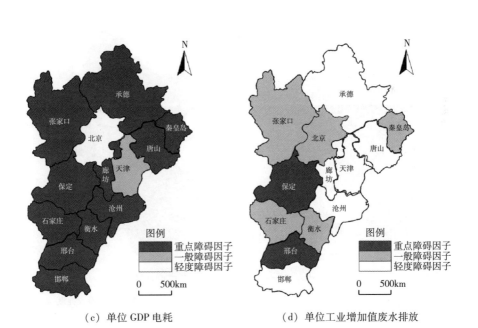

（c）单位 GDP 电耗　　　　　　　（d）单位工业增加值废水排放

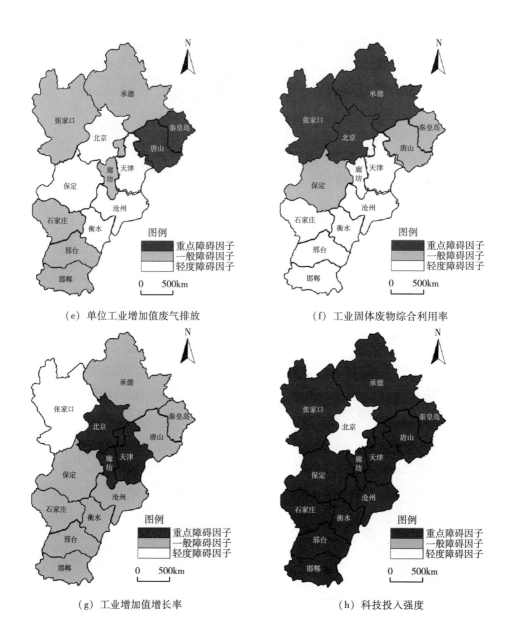

（e）单位工业增加值废气排放　　　　　（f）工业固体废物综合利用率

（g）工业增加值增长率　　　　　　　　（h）科技投入强度

（i）外向性

**图 4-15　京津冀工业绿色发展障碍因素空间格局**

（2）"单位工业增加值能耗"（$X_{12}$）。如表 4-15 和图 4-15（b）所示，单位工业增加值能耗的时间加权障碍度在石家庄、唐山、秦皇岛、邯郸、邢台、张家口、承德市均大于 10%，为重点障碍因子；在北京、天津、沧州、廊坊市为一般障碍因子；而在保定、衡水市均小于 5%，为轻度障碍因子。由于石家庄、唐山、邯郸、邢台市的重化工业对能源消费的依赖性较高，使其单位工业增加值能耗对工业绿色发展的阻碍作用较强，如唐山市和邯郸市，其工业增加值在全部生产总值中的比重均超 50%；而秦皇岛、张家口、承德市则是由于其在京津冀协同发展中的城市定位，工业化进程不够深入，导致其能源利用效率较低。

（3）"单位 GDP 电耗"（$X_{13}$）。如表 4-15 和图 4-15（c）所示，单位 GDP 电耗的时间加权障碍度在河北省 11 个市均大于 10%，为重点障碍因子；在天津市约为 7.69%，为一般障碍因子；而在北京市仅约为 1.91%，为轻度障碍因子。由于河北省目前仍处于工业化中期向后期过渡的时期，对能源的需求仍然较大，再加上近年河北省强化对能源总量和强度的"双控"，致力于优化能源消费结构，使各市增加了能够对煤炭产生替代效果的电力资源的需求，如邢台、唐山和廊坊市的单位 GDP 电耗均超过我国约为 793 千瓦时

/万元的平均水平。

（4）"单位工业增加值废水排放"（$X_{21}$）。如表 4 - 15 和图 4 - 15（d）所示，单位工业增加值废水排放的时间加权障碍度在邢台市、保定市分别约为 10.54% 和 10.05%，均超过 10%，为重点障碍因子；在北京、石家庄、秦皇岛、张家口、衡水市居 5% ～ 10%，为一般障碍因子；在天津、唐山、邯郸、承德、沧州、廊坊市则为轻度障碍因子。分析原因可知，邢台市虽然从 2015 年工业废水排放总量开始以年均约 26.28% 的速度下降，但是由于其工业废水排放总量基数过大，使其年均工业废水排放总量仍高达约 1.067 亿吨；保定市则是由于其工业较为发达，虽然在 2017 年率先成为河北省首个"无钢市"，但是当地的其他产业如满城区的传统产业造纸业、高阳县的毛巾产业以及蠡县的皮革产业所产生的废水量仍然较大，使该市的单位工业增加值废水排放对其工业绿色发展的阻碍作用仍较强。

（5）"单位工业增加值废气排放"（$X_{22}$）。如表 4 - 15 和图 4 - 15（e）所示，单位工业增加值废气排放的时间加权障碍度在唐山市和秦皇岛市分别约为 10.13% 和 11.32%，为重点障碍因子；在石家庄、邯郸、邢台、张家口、承德、廊坊市为一般障碍因子；在北京、天津、保定、沧州、衡水市为轻度障碍因子。唐山市作为我国钢铁重镇，在 2012 年的钢铁产量就达到约 8107 万吨，占全国总产量的 9%，虽然由于"6643"工程和供给侧结构性改革的实施，增速有所降低，但在 2018 年仍达到 1.28 亿吨；除此之外，曹妃甸工业区拥有显著的区位优势，这吸引了许多重型装备制造业向曹妃甸地区转移。而秦皇岛市作为京津冀辐射东北的重要门户和节点城市，除了作为旅游城市被熟知以外，秦皇岛市同样是铝制品生产加工基地和车轮制造之都，这使其工业废气排放对当地工业绿色发展的阻碍作用较大；不过秦皇岛市在近年为了打造国家高新技术产业及科技成果转化基地和国际旅游城市，积极促进当地的装备制造、金属压延、玻璃工业等产业进行转型升级，这将会对秦皇岛市工业绿色发展提供很好的助力。

（6）"工业固体废物综合利用率"（$X_{23}$）。如表 4 - 15 和图 4 - 15（f）所示，工业固体废物综合利用率的时间加权障碍度在北京、张家口、承德市分别约为 22.31%、10.76% 和 15.66%，为重点障碍因子；在唐山、秦皇岛、保定市分别约为 5.73%、5.98% 和 8.23%，为一般障碍因子；在天津、石家庄、邯郸、邢台、沧州、廊坊、衡水市均为轻度障碍因子。其中,承德和张家口市主要是其城市定位的原因,导致工业化进程不够深入且技术水平相对落后,使其工业固体废物综合利用率较低;而北京市则由于其一般工业固体废物综合利用量的年均降幅(约为 10.12%)大于一般工业固体废物产生量的降幅(约为 8.28%),例如,在 2017 年北京市甚至出现了一般工业固体废物综合利用量以约为 14% 的速度下降,而一般工业固体废物产生量以约0.16% 的速度上升的情况,这使工业固体废物综合利用率对北京市工业绿色发展的阻碍作用在近年更加凸显。

(7)"工业增加值增长率"($X_{31}$)。如表 4-15 和图 4-15(g)所示,工业增加值增长率的时间加权障碍度在北京、天津、廊坊市分别约为28.50%、15.10% 和 10.08%,为重点障碍因子;在石家庄、唐山、秦皇岛、邯郸、邢台、保定、承德、沧州、衡水市为一般障碍因子;在张家口市约为4.85%,为轻度障碍因子。自 2012 年以来,京津冀的产业结构调整步伐加快,从原来更注重经济发展速度转而将提质增效作为重点,经济增长也开始从高速增长转为中高速增长,这使各市的工业增加值增长率基本放缓。尤其是伴随着北京市"非首都功能"产业的转移以及天津市产业结构的转变,使两市的工业增加值增长速度也逐渐放缓;而廊坊市则是由于近年着力打造现代服务业聚集区,使其工业增加值增长率以年均约 14.96% 的速度下降。

(8)"科技投入强度"($X_{32}$)。如表 4-15 和图 4-15(h)所示,科技投入强度除了在北京市为轻度障碍因子外,在其他市的时间加权障碍度均大于 10%,为重点障碍因子。分析原因可知,科技投入强度与各城市的功能定位密切相关,北京市作为全国科技创新中心,科技投入水平遥遥领先于京津冀其他地区,其科技投入年均水平约为 5.53%,而其他市在 R&D 经费投入方面都有进一步的提升空间。

(9)"外向性"($X_{33}$)。如表 4-15 和图 4-15(i)所示,外向性的时间加权障碍度在京津冀 13 个市均大于 10%,为重点障碍因子,而且其排名除了在唐山市、秦皇岛市、承德市居于第四或第五位以外,在其他市均位于前三。这主要是近年受到世界经济增速总体减缓的影响,使我国实际利用外资金额增速趋缓,导致该指标对京津冀 13 个市工业绿色发展的阻碍作用较强。

## 4.3 京津冀工业绿色区域协同水平的障碍因素诊断

根据式（3 - 30）、式（4 - 1）和式（4 - 2），可分别得到2012～2018年京津冀13市工业绿色区域协同的个体时点障碍度；根据式（4 - 3）、式（4 - 4），可得到京津冀工业绿色区域协同的总体时点障碍度；同样取"时间度" $\tau = 0.3$，根据式（4 - 5）和式（4 - 6），可分别得到京津冀13市工业绿色发展的个体时间加权障碍度；根据式（4 - 7）和式（4 - 8），可分别得到京津冀工业绿色区域协同的总体时间加权障碍度，计算结果如表4 - 16～表4 - 30所示。

### 4.3.1 时间异质性分析

表4 - 16　　　　　2012～2018年京津冀工业绿色区域协同障碍度

| 指标 | | 2012年 | 2013年 | 2014年 | 2015年 | 2016年 | 2017年 | 2018年 | 次数 | 频率（%） | 时间加权 | 排名 |
|---|---|---|---|---|---|---|---|---|---|---|---|---|
| $X_1$ | $X_{11}$ | 7.27 | 7.39 | 7.50 | 7.64 | 7.66 | 7.43 | 7.40 | 0 | 0 | 7.48 | 7 |
| | $X_{12}$ | **12.83** | **13.33** | **13.78** | **13.94** | **14.32** | **13.99** | **14.47** | 7 | 100 | 14.08 | 3 |
| | $X_{13}$ | 6.95 | 7.34 | 7.48 | 7.13 | 7.10 | 6.99 | 6.84 | 0 | 0 | 7.04 | 8 |
| | 合计 | 27.05 | 28.06 | 28.76 | 28.71 | 29.08 | 28.41 | 28.71 | — | | 28.60 | **2** |
| $X_2$ | $X_{21}$ | **15.20** | **15.07** | **15.46** | **15.48** | **13.14** | **12.53** | **12.41** | 7 | 100 | 13.45 | 4 |
| | $X_{22}$ | **19.13** | **19.73** | **19.74** | **19.76** | **23.06** | **23.11** | **22.69** | 7 | 100 | 21.92 | 1 |
| | $X_{23}$ | **10.47** | 9.14 | 8.63 | 6.96 | 7.12 | 7.49 | 7.24 | 1 | 14.29 | 7.62 | 6 |
| | 合计 | 44.80 | 43.94 | 43.83 | 42.20 | 43.32 | 43.13 | 42.34 | — | | 42.99 | **1** |
| $X_3$ | $X_{31}$ | 1.80 | 2.89 | 3.02 | 4.05 | 2.72 | 3.80 | 4.56 | 0 | 0 | 3.68 | 9 |
| | $X_{32}$ | **16.08** | **14.99** | **14.61** | **14.91** | **15.42** | **14.54** | **15.89** | 7 | 100 | 15.24 | 2 |
| | $X_{33}$ | 10.28 | 10.11 | 9.78 | 10.13 | 9.46 | 10.12 | 8.50 | 6 | 85.71 | 9.49 | 5 |
| | 合计 | 28.16 | 27.99 | 27.41 | 29.09 | 27.60 | 28.46 | 28.95 | — | | 28.41 | **3** |

注：表中字母代表的指标见表3 - 1。

由表4 - 16、图4 - 16可知，从2012～2018年整体来看，京津冀"工业资源利用"（$X_1$）障碍度及其内部指标"单位工业增加值用水量"（$X_{11}$）、

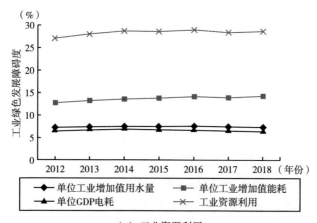

（a）工业资源利用

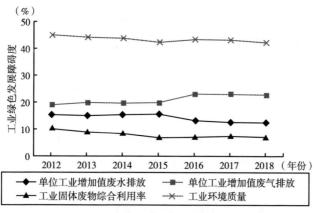

（b）工业环境质量

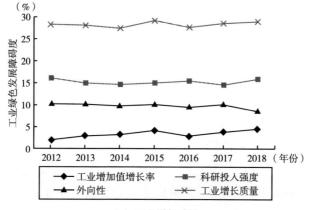

（c）工业增长质量

**图 4－16　京津冀总体工业绿色区域协同各指标障碍度变化**

"单位工业增加值能耗"（$X_{12}$）和"单位 GDP 电耗"（$X_{13}$）障碍度的整体变动均不大，其中 $X_1$、$X_{11}$ 和 $X_{12}$ 的障碍度分别以年均约为 2.05%、0.31% 和 1.02% 的速度小幅上升，$X_{13}$ 的障碍度则以年均约为 0.21% 的速度小幅下降；"工业环境质量"（$X_2$）的障碍度在整体上以年均约 0.92% 的速度下降，虽然其内部指标"单位工业增加值废水排放"（$X_{21}$）和"单位工业增加值废气排放"（$X_{22}$）的障碍度在 2015 年后均出现了小幅波动，但由于两者障碍度的波动趋势正好相反，分别以年均约 6.91% 的速度下降和以年均约 5.03% 的速度上升，使其波动对 $X_2$ 障碍度的影响有所消减；"工业增长质量"（$X_3$）障碍度在整体上以年均约 0.53% 的速度波动上升，其中，"工业增加值增长率"（$X_{31}$）障碍度以年均约 21.01% 的速度上升，但是由于"科技投入强度"（$X_{32}$）和"外向性"（$X_{33}$）的障碍度分别以年均约为 0.05% 和 2.83% 的速度下降，因而使 $X_3$ 的障碍度从整体上来看，上升趋势并不明显。

为进一步总结变化规律，同样依据指标障碍度的大小，对每一年各因素的障碍度进行排序，将障碍度最大的前五位数据加粗，并计算各因子在研究期间位于前五的频率。从出现频率的高低排名可知，"单位工业增加值能耗"（$X_{12}$）、"单位工业增加值废水排放"（$X_{21}$）、"单位工业增加值废气排放"（$X_{22}$）和"科技投入强度"（$X_{32}$）在 2012 ~ 2018 年排名均位于前五，出现频率均为 100%；"外向性"（$X_{33}$）则从 2013 年开始排名升至第五位，并稳定在前五，出现频率约为 85.71%；"工业固体废物综合利用率"（$X_{23}$）仅在 2012 年进入前五，出现频率约为 14.29%；而"单位工业增加值用水量"（$X_{11}$）、"单位 GDP 电耗"（$X_{13}$）和"工业增加值增长率"（$X_{31}$）在研究期间排名并未进入前五，出现频率均为 0。

同样地，考虑到"时代性"，进一步考察时间加权障碍度。根据时间加权障碍度对障碍因子的类型进行界定，将时间加权障碍度≥10%、≥5%、<5% 的指标分别界定为重点障碍因子、一般障碍因子和轻度障碍因子。如表 4-16 所示，"单位工业增加值废气排放"（$X_{22}$）、"科技投入强度"（$X_{32}$）、"单位工业增加值能耗"（$X_{12}$）、"单位工业增加值废水排放"（$X_{21}$）的时间加权障碍度分别约为 21.92%、15.24%、14.08%、13.45%，为重点障碍因子；"外向性"（$X_{33}$）、"工业固体废物综合利用率"（$X_{23}$）、"单位工业增加

值用水量"（$X_{11}$）、"单位 GDP 电耗"（$X_{13}$）的时间加权障碍度分别约为
9.49%、7.62%、7.48%、7.04%，为一般障碍因子；"工业增加值增长率"
（$X_{31}$）的时间加权障碍度约为 3.68%，为轻度障碍因子。将各指标的时间加
权障碍度排名与按照出现频率高低得到的排名进行比较，可以发现两种排名
基本上保持一致，这意味着对京津冀整体工业绿色区域协同产生阻碍作用的
因子在研究期间较为稳定。分析原因可知，虽然京津冀 13 市在工业能耗、
废水废气排放等方面基本上都呈现稳定下降的趋势，能源利用效率和环境质
量均有所提升，但是由于 13 个市中能耗最小的北京市在近年更加聚焦其首
都功能，天津市也在建设先进制造研发基地方面发力，河北省则积极承接京
津外移产业以加快其工业化进程，使京津冀各市在废水废气减排效果方面存
在差距；除此之外，河北省各市与京津在科技水平与创新能力方面的长期差
距也会使其在能源利用效率方面的差距始终较大。

## 4.3.2　空间异质性分析

同样，在对京津冀工业绿色区域协同障碍因素进行时间异质性分析的基
础上，考虑京津冀工业发展的不平衡性，进一步探讨京津冀工业绿色区域协
同障碍因素的空间异质性。

### 4.3.2.1　北京市工业绿色区域协同水平的障碍因素诊断

（1）时点障碍度。

如表 4-17、图 4-17 所示，北京市"工业资源利用"（$X_1$）障碍度受
其内部指标"单位工业增加值能耗"（$X_{12}$）和"单位 GDP 电耗"（$X_{13}$）的
障碍度均呈上升趋势的影响，而以年均约 4.57% 的速度上升，虽然"单位工
业增加值用水量"（$X_{11}$）障碍度在整体上呈现下降趋势，但由于其障碍度较
小，且年均降幅仅约为 0.39%，因而对"工业资源利用"（$X_1$）的影响有
限；"工业环境质量"（$X_2$）障碍度则整体呈小幅下降的趋势，其中"单位
工业增加值废水排放"（$X_{21}$）和"工业固体废物综合利用率"（$X_{23}$）的障碍
度均呈下降趋势，其年均下降幅度分别约为 8% 和 6.21%，虽然"单位工业
增加值废气排放"（$X_{22}$）障碍度仅以年均约 1.68% 的速度上升，但由于其障

碍度较大，使"工业环境质量"（$X_2$）障碍度的下降幅度较小，年均仅约为2.84%；"工业增长质量"（$X_3$）障碍度与"工业增加值增长率"（$X_{31}$）障碍度的整体波动趋势相似，均呈现"W"形波动，而"科技投入强度"（$X_{32}$）和"外向性"（$X_{33}$）障碍度的整体波动则较小，对"工业增长质量"（$X_3$）障碍度的影响有限。

表 4-17　　　　　2012~2018 年北京市工业绿色区域协同障碍度

| 指标 | | 2012 年 | 2013 年 | 2014 年 | 2015 年 | 2016 年 | 2017 年 | 2018 年 | 次数 | 频率（%） | 时间加权 | 排名 |
|---|---|---|---|---|---|---|---|---|---|---|---|
| $X_1$ | $X_{11}$ | 4.58 | 4.69 | 4.63 | 4.17 | 4.69 | 4.43 | 4.41 | 0 | 0 | 4.47 | 7 |
| | $X_{12}$ | 9.47 | 11.90 | 12.07 | 11.06 | 12.63 | 12.41 | 15.03 | 6 | 85.71 | 12.91 | 3 |
| | $X_{13}$ | 10.68 | 11.64 | 11.70 | 10.77 | 11.64 | 11.75 | 12.30 | 7 | 100 | 11.73 | 4 |
| | 合计 | 24.73 | 28.23 | 28.40 | 26.00 | 28.96 | 28.59 | 31.74 | — | | 29.11 | 3 |
| $X_2$ | $X_{21}$ | 13.12 | 12.65 | 12.81 | 11.28 | 9.69 | 7.66 | 7.76 | 4 | 57.14 | 9.42 | 6 |
| | $X_{22}$ | 21.31 | 22.79 | 24.25 | 23.67 | 26.08 | 26.26 | 23.17 | 7 | 100 | 24.38 | 1 |
| | $X_{23}$ | 8.39 | 5.05 | 4.51 | 4.00 | 3.95 | 5.19 | 4.90 | 0 | 0 | 4.84 | 8 |
| | 合计 | 42.82 | 40.49 | 41.57 | 38.95 | 39.72 | 39.11 | 35.83 | — | | 38.64 | 1 |
| $X_3$ | $X_{31}$ | 4.40 | 2.69 | 1.85 | 7.90 | 1.68 | 2.74 | 2.67 | 0 | 0 | 3.14 | 9 |
| | $X_{32}$ | 18.28 | 18.66 | 18.23 | 16.91 | 18.34 | 17.25 | 17.67 | 7 | 100 | 17.73 | 2 |
| | $X_{33}$ | 9.77 | 9.93 | 9.94 | 10.24 | 11.30 | 12.31 | 12.10 | 4 | 57.14 | 11.38 | 5 |
| | 合计 | 32.45 | 31.28 | 30.02 | 35.05 | 31.32 | 32.30 | 32.44 | — | | 32.25 | 2 |

注：表中字母代表的指标见表 3-1。

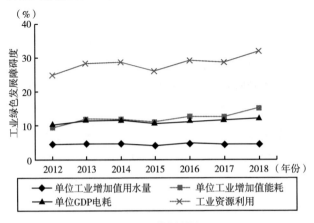

（a）工业资源利用

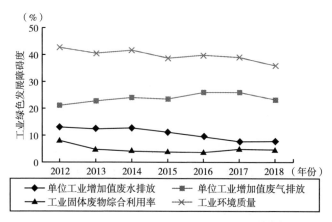

（b）工业环境质量

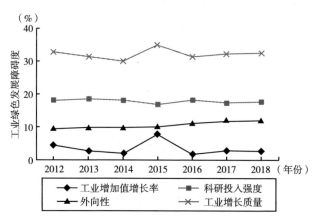

（c）工业增长质量

**图 4 – 17　北京市工业绿色区域协同各指标障碍度变化**

从出现频率高低排名来看，"单位 GDP 电耗"（$X_{13}$）、"单位工业增加值废气排放"（$X_{22}$）、"科技投入强度"（$X_{32}$）在 2012～2018 年排名均位于前五，出现频率均为 100%；"单位工业增加值能耗"（$X_{12}$）在 2013～2018 年排名进入前五，出现频率约为 85.71%；"单位工业增加值废水排放"（$X_{21}$）和"外向性"（$X_{33}$）出现频率均约为 57.14%，其中 $X_{21}$ 在 2015 年以前排名进入前五，$X_{33}$ 则分别在 2012 年和 2016～2018 年位于前五；"单位工业增加值用水量"（$X_{11}$）、"工业固体废物综合利用率"（$X_{23}$）和"工业增加值增长率"（$X_{31}$）在研究期间排名并未进入前五，出现频率均为 0。分析排名前五位的障碍因子发生变化的原因可知，由于北京市单位工业增加值废水排放的最大值仅约为 2.97 吨/万元，显著小于其他 12 市，如单位增加值废水排放大的邢台市在研究期间最大值高达约 18.81 吨/万元，可见两市之间的差距；不过由于"绿色发展"理念的提出，邢台市的废水排放总量的降幅开始大幅提升，从之前以年均约 1.63% 速度的降幅提升至约 26.28%，使单位工业增加值废水排放在 2016 年后对北京市工业绿色区域协同的阻碍作用减小；而北京市实际利用外资金额在 2015 年后也出现了大幅增加，当年涨幅便高达 45.31%，所以在此之后北京市与其他 12 市的差距开始拉大，导致外向性的障碍作用更加凸显。

（2）时间加权障碍度。

从时间加权障碍度进一步考察可知，出现频率约为 85.71% 的"单位工业增加值能耗"（$X_{12}$）的时间加权障碍度排名超过出现频率为 100% 的"单位 GDP 电耗"（$X_{13}$），上升至第三位。分析原因可知，虽然京津冀 13 市的单位工业增加值能耗在整体上均呈现下降趋势，但是北京市一直处于最低能耗水平，这得益于北京市产业结构的调整和发展方式的转变，再加上疏解与其定位不符的非首都功能的产业，使北京市的能耗在近年进一步减少，从而与其他市的差距进一步拉大，$X_{12}$ 在近年的重要程度也更加凸显。

### 4.3.2.2　天津市工业绿色区域协同水平的障碍因素诊断

（1）时点障碍度。

如表 4-18、图 4-18 所示，天津市"工业资源利用"（$X_1$）障碍度受其内部指标"单位工业增加值用水量"（$X_{11}$）、"单位工业增加值能耗"（$X_{12}$）和"单位 GDP 电耗"（$X_{13}$）的障碍度分别以年均约 0.23%、5.36% 和 4.28% 的速度上升的影响，而在整体上也呈现上升趋势，年均上升速度约为 3.75%；"工业环境质量"（$X_2$）障碍度则在整体上以年均约 1.82% 的速度下降，与其内部指标"单位工业增加值废水排放"（$X_{21}$）和"工业固体废物综合利用率"（$X_{23}$）障碍度的变化趋势保持一致，其年均下降速度分别约为 5.13% 和 4.99%，但是由于"单位工业增加值废气排放"（$X_{22}$）障碍度在整体上以年均约 2.77% 的速度上升，因而使"工业环境质量"（$X_2$）障碍度的降速较慢；"工业增长质量"（$X_3$）障碍度在 2016 年以前以年均约 1.92% 的速度上升，但是由于"外向性"（$X_{33}$）障碍度在 2017 年后开始以年均约 17.15% 的速度下降，因而使"工业增长质量"（$X_3$）的障碍度开始以年均约 5.87% 的速度下降。

表 4 - 18　　　　　2012～2018 年天津市工业绿色区域协同障碍度

| 指标 | | 2012 年 | 2013 年 | 2014 年 | 2015 年 | 2016 年 | 2017 年 | 2018 年 | 次数 | 频率（%） | 时间加权 | 排名 |
|---|---|---|---|---|---|---|---|---|---|---|---|
| $X_1$ | $X_{11}$ | 6.37 | 6.47 | 6.45 | 6.19 | 6.13 | 6.50 | 6.44 | 0 | 0 | 6.37 | 8 |
| | $X_{12}$ | 9.75 | **10.52** | **10.58** | **10.93** | **11.55** | **12.59** | **13.31** | 6 | 85.71 | 12.03 | 3 |
| | $X_{13}$ | 9.18 | 10.16 | 10.28 | 9.89 | 10.20 | **11.74** | **11.67** | 2 | 28.57 | 10.92 | 5 |
| | 合计 | 25.30 | 27.15 | 27.31 | 27.01 | 27.88 | 30.83 | 31.42 | | — | 29.32 | **3** |
| $X_2$ | $X_{21}$ | **13.38** | **13.81** | **13.76** | **13.38** | **11.62** | 9.50 | 9.55 | 6 | 85.71 | 11.10 | 4 |
| | $X_{22}$ | **19.74** | **21.14** | **21.40** | **22.00** | **22.69** | **22.74** | **23.23** | 7 | 100 | 22.46 | 1 |
| | $X_{23}$ | **11.50** | 6.40 | 6.07 | 4.94 | 5.41 | 6.29 | 7.07 | 1 | 14.29 | 6.45 | 7 |
| | 合计 | 44.62 | 41.35 | 41.23 | 40.32 | 39.72 | 38.53 | 39.85 | | — | 40.01 | **1** |
| $X_3$ | $X_{31}$ | 2.59 | 3.03 | 3.75 | 5.18 | 3.94 | 4.02 | 4.52 | 0 | 0 | 4.15 | 9 |
| | $X_{32}$ | **16.51** | **17.09** | **16.46** | **16.26** | **16.03** | **15.16** | **15.77** | 7 | 100 | 15.90 | 2 |
| | $X_{33}$ | **10.97** | **11.39** | **11.24** | **11.22** | **12.44** | **11.47** | 8.43 | 6 | 85.71 | 10.61 | 6 |
| | 合计 | 30.07 | 31.51 | 31.45 | 32.66 | 32.41 | 30.65 | 28.72 | | — | 30.66 | **2** |

注：表中字母代表的指标见表 3 - 1。

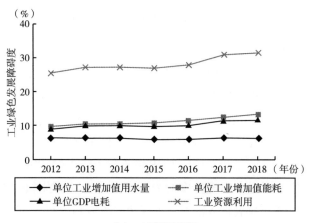

（a）工业资源利用

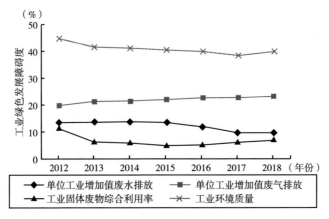

（b）工业环境质量

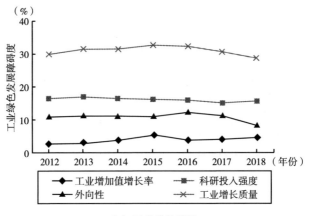

（c）工业增长质量

图 4-18　天津市工业绿色区域协同各指标障碍度变化

　　从出现频率高低排名来看，"单位工业增加值废气排放"（$X_{22}$）和"科技投入强度"（$X_{32}$）在 2012～2018 年排名均位于前五，出现频率均为 100%；"单位工业增加值能耗"（$X_{12}$）、"单位工业增加值废水排放"（$X_{21}$）和"外向性"（$X_{33}$）出现的频率均约为 85.71%，其中 $X_{12}$ 从 2013 年开始排名上升至第五位，并在之后维持在前五，$X_{21}$ 和 $X_{33}$ 则分别在 2017 年和 2018 年以外的六年间排名前五；"单位 GDP 电耗"（$X_{13}$）在 2017～2018 年排名进入前五，均位于第四，出现频率约为 28.57%；"工业固体废物综合利用率"（$X_{23}$）则仅在 2012 年排名进入前五，出现频率约为 14.29%；而"单位工业增加值用水量"（$X_{11}$）和"工业增加值增长率"（$X_{31}$）在研究期间排名并未进入前五，出现频率均为 0。

（2）时间加权障碍度。

从时间加权障碍度进一步考察可知，出现频率仅约为 28.57% 的"单位 GDP 电耗"（$X_{13}$）的时间加权障碍度排名超过了出现频率约为 85.71% 的"外向性"（$X_{33}$），排名第三位，这与天津市在 2015 年正式进入后工业化时期有一定关联，虽然北京市也已进入后工业化阶段，但是河北省 11 市仍处于工业化中期向后期过渡的阶段，而且河北省的产业体系建立在其资源工业的基础上，庞大的第二产业是电力消耗的主力军，使天津市与其他市之间的差距较为明显。

### 4.3.2.3　石家庄市工业绿色区域协同水平的障碍因素诊断

（1）时点障碍度。

如表 4 - 19、图 4 - 19 所示，石家庄市"工业资源利用"（$X_1$）障碍度及其内部指标的障碍度在研究期间均较为平稳，具体来看，"单位工业增加值用水量"（$X_{11}$）障碍度以年均约 0.19% 的速度小幅下降，而"单位工业增加值能耗"（$X_{12}$）和"单位 GDP 电耗"（$X_{13}$）的障碍度则分别以年均约 2.16% 和 1.05% 的速度上升，使"工业资源利用"（$X_1$）的障碍度也以年均约 1.05% 的速度小幅上升；"工业环境质量"（$X_2$）障碍度的波动幅度同样较小，以年均约 0.63% 的速度下降，虽然"单位工业增加值废水排放"（$X_{21}$）和"单位工业增加值废气排放"（$X_{22}$）的障碍度在 2015 年后出现了一定幅度的波动，但由于"单位工业增加值废水排放"（$X_{21}$）的障碍度以年均 8.58% 的速度下降，而"单位工业增加值废气排放"（$X_{22}$）的障碍度以年均约 7.72% 的速度上升，使两者的波动对"工业环境质量"（$X_2$）障碍度的影响有所消减；"工业增长质量"（$X_3$）及其内部指标的障碍度均呈现较为平稳的变化趋势，其中"科技投入强度"（$X_{32}$）和"外向性"（$X_{33}$）的障碍度分别以年均约 0.87% 和 3.80% 的速度下降，虽然"工业增加值增长率"（$X_{31}$）障碍度的上升速度较快，年均约为 28.27%，但是由于其障碍度较小，使其对"工业增长质量"（$X_3$）障碍度的影响有限。

表4-19　　　　　　　2012～2018年石家庄市工业绿色区域协同障碍度

| 指标 | | 2012年 | 2013年 | 2014年 | 2015年 | 2016年 | 2017年 | 2018年 | 次数 | 频率（%） | 时间加权 | 排名 |
|---|---|---|---|---|---|---|---|---|---|---|---|---|
| $X_1$ | $X_{11}$ | 7.09 | 7.11 | 7.08 | 7.53 | 7.29 | 7.09 | 6.99 | 0 | 0 | 7.14 | 6 |
| | $X_{12}$ | 13.54 | 13.75 | 13.90 | 13.82 | 14.05 | 13.87 | 14.54 | 7 | 100 | 14.08 | 4 |
| | $X_{13}$ | 6.35 | 6.84 | 7.08 | 6.69 | 6.64 | 6.91 | 7.18 | 0 | 0 | 6.91 | 7 |
| | 合计 | 26.98 | 27.70 | 28.06 | 28.04 | 27.98 | 27.87 | 28.71 | — | | 28.13 | **3** |
| $X_2$ | $X_{21}$ | 17.09 | 16.47 | 15.96 | 16.87 | 13.97 | 13.01 | 12.79 | 7 | 100 | 14.19 | 3 |
| | $X_{22}$ | 19.85 | 19.90 | 20.55 | 19.82 | 23.84 | 25.20 | 24.49 | 7 | 100 | 23.18 | 1 |
| | $X_{23}$ | 7.82 | 6.74 | 6.24 | 5.19 | 5.62 | 5.54 | 5.75 | 0 | 0 | 5.81 | 8 |
| | 合计 | 44.76 | 43.11 | 42.75 | 41.88 | 43.43 | 43.75 | 43.03 | — | | 43.18 | **1** |
| $X_3$ | $X_{31}$ | 1.29 | 2.30 | 3.09 | 3.84 | 2.42 | 3.73 | 4.31 | 0 | 0 | 3.46 | 9 |
| | $X_{32}$ | 17.40 | 17.47 | 16.76 | 17.28 | 17.70 | 16.13 | 16.42 | 7 | 100 | 16.80 | 2 |
| | $X_{33}$ | 9.57 | 9.42 | 9.34 | 8.95 | 8.47 | 8.51 | 7.55 | 7 | 100 | 8.43 | 5 |
| | 合计 | 28.26 | 29.19 | 29.19 | 30.07 | 28.59 | 28.37 | 28.28 | — | | 28.69 | **2** |

注：表中字母代表的指标见表3-1。

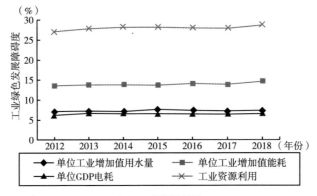

（a）工业资源利用

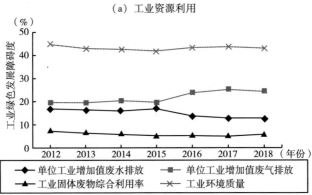

（b）工业环境质量

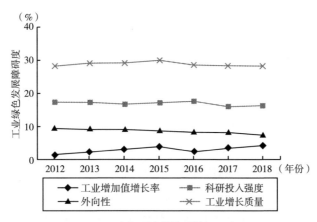

（c）工业增长质量

**图 4－19　石家庄市工业绿色区域协同各指标障碍度变化**

从出现频率高低排名来看，"单位工业增加值能耗"（$X_{12}$）、"单位工业增加值废水排放"（$X_{21}$）、"单位工业增加值废气排放"（$X_{22}$）、"科技投入强度"（$X_{32}$）和"外向性"（$X_{33}$）出现频率均为 100%，在 2012～2018 年均位于前五；而"单位工业增加值用水量"（$X_{11}$）、"单位 GDP 电耗"（$X_{13}$）、"工业固体废物综合利用率"（$X_{23}$）和"工业增加值增长率"（$X_{31}$）出现的频率均为 0，在研究期间排名均未进入前五。

（2）时间加权障碍度。

从时间加权障碍度进一步分析可知，各指标的时间加权障碍度排名与其按照出现频率高低所得的排名几乎保持一致，可见影响石家庄市工业绿色区域协同的障碍因子长期以来较为稳定。从单个指标分析原因可知，北京市和天津市均已进入工业化后期阶段，传统高耗能产业比重较低，先进制造业和现代服务业发展迅速，对化石能源依赖性较低，单位工业增加值能耗、废水废气排放总量较小，而石家庄市虽然在产业转型方面做出了一定成效，其年均单位工业增加值能耗、年均单位增加值废水排放和年均单位增加值废气排放分别约为 1.25 吨标准煤/万元、8.98 吨/万元和 86.49吨/亿元，与北京市和天津市尚存有一定差距；在科技投入强度和外向性方面，石家庄市也仍有较大的进步空间，与作为首都的北京市仍有不小差距。

#### 4.3.2.4 唐山市工业绿色区域协同水平的障碍因素诊断

（1）时点障碍度。

如表4-20、图4-20所示，唐山市"工业资源利用"（$X_1$）障碍度在整体上波动幅度不大，年均上升速度约为2.25%，虽然其内部指标"单位工业增加值用水量"（$X_{11}$）和"单位GDP电耗"（$X_{13}$）的障碍度在2015年后出现了不同程度的变动，但是由于其波动方向相反，分别是以年均约6.38%的速度上升和以约9.08%的速度下降，因而对$X_1$障碍度产生的影响有所削弱；"工业环境质量"（$X_2$）障碍度以年均约1.48%的速度下降，与$X_1$相似，虽然其内部指标"单位工业增加值废水排放"（$X_{21}$）和"单位工业增加值废气排放"（$X_{22}$）的障碍度在2015年后出现了明显的波动，但是由于$X_{21}$的障碍度是以年均约11.43%的速度下降，而$X_{22}$的障碍度以年均约11.27%的速度上升，因而$X_2$障碍度的波动较小；"工业增长质量"（$X_3$）障碍度在2015年以前在整体上波动较小，但在2016年由于受到"工业增加值增长率"（$X_{31}$）和"外向性"（$X_{33}$）障碍度的影响，出现了约为9.83%的降幅，不过在之后又由于"工业增加值增长率"（$X_{31}$）和"科技投入强度"（$X_{32}$）的障碍度分别以年均约43.02%和6.53%的速度上升，使$X_3$的障碍度也以年均约5.64%的速度上升。

表4-20　　　　　2012~2018年唐山市工业绿色区域协同的障碍度

| 指标 | | 2012年 | 2013年 | 2014年 | 2015年 | 2016年 | 2017年 | 2018年 | 次数 | 频率（%） | 时间加权 | 排名 |
|---|---|---|---|---|---|---|---|---|---|---|---|---|
| $X_1$ | $X_{11}$ | 7.18 | 8.18 | 8.79 | 10.39 | 10.49 | 11.05 | 11.16 | 4 | 57.14 | 10.38 | 5 |
| | $X_{12}$ | 15.47 | 15.67 | 15.72 | 16.07 | 17.16 | 16.99 | 17.09 | 7 | 100 | 16.69 | 2 |
| | $X_{13}$ | 6.56 | 7.43 | 7.42 | 6.50 | 6.34 | 5.52 | 5.05 | 0 | 0 | 5.94 | 8 |
| | 合计 | 29.21 | 31.28 | 31.93 | 32.96 | 33.99 | 33.56 | 33.30 | — | | 33.01 | **2** |
| $X_2$ | $X_{21}$ | 15.61 | 16.38 | 15.95 | 15.88 | 12.33 | 11.40 | 10.90 | 7 | 100 | 12.79 | 4 |
| | $X_{22}$ | 17.10 | 17.86 | 17.70 | 17.84 | 22.79 | 23.56 | 24.19 | 7 | 100 | 21.84 | 1 |
| | $X_{23}$ | 12.11 | 9.21 | 9.07 | 7.69 | 7.78 | 6.62 | 5.84 | 3 | 42.86 | 7.29 | 7 |
| | 合计 | 44.82 | 43.45 | 42.72 | 41.41 | 42.90 | 41.58 | 40.93 | — | | 41.92 | **1** |

续表

| 指标 | | 2012 年 | 2013 年 | 2014 年 | 2015 年 | 2016 年 | 2017 年 | 2018 年 | 次数 | 频率（%） | 时间加权 | 排名 |
|---|---|---|---|---|---|---|---|---|---|---|---|---|
| $X_3$ | $X_{31}$ | 1.30 | 2.15 | 3.27 | 2.93 | 2.06 | 3.36 | 4.13 | 0 | 0 | 3.17 | 9 |
| | $X_{32}$ | **15.03** | **14.20** | **13.33** | **12.92** | **12.95** | **12.94** | **14.64** | 7 | 100 | 13.67 | 3 |
| | $X_{33}$ | 9.63 | 8.92 | 8.74 | 9.78 | 8.10 | 8.56 | 7.01 | 0 | 0 | 8.23 | 6 |
| | 合计 | 25.96 | 25.27 | 25.34 | 25.63 | 23.11 | 24.86 | 25.78 | — | — | 25.07 | 3 |

注：表中字母代表的指标见表 3 - 1。

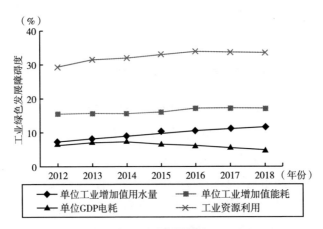

（a）工业资源利用

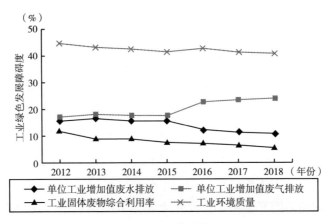

（b）工业环境质量

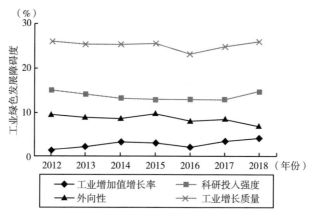

（c）工业增长质量

**图 4 - 20　唐山市工业绿色区域协同各指标障碍度变化**

从出现频率高低排名来看，"单位工业增加值能耗"（$X_{12}$）、"单位工业增加值废水排放"（$X_{21}$）、"单位工业增加值废气排放"（$X_{22}$）和"科技投入强度"（$X_{32}$）出现的频率均为 100%，在 2012 ~ 2018 年排名均位于前五；"单位工业增加值用水量"（$X_{11}$）从 2015 年开始，障碍度排名进入前五，出现频率约为 57.14%；"工业固体废物综合利用率"（$X_{23}$）则主要在 2012 ~ 2014 年障碍度排名进入前五，出现频率约为 42.86%；而"单位 GDP 电耗"（$X_{13}$）、"工业增加值增长率"（$X_{31}$）和"外向性"（$X_{33}$）在研究期间排名均未进入前五，出现频率均为 0。

（2）时间加权障碍度。

从时间加权障碍度进一步分析可知，出现频率为 0 的"外向性"（$X_{33}$）的时间加权障碍度排名超过出现频率约为 42.57% 的"工业固体废物综合利用率"（$X_{23}$），排名第六。分析原因可知，唐山市的工业固体废物综合利用率始终保持在 70% 以上，而工业固体废物综合利用率最低的承德市在 2014 年以前均低于 6%，不过自 2015 年供给侧结构性改革实施以来，"去产能"力度较大，其工业固体废物综合利用率开始以年均约 105.47% 的速度上升，所以区域之间的差距开始缩小；除此之外，2015 年以来，京津冀 13 市的单位增加值工业用水量均出现了下降，而唐山市作为钢铁大市，其制造业中黑色金属工业占比高达约 68.90%，大量高耗水工业企业的存在造成工业用水量居高不下，使其与其他市的差距在 2015 年后更加凸显。

### 4.3.2.5　秦皇岛市工业绿色区域协同水平的障碍因素诊断

（1）时点障碍度。

如表 4 – 21、图 4 – 21 所示，秦皇岛市"工业资源利用"（$X_1$）障碍度与其内部指标"单位工业增加值能耗"（$X_{12}$）的障碍度在整体上均呈波动上升的趋势，年均上升速度分别约为 0.27% 和 2.76%，$X_1$ 的障碍度上升速度较缓主要是由于"单位工业增加值用水量"（$X_{11}$）和"单位 GDP 电耗"（$X_{13}$）的障碍度均在整体上呈现下降趋势，其年均下降速度分别约为 0.81% 和 2.76%；"工业环境质量"（$X_2$）障碍度在 2015 年前主要受到"单位工业增加值废气排放"（$X_{22}$）和"工业固体废物综合利用率"（$X_{23}$）障碍度的影响，以年均约 1.22% 的速度下降，2016 年后，虽然 $X_{22}$ 的障碍度出现了年均约为 10.76% 的涨幅，但是由于"单位工业增加值废水排放"（$X_{21}$）和"工业固体废物综合利用率"（$X_{23}$）的障碍度分别以年均约 11.19% 和 14.05% 的速度下降，使 $X_2$ 的障碍度在 2015 年后仍呈现下降趋势，其年均下降速度约为 2.99%；"工业增长质量"（$X_3$）的障碍度则呈现较为明显的上升趋势，从其内部指标来看，除了"科技投入强度"（$X_{32}$）障碍度在整体上以年均约 1.12% 的速度下降外，其他指标的障碍度均在整体上呈现上升趋势。

表 4 – 21　　　　　2012 ~ 2018 年秦皇岛市工业绿色区域协同障碍度

| 指标 | | 2012 年 | 2013 年 | 2014 年 | 2015 年 | 2016 年 | 2017 年 | 2018 年 | 次数 | 频率（%） | 时间加权 | 排名 |
|---|---|---|---|---|---|---|---|---|---|---|---|---|
| $X_1$ | $X_{11}$ | 6.43 | 5.63 | 6.38 | 6.24 | 6.49 | 6.25 | 6.01 | 0 | 0 | 6.19 | 7 |
| | $X_{12}$ | **12.62** | **11.71** | **13.56** | **13.27** | **13.77** | **14.64** | **14.02** | 7 | 100 | 13.79 | 4 |
| | $X_{13}$ | 5.79 | 5.28 | 5.73 | 5.23 | 5.20 | 5.15 | 4.84 | 0 | 0 | 5.16 | 8 |
| | 合计 | 24.84 | 22.62 | 25.67 | 24.74 | 25.46 | 26.04 | 24.87 | — | | 25.14 | **3** |
| $X_2$ | $X_{21}$ | **13.94** | **13.70** | **16.59** | **20.45** | **17.18** | **15.08** | **14.27** | 7 | 100 | 15.79 | 2 |
| | $X_{22}$ | **22.39** | **20.89** | **18.62** | **16.56** | **21.89** | **21.88** | **21.91** | 7 | 100 | 20.96 | 1 |
| | $X_{23}$ | 10.61 | **12.03** | 9.85 | 8.21 | 5.89 | 5.82 | 5.08 | 1 | 14.29 | 6.80 | 6 |
| | 合计 | 46.94 | 46.62 | 45.06 | 45.22 | 44.96 | 42.78 | 41.26 | — | | 43.55 | **1** |

续表

| 指标 | | 2012 年 | 2013 年 | 2014 年 | 2015 年 | 2016 年 | 2017 年 | 2018 年 | 次数 | 频率（%） | 时间加权 | 排名 |
|------|------|------|------|------|------|------|------|------|------|------|------|------|
| $X_3$ | $X_{31}$ | 1.19 | 7.47 | 3.19 | 3.22 | 1.98 | 4.21 | 6.08 | 0 | 0 | 4.29 | 9 |
| | $X_{32}$ | **14.93** | **12.03** | **12.81** | **12.26** | **12.99** | **12.39** | **13.53** | 7 | 100 | 12.95 | 5 |
| | $X_{33}$ | **12.10** | 11.27 | **13.28** | **14.57** | **14.60** | **14.58** | **14.27** | 6 | 85.71 | 14.06 | 3 |
| | 合计 | 28.22 | 30.77 | 29.28 | 30.05 | 29.57 | 31.18 | 33.88 | | — | 31.30 | 2 |

注：表中字母代表的指标见表 3 - 1。

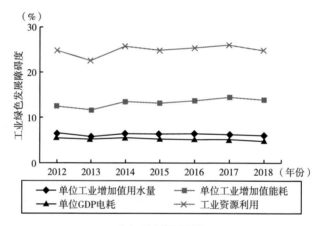

（a）工业资源利用

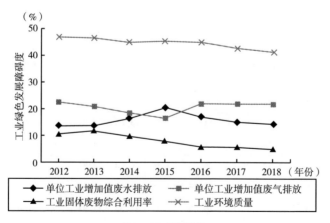

（b）工业环境质量

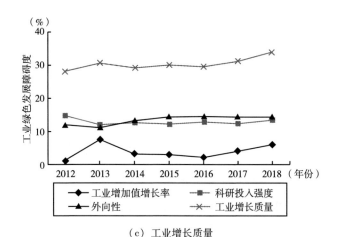

（c）工业增长质量

**图 4-21　秦皇岛市工业绿色区域协同各指标障碍度变化**

从出现频率高低排名来看，"单位工业增加值能耗"（$X_{12}$）、"单位工业增加值废水排放"（$X_{21}$）、"单位工业增加值废气排放"（$X_{22}$）和"科技投入强度"（$X_{32}$）在 2012～2018 年出现频率均为 100%；"外向性"（$X_{33}$）分别在 2012 年和 2014～2018 年排名前五，出现频率约为 85.71%；"工业固体废物综合利用率"（$X_{23}$）仅在 2013 年排名进入前五，出现频率约为 14.29%；"单位工业增加值用水量"（$X_{11}$）、"单位 GDP 电耗"（$X_{13}$）和"工业增加值增长率"（$X_{31}$）则在研究期间出现频率均为 0。分析排名前五位的障碍因子发生变化的原因可知，"十二五"规划期间，"绿色发展指标"被纳入考核体系，再加上 2015 年"绿色发展"理念的提出，各市积极提高工业固体废物综合利用率，使秦皇岛市与其他市之间的差距缩小，尤其是工业固体废物综合利用率始终最低的承德市开始出现了明显的上升趋势，使该因子对秦皇岛市工业绿色区域协同的阻碍作用减小；至于单位工业增加值能耗则与北京市转移非首都功能产业密切相关，使秦皇岛市与北京市的差距始终较大。

（2）时间加权障碍度。

从时间加权障碍度进一步分析可知，出现频率约为 85.71% 的"外向性"（$X_{33}$）的时间加权障碍度排名超过了出现频率均为 100% 的"单位工业增加值能耗"（$X_{12}$）和"科技投入强度"（$X_{32}$）。分析原因可知，作为海港城市的秦皇岛市，其外向性水平年均约为 6.63%，居于河北省首位，仅次于北京市和天津市，而河北省其他 10 市的外向性年均水平均在 3% 以下，可知秦皇岛市与其他市尤其是河北省其他 10 市之间的差距较大，且在近年有扩大趋势，导致其时间加权障碍度也较大。

### 4.3.2.6 邯郸市工业绿色区域协同水平的障碍因素诊断

（1）时点障碍度。

如表 4-22、图 4-22 所示，邯郸市"工业资源利用"（$X_1$）障碍度受其内部指标"单位工业增加值用水量"（$X_{11}$）、"单位工业增加值能耗"（$X_{12}$）和"单位 GDP 电耗"（$X_{13}$）的障碍度在整体上均波动较小的影响，整体呈现小幅上升的趋势，年均上升速度约为 0.26%，其内部指标"单位工业增加值能耗"（$X_{12}$）的障碍度也以年均约 0.76% 的速度上升，"单位工业增加值用水量"（$X_{11}$）和"单位 GDP 电耗"（$X_{13}$）的障碍度则分别以年均约 0.04% 和 0.70% 的速度小幅下降；"工业环境质量"（$X_2$）障碍度在 2015 年以前受其内部指标的障碍度的影响而在整体上以年均约 2.68% 的速度下降，但"单位工业增加值废气排放"（$X_{22}$）障碍度在 2016 年出现了约为 26.33% 的涨幅，而且在随后各年以年均约 8.54% 的速度上升，这使 $X_2$ 的障碍度在 2016 年后同样出现上升的趋势；"工业增长质量"（$X_3$）障碍度则呈现波动上升的趋势，年均上升速度约为 0.93%，虽然"外向性"（$X_{33}$）障碍度以年均约 3.73% 的速度下降，但由于"工业增加值增长率"（$X_{31}$）和"科技投入强度"（$X_{32}$）的障碍度分别以年均约 35.88% 和 0.71% 的速度上升，使"工业增长质量"（$X_3$）的障碍度在整体上小幅上升。

表 4-22　　　　　2012~2018 年邯郸市工业绿色区域协同障碍度　　　　单位：%

| 指标 | | 2012 年 | 2013 年 | 2014 年 | 2015 年 | 2016 年 | 2017 年 | 2018 年 | 次数 | 频率（%） | 时间加权 | 排名 |
|---|---|---|---|---|---|---|---|---|---|---|---|---|
| $X_1$ | $X_{11}$ | 7.07 | 7.36 | 7.60 | 7.23 | 7.33 | 6.87 | 7.02 | 0 | 0 | 7.13 | 6 |
| | $X_{12}$ | **15.74** | **16.61** | **16.80** | **17.58** | **17.74** | **16.49** | **16.39** | 7 | 100 | 16.79 | 2 |
| | $X_{13}$ | 5.71 | 6.13 | 6.26 | 5.99 | 6.01 | 5.78 | 5.44 | 0 | 0 | 5.79 | 8 |
| | 合计 | 28.52 | 30.10 | 30.66 | 30.80 | 31.08 | 29.14 | 28.85 | — | | 29.71 | **2** |

续表

| 指标 | | 2012 年 | 2013 年 | 2014 年 | 2015 年 | 2016 年 | 2017 年 | 2018 年 | 次数 | 频率（%） | 时间加权 | 排名 |
|---|---|---|---|---|---|---|---|---|---|---|---|---|
| $X_2$ | $X_{21}$ | **18.55** | **17.00** | **17.58** | **17.41** | **14.13** | **15.88** | **14.42** | 7 | 100 | 15.65 | 3 |
| | $X_{22}$ | **19.30** | **20.12** | **20.02** | **18.96** | **23.95** | **23.29** | **23.77** | 7 | 100 | 22.40 | 2 |
| | $X_{23}$ | 7.60 | 6.74 | 6.39 | 5.49 | 6.16 | 6.01 | 5.74 | 0 | 0 | 6.04 | 7 |
| | 合计 | 45.45 | 43.86 | 43.99 | 41.86 | 44.24 | 45.18 | 43.93 | — | | 44.09 | **1** |
| $X_3$ | $X_{31}$ | 1.25 | 3.41 | 3.15 | 3.24 | 2.29 | 3.64 | 4.28 | 0 | 0 | 3.41 | 9 |
| | $X_{32}$ | **15.31** | **13.77** | **13.39** | **14.08** | **14.13** | **13.54** | **15.67** | 7 | 100 | 14.44 | 4 |
| | $X_{33}$ | **9.46** | **8.88** | **8.80** | **10.03** | **8.25** | **8.50** | **7.26** | 7 | 100 | 8.34 | 5 |
| | 合计 | 26.02 | 26.06 | 25.34 | 27.35 | 24.67 | 25.68 | 27.21 | — | | 26.19 | **3** |

注：表中字母代表的指标见表 3 – 1。

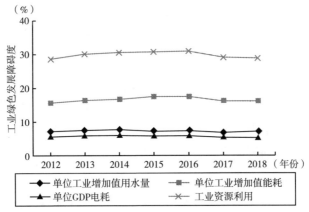

（a）工业资源利用

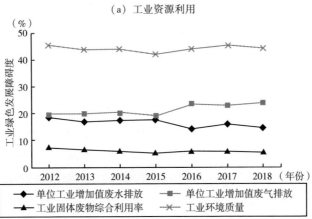

（b）工业环境质量

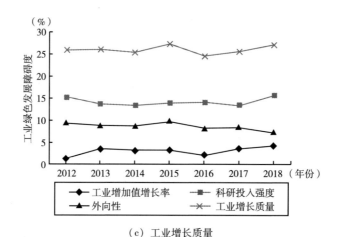

（c）工业增长质量

**图 4 - 22　邯郸市工业绿色区域协同各指标障碍度变化**

从出现频率高低排名来看，"单位工业增加值能耗"（$X_{12}$）、"单位工业增加值废水排放"（$X_{21}$）、"单位工业增加值废气排放"（$X_{22}$）、"科技投入强度"（$X_{32}$）和"外向性"（$X_{33}$）出现频率均为100%，在2012～2018年排名均位于前五；"单位工业增加值用水量"（$X_{11}$）、"单位 GDP 电耗"（$X_{13}$）、"工业固体废物综合利用率"（$X_{23}$）和"工业增加值增长率"（$X_{31}$）在研究期间排名均未进入前五，出现频率均为0。

（2）时间加权障碍度。

从时间加权障碍度进一步考察可知，各因子时间加权障碍度排名与按照出现频率高低所得的排名基本上保持一致，由此可知，影响邯郸市工业绿色区域协同的障碍因子长期以来较为稳定。分析原因可知，邯郸市年均单位工业增加值能耗仅次于唐山市，约为 1.93 吨标准煤/万元，与其他市之间的差距始终较大；虽然其单位工业增加值废水排放在研究期间年均仅约为 2.99吨/万元，但是由于邢台市年均单位工业增加值废水排放高达约 11.92 吨/万元，因而单位工业增加值废水排放同样对当地工业绿色区域协同产生较大的阻碍；除此之外，"绿色发展"理念提出以来，邯郸市的工业废气排放总量开始减少，由 2014 年以前以年均约 6.17% 的速度上升转变为以年均约29.84% 的速度下降，但是其年均单位工业增加值废气排放仍高达约 167.51吨/亿元，与北京市约为 13.16 吨/亿元的差距仍较大，而且其作为河北省的一个内陆城市，在吸引和利用外资等方面能力较弱。

### 4.3.2.7  邢台市工业绿色区域协同水平的障碍因素诊断

（1）时点障碍度。

如表 4－23、图 4－23 所示，邢台市的"工业资源利用"（$X_1$）障碍度与其内部指标"单位工业增加值能耗"（$X_{12}$）和"单位 GDP 电耗"（$X_{13}$）的障碍度均呈整体上升的趋势，其年均上升速度分别约为 1.89%、1.61% 和 5.40%，虽然"单位工业增加值用水量"（$X_{11}$）障碍度以年均约 1.31% 的速度下降，但是由于其障碍度较低，因而对"工业资源利用"（$X_1$）的影响有限；"工业环境质量"（$X_2$）障碍度在整体上呈现波动上升的趋势，年均上升速度约为 0.76%，虽然"单位工业增加值废水排放"（$X_{21}$）和"工业固体废物综合利用率"（$X_{23}$）的障碍度分别以年均约 2.07% 和 1.18% 的速度下降，但是"单位工业增加值废气排放"（$X_{22}$）障碍度在整体上以年均约 4.47% 的速度上升，所以"工业环境质量"（$X_2$）的障碍度在研究期间整体出现小幅上升；"工业增长质量"（$X_3$）障碍度则呈现"W"形变动，在 2017 年前更多地受到"外向性"（$X_{33}$）障碍度的影响，与其波动趋势相似，但是由于"科技投入强度"（$X_{32}$）的障碍度在 2018 年出现了幅度约为 29.10% 的上升趋势，使"工业增长质量"（$X_3$）的障碍度在 2018 年同样出现了幅度约为 7.65% 的上升。

表 4－23　　　　　**2012～2018 年邢台市工业绿色区域协同障碍度**　　　　单位：%

| 指标 | | 2012 年 | 2013 年 | 2014 年 | 2015 年 | 2016 年 | 2017 年 | 2018 年 | 次数 | 频率（%） | 时间加权 | 排名 |
|---|---|---|---|---|---|---|---|---|---|---|---|---|
| $X_1$ | $X_{11}$ | 7.07 | 7.81 | 7.85 | 7.34 | 7.38 | 6.64 | 6.45 | 0 | 0 | 6.97 | 7 |
| | $X_{12}$ | **12.62** | **13.99** | **14.00** | **13.83** | **13.74** | **13.78** | **13.82** | 7 | 100 | 13.78 | 4 |
| | $X_{13}$ | 6.57 | 7.36 | 7.64 | 7.51 | **8.33** | **8.46** | **8.95** | 3 | 42.86 | 8.26 | 5 |
| | 合计 | 26.26 | 29.16 | 29.49 | 28.68 | 29.45 | 28.88 | 29.22 | — | | 29.01 | **2** |
| $X_2$ | $X_{21}$ | **17.88** | **19.58** | **20.26** | **19.75** | **20.00** | **18.68** | **15.40** | 7 | 100 | 18.16 | 2 |
| | $X_{22}$ | **17.31** | **19.20** | **18.83** | **19.10** | **22.32** | **21.88** | **22.21** | 7 | 100 | 21.11 | 1 |
| | $X_{23}$ | 7.51 | 6.80 | 6.28 | 5.16 | 5.60 | 6.00 | 6.73 | 0 | 0 | 6.20 | 8 |
| | 合计 | 42.70 | 45.58 | 45.37 | 44.01 | 47.92 | 46.56 | 44.34 | — | | 45.47 | **1** |

续表

| 指标 | | 2012 年 | 2013 年 | 2014 年 | 2015 年 | 2016 年 | 2017 年 | 2018 年 | 次数 | 频率（%） | 时间加权 | 排名 |
|---|---|---|---|---|---|---|---|---|---|---|---|---|
| $X_3$ | $X_{31}$ | 1.83 | 2.89 | 3.69 | 3.29 | 2.32 | 4.10 | 3.80 | 0 | 0 | 3.42 | 9 |
| | $X_{32}$ | **14.53** | **13.55** | **12.87** | **13.20** | **12.78** | **12.51** | **16.15** | 7 | 100 | 13.94 | 3 |
| | $X_{33}$ | **14.69** | **8.82** | **8.59** | **10.83** | 7.52 | 7.95 | 6.49 | 4 | 57.14 | 8.16 | 6 |
| | 合计 | 31.05 | 25.26 | 25.15 | 27.32 | 22.62 | 24.56 | 26.44 | | — | 25.52 | **3** |

注：表中字母代表的指标见表 3 - 1。

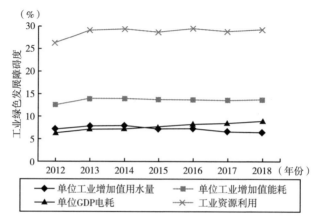

（a）工业资源利用

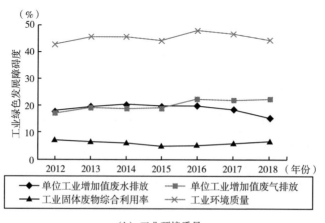

（b）工业环境质量

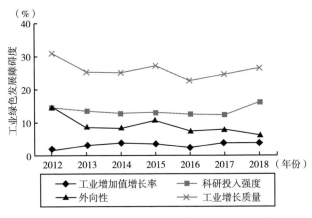

（c）工业增长质量

**图 4 - 23　邢台市工业绿色区域协同各指标障碍度变化**

从出现频率高低排名来看，"单位工业增加值能耗"（$X_{12}$）、"单位工业增加值废水排放"（$X_{21}$）、"单位工业增加值废气排放"（$X_{22}$）和"科技投入强度"（$X_{32}$）在 2012 ~ 2018 年排名均位于前五，出现频率均为 100%；"外向性"（$X_{33}$）主要在 2012 ~ 2014 年排名进入前五，出现频率约为 57.14%，2015 年以后其障碍度降至 7% 以下；"单位 GDP 电耗"（$X_{13}$）则从 2015 年排名开始上升，并在 2015 ~ 2018 年排名稳定于第五位，出现频率约为 42.86%；而"单位工业增加值用水量"（$X_{11}$）、"工业固体废物综合利用率"（$X_{23}$）和"工业增加值增长率"（$X_{31}$）在研究期间排名均未进入前五，出现频率均为 0。

（2）时间加权障碍度。

从时间加权障碍度进一步考察可知，由于"单位 GDP 电耗"（$X_{13}$）障碍度自 2016 年以来稳居第五位，使出现频率约为 42.86% 的"单位 GDP 电耗"（$X_{13}$）超过了出现频率约为 57.14% 的"外向性"（$X_{33}$），时间加权障碍度排名第五位。分析原因可知，这与邢台市的外向性水平在 2016 年后与其他市之间的差距进一步缩小有关。例如，天津市在 2017 年后由于新批外商投资企业数量显著下降，使其外向性由原本约 18.1% 的水平骤降至约3%，年均下降幅度达到约 58.9%；而北京市在 2018 年也由于信息传输、计算及服务和批发零售业等行业的实际利用外资金额降幅高达约 65.69%，使其外向性在 2018 年降至约 14.51% 的水平，这便使邢台市的外向性与其差距出现了缩小的情况。

### 4.3.2.8 保定市工业绿色区域协同水平的障碍因素诊断

（1）时点障碍度。

如表 4-24、图 4-24 所示，保定市"工业资源利用"（$X_1$）障碍度在 2016 年以前较为稳定，以年均约 0.31% 的速度上升，但是在 2017 年后，由于其内部指标的障碍度均出现了不同程度的波动，使"工业资源利用"（$X_1$）的障碍度也开始波动变化，其中"单位工业增加值用水量"（$X_{11}$）、"单位工业增加值能耗"（$X_{12}$）和"单位 GDP 电耗"（$X_{13}$）的障碍度在当年分别出现约为 16.03%、13.95% 和 10.42% 的降幅，随后又分别以约为 12.42%、13.84% 和 3.23% 的速度上升；"工业环境质量"（$X_2$）由于其内部指标"单位工业增加值废水排放"（$X_{21}$）、"单位工业增加值废气排放"（$X_{22}$）和"工业固体废物综合利用率"（$X_{23}$）的障碍度分别以年均约 1.66%、4.45% 和 5.99% 的速度上升而同样呈整体上升的趋势，其年均上升速度约为 1.59%，不过在 2016 年后受到"工业固体废物综合利用率"（$X_{23}$）的影响，"工业环境质量"（$X_2$）的障碍度也开始小幅波动；"工业增长质量"（$X_3$）障碍度则由于其内部指标"科技投入强度"（$X_{32}$）和"外向性"（$X_{33}$）的障碍度均呈整体下降的趋势而以年均约 1.37% 的速度下降，其中 $X_{32}$ 和 $X_{33}$ 的年均下降幅度分别约为 1.75% 和 4.87%，虽然"工业增加值增长率"（$X_{31}$）障碍度以年均约 23.62% 的速度上升，但是由于其障碍度较小，所以对"工业增长质量"（$X_3$）障碍度的影响有限。

表 4-24  2012~2018 年保定市工业绿色区域协同的障碍度  单位:%

| 指标 | | 2012 年 | 2013 年 | 2014 年 | 2015 年 | 2016 年 | 2017 年 | 2018 年 | 次数 | 频率（%） | 时间加权 | 排名 |
|---|---|---|---|---|---|---|---|---|---|---|---|
| $X_1$ | $X_{11}$ | 8.38 | 8.05 | 7.88 | 7.72 | **7.86** | 6.60 | **7.42** | 2 | 28.57 | 7.46 | 5 |
| | $X_{12}$ | **14.70** | **14.39** | **15.55** | **16.07** | **15.70** | **13.51** | **15.38** | 7 | 100 | 15.02 | 3 |
| | $X_{13}$ | 6.04 | 6.30 | 6.06 | 5.69 | 5.18 | 4.64 | 4.79 | 0 | 0 | 5.18 | 8 |
| | 合计 | 29.12 | 28.74 | 29.49 | 29.48 | 28.74 | 24.75 | 27.59 | — | | 27.66 | **2** |

续表

| 指标 | | 2012 年 | 2013 年 | 2014 年 | 2015 年 | 2016 年 | 2017 年 | 2018 年 | 次数 | 频率（%） | 时间加权 | 排名 |
|---|---|---|---|---|---|---|---|---|---|---|---|---|
| $X_2$ | $X_{21}$ | 15.14 | 15.14 | 15.27 | 14.60 | 12.63 | 13.08 | 16.14 | 7 | 100 | 14.53 | 4 |
| | $X_{22}$ | 19.73 | 19.85 | 20.72 | 22.38 | 24.93 | 22.65 | 25.24 | 7 | 100 | 23.33 | 1 |
| | $X_{23}$ | 7.90 | 6.95 | 6.73 | 5.16 | 5.79 | 12.80 | 5.27 | 1 | 14.29 | 7.36 | 7 |
| | 合计 | 42.77 | 41.94 | 42.72 | 42.14 | 43.35 | 48.53 | 46.65 | | — | 45.22 | **1** |
| $X_3$ | $X_{31}$ | 1.38 | 2.39 | 2.81 | 2.95 | 2.94 | 5.20 | 3.61 | 0 | 0 | 3.54 | 9 |
| | $X_{32}$ | 17.62 | 18.38 | 16.82 | 16.67 | 17.43 | 14.56 | 15.50 | 7 | 100 | 16.12 | 2 |
| | $X_{33}$ | 9.09 | 8.55 | 8.17 | 8.77 | 7.54 | 6.96 | 6.65 | 4 | 57.14 | 7.46 | 5 |
| | 合计 | 28.09 | 29.32 | 27.80 | 28.39 | 27.91 | 26.72 | 25.76 | | — | 27.12 | **3** |

注：表中字母代表的指标见表 3 – 1。

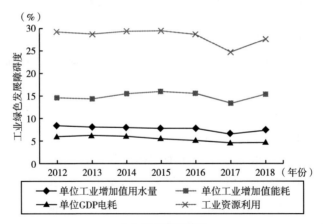

（a）工业资源利用

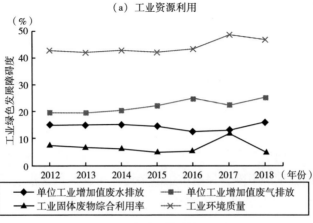

（b）工业环境质量

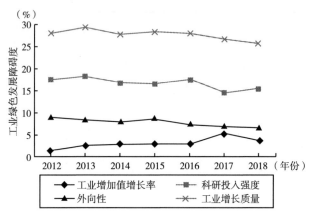

（c）工业增长质量

**图 4-24 保定市工业绿色区域协同各指标障碍度变化**

从出现频率高低排名来看，"单位工业增加值能耗"（$X_{12}$）、"单位工业增加值废水排放"（$X_{21}$）、"单位工业增加值废气排放"（$X_{22}$）和"科技投入强度"（$X_{32}$）在 2012～2018 年排名均位于前五，出现频率均为 100%；"外向性"（$X_{33}$）则在 2015 年以前排名主要位于前五，出现频率约为 57.14%；"单位工业增加值用水量"（$X_{11}$）在 2016 年和 2018 年排名出现上升，进入前五，出现频率约为 28.57%；"工业固体废物综合利用率"（$X_{23}$）的障碍度在 2017 年出现了约为 121.07% 的涨幅，排名上升至第五位，出现频率约为 14.29%；而"单位 GDP 电耗"（$X_{13}$）和"工业增加值增长率"（$X_{31}$）在研究期间排名均未进入前五，出现频率均为 0。

（2）时间加权障碍度。

从时间加权障碍度进一步考察可知，出现频率约为 28.57% 的"单位工业增加值用水量"（$X_{11}$）的时间加权障碍度排名与出现频率约为 57.14% 的"外向性"（$X_{33}$）一样，均位于第五。分析原因可知，一方面是由于北京市和天津市在近年的实际利用外资金额出现下降，使保定市与该两市之间的差距缩小；另一方面也是由于"绿色发展"理念提出以来，各市的工业用水量均出现了不同程度的下降，保定市也以年均约 4.96% 的速度呈下降趋势，与年均工业增加值用水量最小的廊坊市（约 5.47 立方米/万元）的差距逐渐缩小。

#### 4.3.2.9 张家口市工业绿色区域协同水平的障碍因素诊断

（1）时点障碍度。

如表 4-25、图 4-25 所示，张家口市"工业资源利用"（$X_1$）障碍度受其内部指标障碍度均呈下降趋势的影响而以年均约 2.12% 的速度下降，其中"单位工业增加值用水量"（$X_{11}$）、"单位工业增加值能耗"（$X_{12}$）和"单位 GDP 电耗"（$X_{13}$）的障碍度则分别以年均约为 0.57%、2.34% 和 3.36% 的速度下降；"工业环境质量"（$X_2$）障碍度以年均约 2.42% 的速度下降，从其内部指标来看，虽然"单位工业增加值废气排放"（$X_{22}$）障碍度在 2015 年后开始以年均约 4.54% 的速度上升，但是由于"单位工业增加值废水排放"（$X_{21}$）的障碍度出现了更为明显的下降趋势，其年均下降幅度约为 8.68%，使 $X_2$ 的障碍度仍然保持着小幅下降的趋势；"工业增长质量"（$X_3$）障碍度与其内部指标"工业增加值增长率"（$X_{31}$）和"科技投入强度"（$X_{32}$）的障碍度均呈较为显著的阶梯状上升的趋势，其年均上升速度分别约为 6.49%、42.52% 和 8.02%，虽然"外向性"（$X_{33}$）的障碍度以年均约 6.49% 的速度下降，但是对 $X_3$ 的影响有限。

表 4-25　　　　2012～2018 年张家口市工业绿色区域协同障碍度　　　　单位:%

| 指标 | | 2012 年 | 2013 年 | 2014 年 | 2015 年 | 2016 年 | 2017 年 | 2018 年 | 次数 | 频率（%） | 时间加权 | 排名 |
|---|---|---|---|---|---|---|---|---|---|---|---|
| $X_1$ | $X_{11}$ | 7.14 | 7.77 | 8.16 | 9.22 | 7.91 | 7.92 | 6.64 | 0 | 0 | 7.65 | 6 |
| | $X_{12}$ | 14.93 | 15.18 | 15.62 | 15.09 | 13.73 | 14.11 | 12.84 | 7 | 100 | 14.00 | 3 |
| | $X_{13}$ | 5.39 | 5.80 | 5.85 | 5.90 | 5.37 | 5.10 | 4.31 | 0 | 0 | 5.11 | 8 |
| | 合计 | 27.46 | 28.75 | 29.63 | 30.21 | 27.01 | 27.13 | 23.79 | — | | 26.76 | **3** |
| $X_2$ | $X_{21}$ | 14.06 | 14.26 | 15.09 | 14.50 | 13.02 | 12.07 | 11.04 | 7 | 100 | 12.67 | 4 |
| | $X_{22}$ | 17.22 | 17.81 | 17.07 | 16.85 | 19.42 | 20.17 | 19.06 | 7 | 100 | 18.78 | 1 |
| | $X_{23}$ | 16.61 | 16.08 | 15.24 | 11.03 | 9.25 | 9.87 | 11.05 | 7 | 100 | 11.39 | 5 |
| | 合计 | 47.89 | 48.15 | 47.40 | 42.38 | 41.69 | 42.11 | 41.15 | — | | 42.84 | **1** |
| $X_3$ | $X_{31}$ | 1.18 | 2.08 | 2.66 | 2.97 | 5.68 | 4.49 | 7.59 | 0 | 0 | 5.02 | 9 |
| | $X_{32}$ | 14.48 | 12.22 | 12.41 | 15.98 | 18.87 | 18.91 | 21.77 | 7 | 100 | 18.30 | 2 |
| | $X_{33}$ | 8.99 | 8.79 | 7.89 | 8.46 | 6.74 | 7.36 | 5.70 | 0 | 0 | 7.08 | 7 |
| | 合计 | 24.65 | 23.09 | 22.96 | 27.41 | 31.29 | 30.76 | 35.06 | — | | 30.40 | **2** |

注：表中字母代表的指标见表 3-1。

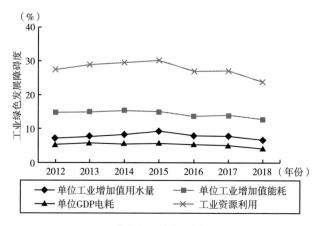

（a）工业资源利用

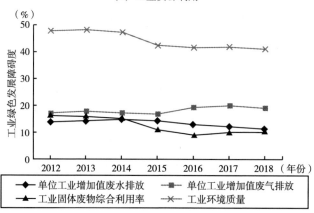

（b）工业环境质量

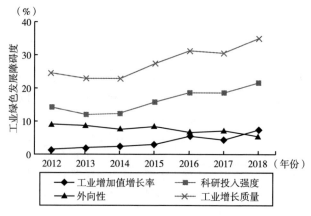

（c）工业增长质量

**图 4 − 25　张家口市工业绿色区域协同各指标障碍度变化**

从出现频率高低排名来看，"单位工业增加值能耗"（$X_{12}$）、"单位工业增加值废水排放"（$X_{21}$）、"单位工业增加值废气排放"（$X_{22}$）、"工业固体废物综合利用率"（$X_{23}$）和"科技投入强度"（$X_{32}$）出现频率均为100%，在2012～2018年排名位于前五；而"单位工业增加值用水量"（$X_{11}$）、"单位GDP电耗"（$X_{13}$）、"工业增加值增长率"（$X_{31}$）和"外向性"（$X_{33}$）则在研究期间排名均未进入前五，出现频率均为0。

（2）时间加权障碍度。

从时间加权障碍度进一步考察可知，各指标的时间加权障碍度排名按照出现频率高低所得的排名基本上保持一致，因此同样可以推断，影响张家口市工业绿色区域协同的障碍因子长期以来较为稳定。分析原因可知，虽然张家口市的第三产业占比（约43.7%）已超过第二产业（约42.55%），但是由于其国际休闲运动旅游区和生态文明先行示范区的城市定位，使其工业长久以来未形成规模经济，致使能源消耗较大，而且毗邻京津的张家口还致力于打造京津生态屏障，因而科技投入强度有限；在废水、废气和固体废物处理方面成效较小则是一方面由于其工业化进程不深入、技术水平有限的原因，另一方面也与其近年着力打造"奥运新城"，大力建设基础设施有一定关系，使其减排速度有所下降。

### 4.3.2.10　承德市工业绿色区域协同水平的障碍因素诊断

（1）时点障碍度。

如表4-26、图4-26所示，承德市"工业资源利用"（$X_1$）障碍度与其内部指标"单位工业增加值用水量"（$X_{11}$）和"单位工业增加值能耗"（$X_{12}$）的障碍度均呈整体上升趋势，其年均上升速度分别约为0.78%、2.62%和1.22%，虽然"单位GDP电耗"（$X_{13}$）的障碍度以年均约3%的速度下降，但是由于其障碍度明显小于$X_{11}$和$X_{12}$，使其对$X_1$的影响有限；"工业环境质量"（$X_2$）障碍度在整体上以年均约2.15%的速度下降，从其内部指标来看，"单位工业增加值废水排放"（$X_{21}$）和"工业固体废物综合利用率"（$X_{23}$）的障碍度在整体上均呈下降趋势，其下降速度分别约为6.31%和4.01%，虽然"单位工业增加值废气排放"（$X_{22}$）障碍度在2016年后开始以年均约11.60%的速度上升，但是$X_{21}$出现了加速下降的情况，使$X_2$的障碍度仍保持着下降的趋势；"工业增长质量"（$X_3$）障碍度受其内部指标的障碍度的影响，在整体上以年均约4.23%的速度呈现波动上升的趋势，从其内部指标来看，"工业增加值增长率"（$X_{31}$）、"科技投入强度"（$X_{32}$）和"外向性"（$X_{33}$）的上升速度分别约为36.59%、2.69%和4.31%，不过由于$X_{33}$的障碍度较大，使其变动对$X_3$产生较大的影响。

表4-26　　　　　2012～2018年承德市工业绿色区域协同障碍度　　　　单位:%

| 指标 | | 2012年 | 2013年 | 2014年 | 2015年 | 2016年 | 2017年 | 2018年 | 次数 | 频率（%） | 时间加权 | 排名 |
|---|---|---|---|---|---|---|---|---|---|---|---|---|
| $X_1$ | $X_{11}$ | 8.10 | 8.27 | 9.08 | 10.66 | 10.64 | 10.03 | 9.26 | 0 | 0 | 9.69 | 7 |
| | $X_{12}$ | 10.58 | 10.29 | 10.74 | 11.21 | 11.55 | 11.46 | 11.35 | 6 | 85.71 | 11.24 | 5 |
| | $X_{13}$ | 5.10 | 5.08 | 5.56 | 4.78 | 4.77 | 4.67 | 4.17 | 0 | 0 | 4.66 | 8 |
| | 合计 | 23.78 | 23.64 | 25.38 | 26.65 | 26.96 | 26.16 | 24.78 | | — | 25.59 | **3** |
| $X_2$ | $X_{21}$ | 16.55 | 13.89 | 14.77 | 15.80 | 12.45 | 8.63 | 10.08 | 6 | 85.71 | 11.72 | 4 |
| | $X_{22}$ | 14.53 | 14.24 | 13.99 | 14.16 | 17.96 | 19.61 | 19.37 | 7 | 100 | 17.61 | 1 |
| | $X_{23}$ | 21.80 | 21.20 | 21.78 | 17.65 | 16.37 | 15.19 | 16.61 | 7 | 100 | 17.31 | 2 |
| | 合计 | 52.88 | 49.33 | 50.54 | 47.61 | 46.78 | 43.43 | 46.06 | | — | 46.64 | **1** |
| $X_3$ | $X_{31}$ | 1.18 | 1.90 | 2.38 | 3.07 | 2.23 | 2.63 | 5.62 | 0 | 0 | 3.42 | 9 |
| | $X_{32}$ | 12.13 | 11.07 | 11.34 | 13.39 | 14.08 | 12.74 | 13.85 | 7 | 100 | 13.13 | 3 |
| | $X_{33}$ | 10.05 | 14.06 | 10.37 | 9.27 | 9.95 | 15.03 | 9.68 | 2 | 28.57 | 11.21 | 6 |
| | 合计 | 23.36 | 27.03 | 24.09 | 25.73 | 26.26 | 30.40 | 29.15 | | — | 27.76 | **2** |

注：表中字母代表的指标见表3-1。

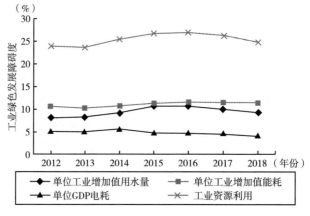

（a）工业资源利用

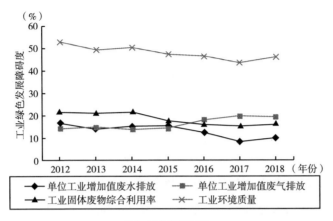

（b）工业环境质量

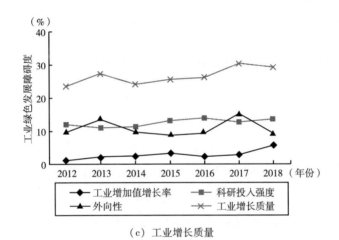

（c）工业增长质量

**图 4－26　承德市工业绿色区域协同各指标障碍度变化**

从出现频率高低排名来看，"单位工业增加值废气排放"（$X_{22}$）、"工业固体废物综合利用率"（$X_{23}$）和"科技投入强度"（$X_{32}$）在 2012～2018 年排名均位于前五，出现频率均为 100%；"单位工业增加值能耗"（$X_{12}$）和"单位工业增加值废水排放"（$X_{21}$）除了分别在 2013 年和 2017 年排名降至第六、第七以外，在其他年份均位于前五，其出现频率均约为 85.71%；"外向性"（$X_{33}$）则分别在 2013 年和 2017 年排名上升至前五位，出现频率约为28.57%；而"单位工业增加值用水量"（$X_{11}$）、"单位 GDP 电耗"（$X_{13}$）和"工业增加值增长率"（$X_{31}$）在研究期间排名均未进入前五，出现频率均为 0。

（2）时间加权障碍度。

从时间加权障碍度进一步考察可知，各指标的时间加权障碍度排名与按照出现频率高低所得排名基本上保持一致，这也意味着，虽然排名前五的障碍因子在研究期间出现了一定的变动，但是从长期来看，对其整体排名的影响有限。分析原因可知，在产业结构方面，虽然承德市第二产业比重较小，但是制造业中黑色金属工业占比高达约60.93%，仅次于唐山市，这使其对于能源的消耗较高，再加上技术投入有限，使其工业废水和废气排放量仍居高不下，工业固体废物综合利用率始终较低，其年均单位工业增加值废水排放和废气排放分别约为2.33吨/万元和158.94吨/亿元，而工业固体废物综合利用率则以年均约16.98%的水平在京津冀13市中居于末位，且与倒数第二位的张家口市（约为46.66%）尚存在较大差距。

### 4.3.2.11 沧州市工业绿色区域协同水平的障碍因素诊断

（1）时点障碍度。

如表4-27、图4-27所示，沧州市"工业资源利用"（$X_1$）障碍度与其内部指标"单位工业增加值用水量"（$X_{11}$）、"单位工业增加值能耗"（$X_{12}$）的障碍度均在整体上呈现上升的趋势，其年均上升速度分别约为0.75%、1.88%和2.95%，虽然"单位GDP电耗"（$X_{13}$）的障碍度以年均约3.75%的速度下降，但是由于其障碍度始终较小，使其对$X_1$的影响有限；"工业环境质量"（$X_2$）的障碍度整体以年均约0.26%的速度上升，虽然在2016年"单位工业增加值废水排放"（$X_{21}$）的障碍度出现了约为18.85%的降幅，但是由于当年"单位工业增加值废气排放"（$X_{22}$）和"工业固体废物综合利用率"（$X_{23}$）的障碍度分别出现了约为8.71%和69.71%的升幅，使$X_2$的障碍度在当年仍然保持约为6.87%的涨幅，随后开始呈现小幅回落趋势；"工业增长质量"（$X_3$）主要由于其内部指标"科技投入强度"（$X_{32}$）的障碍度以年均约3.45%的速度下降而同样呈现下降趋势，其年均下降速度约为0.79%，虽然"工业增加值增长率"（$X_{31}$）的障碍度在研究期间涨幅较大，年均上升速度约为23.13%，但是由于其障碍度较小，因而对$X_3$产生的影响有限。

| 表 4 – 27 | | 2012 ~ 2018 年沧州市工业绿色区域协同障碍度 | | | | | | | | 单位：% | |
|---|---|---|---|---|---|---|---|---|---|---|---|
| 指标 | | 2012 年 | 2013 年 | 2014 年 | 2015 年 | 2016 年 | 2017 年 | 2018 年 | 次数 | 频率（%） | 时间加权 | 排名 |
| $X_1$ | $X_{11}$ | 7.28 | 7.22 | 6.57 | 6.40 | 6.68 | 7.43 | 8.03 | 0 | 0 | 7.28 | 7 |
| | $X_{12}$ | 12.19 | 12.44 | 12.59 | 13.54 | 13.02 | 13.79 | 14.45 | 7 | 100 | 13.59 | 3 |
| | $X_{13}$ | 8.70 | 8.80 | 8.23 | 8.47 | 7.51 | 7.45 | 6.86 | 1 | 14.29 | 7.60 | 6 |
| | 合计 | 28.17 | 28.46 | 27.39 | 28.41 | 27.21 | 28.67 | 29.34 | — | | 28.47 | **3** |
| $X_2$ | $X_{21}$ | 13.58 | 14.18 | 13.66 | 14.22 | 11.54 | 12.01 | 10.99 | 7 | 100 | 12.22 | 4 |
| | $X_{22}$ | 21.06 | 21.14 | 21.26 | 22.85 | 24.84 | 24.52 | 23.53 | 7 | 100 | 23.44 | 1 |
| | $X_{23}$ | 6.85 | 6.05 | 5.68 | 5.15 | 8.74 | 6.13 | 7.42 | 0 | 0 | 6.82 | 8 |
| | 合计 | 41.49 | 41.37 | 40.60 | 42.22 | 45.12 | 42.66 | 41.94 | — | | 42.48 | **1** |
| $X_3$ | $X_{31}$ | 1.50 | 2.10 | 3.59 | 4.45 | 3.07 | 3.40 | 4.22 | 0 | 0 | 3.58 | 9 |
| | $X_{32}$ | 19.48 | 18.01 | 17.59 | 16.55 | 15.77 | 15.03 | 15.61 | 7 | 100 | 16.10 | 2 |
| | $X_{33}$ | 9.37 | 10.07 | 10.82 | 8.37 | 8.84 | 10.25 | 8.89 | 6 | 85.71 | 9.38 | 5 |
| | 合计 | 30.35 | 30.18 | 32.00 | 29.37 | 27.68 | 28.68 | 28.72 | — | | 29.06 | **2** |

注：表中字母代表的指标见表 3 – 1。

从出现频率高低排名来看，"单位工业增加值能耗"（$X_{12}$）、"单位工业增加值废水排放"（$X_{21}$）、"单位工业增加值废气排放"（$X_{22}$）和"科技投入强度"（$X_{32}$）出现频率均为 100%，在 2012 ~ 2018 年均位于前五；"外向

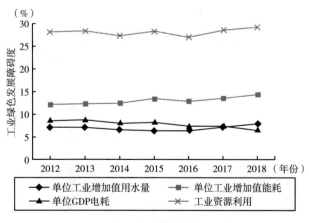

（a）工业资源利用

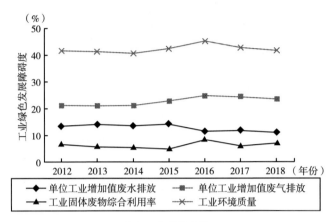

（b）工业环境质量

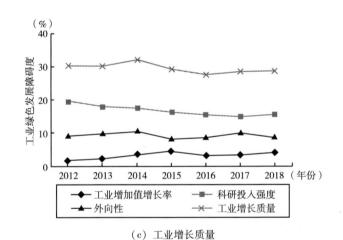

（c）工业增长质量

**图 4-27　沧州市工业绿色区域协同各指标障碍度变化**

性"（$X_{33}$）仅在 2015 年排名退至第六，在其他年间均位于前五，其出现频率约为 85.71%；"单位 GDP 电耗"（$X_{13}$）则仅在 2015 年排名位于第五，出现频率约为 14.29%；而"单位工业增加值用水量"（$X_{11}$）、"单位 GDP 电耗"（$X_{13}$）和"工业增加值增长率"（$X_{31}$）则在研究期间排名均未进入前五，出现频率均为 0。

（2）时间加权障碍度。

从时间加权障碍度排名结果来看，各指标排名与按照出现频率高低所得排名基本上保持一致，这表明影响沧州市工业绿色区域协同的障碍因子同样长期存在。究其原因，虽然沧州市在"绿色发展"理念提出后积极减废治污，工业废水和废气排放量的年均降幅分别约为19.60%和20.42%，但是与此同时，各市都在积极进行生态文明建设，尤其是原本废水废气排放就已经较低的北京市大规模进行产业转移和发展高新技术产业，使沧州市与其差距始终较大，而且近年沧州市为了推进高质量发展，设立了"18 + 7"特色产业群，使其工业能源消费量较之前上升了约116.3%，从而在能耗方面仍旧保持高位；除此之外，沧州市年均科技投入强度和外向性分别约为0.5%和1.04%，与北京市分别约为5.53%和10.79%的水平差距仍较大。

### 4.3.2.12　廊坊市工业绿色区域协同障碍因素分析

（1）时点障碍度。

如表4–28、图4–28所示，廊坊市"工业资源利用"（$X_1$）障碍度主要由于其内部指标的障碍度均保持较为平稳的变化而整体变动不大，其中"单位工业增加值用水量"（$X_{11}$）障碍度以年均约3.80%的速度下降，"单位工业增加值能耗"（$X_{12}$）和"单位GDP电耗"（$X_{13}$）的障碍度分别以年均约1.43%和0.70%的速度上升；"工业环境质量"（$X_2$）障碍度以年均约1.25%的速度呈现波动上升的趋势，虽然其内部指标"单位工业增加值废水排放"（$X_{21}$）、"单位工业增加值废气排放"（$X_{22}$）的障碍度在2015年后出现波动，但由于两者障碍度的波动趋势正好相反，因此对$X_2$的影响有所消减，虽然"工业固体废物综合利用率"（$X_{23}$）障碍度则以年均约3.07%的速度缓慢下降，但是对$X_2$障碍度的影响有限；"工业增长质量"（$X_3$）障碍度与其内部指标"工业增加值增长率"（$X_{31}$）、"外向性"（$X_{33}$）的障碍度均呈波动变化的趋势，但受"科技投入强度"（$X_{32}$）的影响较小，具体来看，2015年以前$X_{31}$和$X_{33}$的障碍度分别以年均约35.30%和3.46%的速度稳步上升，使$X_3$的障碍度也以年均约1.64%的速度上升，在2016年以后$X_{31}$和$X_{33}$的障碍度均开始出现波动，使$X_3$的障碍度也开始呈现波动变化，而"科技投入强度"（$X_{32}$）障碍度则在研究期间以年均约4.83%的速度稳步下降。

表 4 - 28　　　　　2012～2018 年廊坊市工业绿色区域协同障碍度　　　单位:%

| 指标 | | 2012 年 | 2013 年 | 2014 年 | 2015 年 | 2016 年 | 2017 年 | 2018 年 | 次数 | 频率（%） | 时间加权 | 排名 |
|---|---|---|---|---|---|---|---|---|---|---|---|---|
| $X_1$ | $X_{11}$ | 10.74 | 10.44 | 10.36 | 9.74 | 9.48 | 9.42 | 8.48 | 5 | 71.43 | 9.38 | 5 |
| | $X_{12}$ | 13.39 | 13.79 | 14.22 | 14.53 | 15.41 | 14.55 | 14.52 | 7 | 100 | 14.55 | 2 |
| | $X_{13}$ | 6.09 | 6.41 | 6.60 | 6.74 | 7.56 | 6.79 | 6.24 | 0 | 0 | 6.67 | 7 |
| | 合计 | 30.22 | 30.64 | 31.18 | 31.01 | 32.45 | 30.76 | 29.24 | — | | 30.60 | **2** |
| $X_2$ | $X_{21}$ | 15.44 | 15.73 | 15.78 | 15.35 | 12.93 | 10.68 | 16.47 | 7 | 100 | 14.33 | 3 |
| | $X_{22}$ | 19.14 | 20.60 | 20.48 | 19.62 | 24.55 | 24.60 | 22.41 | 7 | 100 | 22.50 | 1 |
| | $X_{23}$ | 7.45 | 6.59 | 6.55 | 5.07 | 5.65 | 5.54 | 5.92 | 0 | 0 | 5.85 | 8 |
| | 合计 | 42.03 | 42.92 | 42.81 | 40.04 | 43.13 | 40.82 | 44.80 | — | | 42.68 | **1** |
| $X_3$ | $X_{31}$ | 1.63 | 2.34 | 2.74 | 3.98 | 2.30 | 5.24 | 4.94 | 0 | 0 | 3.98 | 9 |
| | $X_{32}$ | 15.44 | 13.91 | 13.23 | 13.27 | 13.09 | 13.33 | 13.60 | 7 | 100 | 13.49 | 4 |
| | $X_{33}$ | 10.69 | 10.20 | 10.04 | 11.70 | 9.02 | 9.84 | 7.42 | 2 | 28.57 | 9.25 | 6 |
| | 合计 | 27.76 | 26.45 | 26.01 | 28.95 | 24.41 | 28.41 | 25.96 | — | | 26.72 | **3** |

注：表中字母代表的指标见表 3 - 1。

从出现频率高低排名来看，"单位工业增加值能耗"（$X_{12}$）、"单位工业增加值废水排放"（$X_{21}$）、"单位工业增加值废气排放"（$X_{22}$）和"科技投入强度"（$X_{32}$）在 2012～2018 年排名均位于前五，出现频率均为 100%；

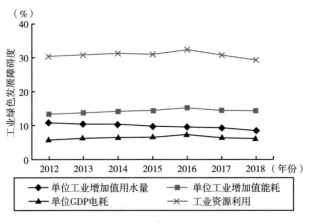

（a）工业资源利用

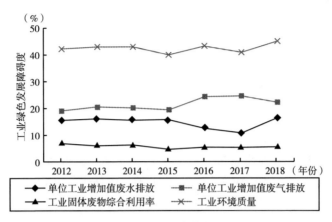

（b）工业环境质量

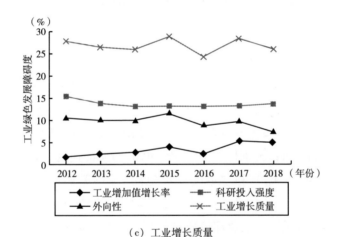

（c）工业增长质量

**图 4 - 28　廊坊市工业绿色区域协同各指标障碍度变化**

"单位工业增加值用水量"（$X_{11}$）则主要在 2012～2014 年，2016 年和 2018 年排名进入前五，出现频率约为 71.43%；"外向性"（$X_{33}$）则在 2015 年和 2017 年替代 $X_{11}$ 进入前五，出现频率约为 28.57%；而"单位 GDP 电耗"（$X_{13}$）、"工业固体废物综合利用率"（$X_{23}$）和"工业增加值增长率"（$X_{31}$）在研究期间排名均未进入前五，出现频率均为 0。分析排名前五位的障碍因子发生变化的原因可知，2015 年和 2017 年，廊坊市的实际利用外资金额的涨幅（分别约为 6.54% 和 3.29%）显著低于全社会固定资产投资金额的涨幅（分别约为 15.12% 和 11.40%），使其外向性在这两年对廊坊市工业绿色区域协同的阻碍有所凸显。

（2）时间加权障碍度。

从时间加权障碍度进一步考察可知，各指标的时间加权障碍度排名与按照出现频率高低所得排名几乎保持一致。由于廊坊市的产业并非以高耗水的重化工业为主，且在近年积极打造现代服务业聚集区，因而其单位工业增加值用水量较小，年均仅约为 5.47 立方米/万元，而承德市和唐山市的年均单位工业增加值用水分别约为 30.28 立方米/万元和 22.39 立方米/万元，差距仍然较大；而在能耗和废水废气排放量方面，廊坊市与北京、天津等市之间也仍然存在较大差距。

### 4.3.2.13　衡水市工业绿色区域协同水平的障碍因素诊断

（1）时点障碍度。

如表 4-29、图 4-29 所示，衡水市"工业资源利用"（$X_1$）障碍度主要受其内部指标"单位工业增加值能耗"（$X_{12}$）障碍度的影响，两者的变化趋势基本保持一致，具体来看，在 2016 年以前其障碍度分别以年均约 2.35% 和 5.41% 的速度上升，在 2017 年均出现下降，降幅分别约为 15.80% 和 18.36%，随后再次分别以约 10.16% 和 21.77% 的速度上升，而"单位工业增加值用水量"（$X_{11}$）和"单位 GDP 电耗"（$X_{13}$）障碍度的波动均较小，分别是以年均约 1.08% 的速度上升和以年均约 2.85% 的速度下降，所以对 $X_1$ 障碍度的影响有限；"工业环境质量"（$X_2$）障碍度在 2016 年后开始出现波动，且与"单位工业增加值废水排放"（$X_{21}$）障碍度的波动趋势相似，而"单位工业增加值废气排放"（$X_{22}$）和"工业固体废物综合利用率"（$X_{23}$）障碍度的变动则较为平稳，分别以年均约 3.36% 的速度上升和约 6.56% 的速度下降；"工业增长质量"（$X_3$）障碍度受其内部指标"科技投入强度"（$X_{32}$）和"外向性"（$X_{33}$）的障碍度分别以年均约 1.25% 和 3.11% 的速度下降的影响，在整体上也呈现下降趋势，年均降幅约为 0.71%，虽然"工业增加值增长率"（$X_{31}$）障碍度以年均约 25.69% 的速度上升，但由于其障碍度较小，因而对 $X_3$ 变动的影响有限。

表 4 - 29　　　　　2012～2018 年衡水市工业绿色区域协同障碍度　　　　单位:%

| 指标 | | 2012 年 | 2013 年 | 2014 年 | 2015 年 | 2016 年 | 2017 年 | 2018 年 | 次数 | 频率（%） | 时间加权 | 排名 |
|---|---|---|---|---|---|---|---|---|---|---|---|---|
| $X_1$ | $X_{11}$ | 8.69 | 8.81 | 8.20 | 8.42 | **8.58** | 7.35 | **8.95** | 2 | 28.57 | 8.39 | 5 |
| | $X_{12}$ | **15.35** | **16.30** | **17.03** | **18.13** | **18.95** | **15.47** | **16.58** | 7 | 100 | 16.87 | 2 |
| | $X_{13}$ | 5.80 | 6.18 | 6.18 | 5.79 | 5.19 | 4.73 | 4.82 | 0 | 0 | 5.21 | 8 |
| | 合计 | 29.84 | 31.29 | 31.41 | 32.34 | 32.72 | 27.55 | 30.35 | — | | 30.47 | **2** |
| $X_2$ | $X_{21}$ | **15.05** | **15.79** | **16.05** | **15.07** | **11.78** | **18.62** | **14.58** | 7 | 100 | 15.31 | 3 |
| | $X_{22}$ | **19.54** | **20.59** | **20.74** | **21.32** | **24.87** | **23.82** | **23.54** | 7 | 100 | 22.97 | 1 |
| | $X_{23}$ | 7.64 | 7.02 | 6.66 | 5.42 | 5.77 | 5.09 | 4.98 | 0 | 0 | 5.57 | 7 |
| | 合计 | 42.23 | 43.40 | 43.45 | 41.81 | 42.42 | 47.53 | 43.10 | — | | 43.85 | **1** |
| $X_3$ | $X_{31}$ | 1.31 | 2.39 | 3.45 | 3.11 | 1.95 | 3.08 | 3.59 | 0 | 0 | 2.97 | 9 |
| | $X_{32}$ | **17.56** | **13.72** | **12.89** | **13.61** | **14.48** | **13.41** | **15.53** | 7 | 100 | 14.42 | 4 |
| | $X_{33}$ | **9.05** | **9.20** | **8.80** | **9.13** | 8.45 | **8.41** | 7.42 | 5 | 71.43 | 8.30 | 6 |
| | 合计 | 27.92 | 25.31 | 25.14 | 25.85 | 24.88 | 24.90 | 26.54 | | | 25.69 | **3** |

注：表中字母代表的指标见表 3 - 1。

从出现频率高低排名来看，"单位工业增加值能耗"（$X_{12}$）、"单位工业增加值废水排放"（$X_{21}$）、"单位工业增加值废气排放"（$X_{22}$）和"科技投入强度"（$X_{32}$）在 2012～2018 年排名均位于前五，出现频率均为 100%；"外向性"（$X_{33}$）主要在 2012～2015 年和 2017 年排名进入前五，出现频率约为 71.43%；"单位工业增加值用水量"（$X_{11}$）则分别在 2016 年和 2018 年

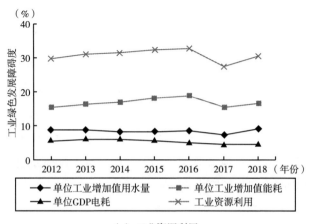

（a）工业资源利用

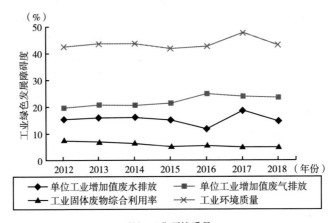

（b）工业环境质量

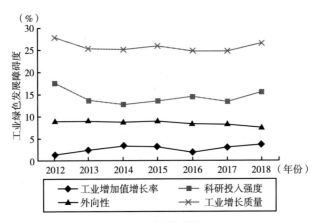

（c）工业增长质量

图 4 - 29　衡水市工业绿色区域协同各指标障碍度变化

排名进入前五，出现频率约为 28.57%；而"单位 GDP 电耗"（$X_{13}$）、"工业固体废物综合利用率"（$X_{23}$）和"工业增加值增长率"（$X_{31}$）在研究期间排名并未进入前五，出现频率均为 0。在研究期间排名前五位的障碍因子发生变动的原因，主要是由于在 2016 年和 2018 年衡水市的实际利用外资金额出现了较大幅度的增加，出现了分别约为 51.07% 和 9.60% 的涨幅，从而进一步缩小了与其他市之间的差距。

（2）时间加权障碍度。

从时间加权障碍度进一步考察，出现频率约为 28.57% 的"单位工业增加值用水量"（$X_{11}$）的时间加权障碍度排名超过了出现频率约为71.43%的"外向性"（$X_{33}$），居第五位。这主要是由于衡水市在2016年后的实际利用外资金额开始以年均约24.49%的速度增长，进一步缩小了与其他市之间的差距，使外向性在近年对衡水市工业绿色区域协同的阻碍作用减小。

### 4.3.3 京津冀工业绿色区域协同水平障碍因素的空间格局分析

同样地，为了便于总结京津冀工业绿色区域协同障碍因素的空间异质性，在对13市工业绿色区域协同障碍因素进行分析的基础上，依据时间加权障碍度进行排名，将≥10%、≥5%、<5%的指标界定为重点障碍因子、一般障碍因子、轻度障碍因子，在表4-30中分别用"■""▲""★"标识；同时借助Geoda将结果以地图形式呈现能够更加直观地体现空间异质性。

（1）"单位工业增加值用水量"（$X_{11}$）。如表4-30和图4-30（a）所示，单位工业增加值用水量的时间加权障碍度在唐山市约为10.38%，为重点障碍因子；在天津市以及河北省另外10市均为一般障碍因子；在北京市约为4.47%，为轻度障碍因子。唐山市作为钢铁大市，制造业中黑色金属工业占比高达约68.90%，大量高耗水工业企业的存在使唐山市工业用水量居高不下，年均单位工业增加值用水量达到约22.39立方米/万元，而且近年唐山市为了打造环渤海新型工业化基地，再加上曹妃甸工业区对大量工业企业的吸引，使唐山市的工业用水总量在2015年后仍然以年均约1.05%的速度上升，因此，与其他市差距更大。

（2）"单位工业增加值能耗"（$X_{12}$）。如表4-30和图4-30（b）所示，单位工业增加值能耗的时间加权障碍度在京津冀13市均大于10%，为重点障碍因子。虽然2012~2018年京津冀13市的单位增加值能耗水平呈现稳定下降的态势，工业能源利用效率普遍提升，但是由于原本能耗就已经较低的北京市为了有序疏解非首都功能产业，使其与另外12市之间的差距始终未能得到明显缩小，因此整体来看，该指标对京津冀各市工业绿色区域协同的阻碍作用明显。

表4-30　　　京津冀13市工业绿色区域协同时间加权障碍度及排名　　　单位:%

| 指标 | | $X_{11}$ | $X_{12}$ | $X_{13}$ | $X_1$ | $X_{21}$ | $X_{22}$ | $X_{23}$ | $X_2$ | $X_{31}$ | $X_{32}$ | $X_{33}$ | $X_3$ |
|---|---|---|---|---|---|---|---|---|---|---|---|---|---|
| 北京 | 障碍度 | 4.47 | 12.91 | 11.73 | 29.11 | 9.42 | 24.38 | 4.84 | 38.64 | 3.14 | 17.73 | 11.38 | 32.25 |
| | 排名 | 8★ | 3■ | 4■ | ③ | 6▲ | 1■ | 7★ | ① | 9★ | 2■ | 5■ | ② |
| 天津 | 障碍度 | 6.37 | 12.03 | 10.92 | 29.32 | 11.10 | 22.46 | 6.45 | 40.01 | 4.15 | 15.90 | 10.61 | 30.66 |
| | 排名 | 8▲ | 3■ | 5■ | ③ | 4■ | 1■ | 7▲ | ① | 9★ | 2■ | 6■ | ② |
| 石家庄 | 障碍度 | 7.14 | 14.08 | 6.91 | 28.13 | 14.19 | 23.18 | 5.81 | 43.18 | 3.46 | 16.80 | 8.43 | 28.69 |
| | 排名 | 6▲ | 4■ | 7▲ | ③ | 3■ | 1■ | 8▲ | ① | 9★ | 2■ | 5▲ | ② |
| 唐山 | 障碍度 | 10.38 | 16.69 | 5.94 | 33.01 | 12.79 | 21.84 | 7.29 | 41.92 | 3.17 | 13.67 | 8.23 | 25.07 |
| | 排名 | 5■ | 2■ | 8▲ | ② | 4■ | 1■ | 7▲ | ① | 9★ | 3■ | 6▲ | ③ |
| 秦皇岛 | 障碍度 | 6.19 | 13.79 | 5.16 | 25.14 | 15.79 | 20.96 | 6.80 | 43.55 | 4.29 | 12.95 | 14.06 | 31.30 |
| | 排名 | 7▲ | 4■ | 8▲ | ③ | 2■ | 1■ | 6▲ | ① | 9★ | 5■ | 3■ | ② |
| 邯郸 | 障碍度 | 7.13 | 16.79 | 5.79 | 29.71 | 15.65 | 22.40 | 6.04 | 44.09 | 3.41 | 14.44 | 8.34 | 26.19 |
| | 排名 | 6▲ | 2■ | 8▲ | ② | 3■ | 1■ | 7▲ | ① | 9★ | 4■ | 5▲ | ③ |
| 邢台 | 障碍度 | 6.97 | 13.78 | 8.26 | 29.01 | 18.16 | 21.11 | 6.20 | 45.47 | 3.42 | 13.94 | 8.16 | 25.52 |
| | 排名 | 7▲ | 4■ | 5▲ | ② | 2■ | 1■ | 6▲ | ① | 9★ | 3■ | 6▲ | ③ |
| 保定 | 障碍度 | 7.46 | 15.02 | 5.18 | 27.66 | 14.53 | 23.33 | 7.36 | 45.22 | 3.54 | 16.12 | 7.46 | 27.12 |
| | 排名 | 6▲ | 3■ | 8▲ | ② | 4■ | 1■ | 7▲ | ① | 9★ | 2■ | 6▲ | ③ |
| 张家口 | 障碍度 | 7.65 | 14.00 | 5.11 | 26.76 | 12.67 | 18.78 | 11.39 | 42.84 | 5.02 | 18.30 | 7.08 | 30.40 |
| | 排名 | 6▲ | 3■ | 8▲ | ③ | 4■ | 1■ | 5■ | ① | 9▲ | 2■ | 7▲ | ② |
| 承德 | 障碍度 | 9.69 | 11.24 | 4.66 | 25.59 | 11.72 | 17.61 | 17.31 | 46.64 | 3.42 | 13.13 | 11.21 | 27.76 |
| | 排名 | 7▲ | 5■ | 8★ | ③ | 4■ | 1■ | 2■ | ① | 9★ | 3■ | 6■ | ② |
| 沧州 | 障碍度 | 7.28 | 13.59 | 7.60 | 28.47 | 12.22 | 23.44 | 6.82 | 42.48 | 3.58 | 16.10 | 9.38 | 29.06 |
| | 排名 | 7▲ | 3■ | 6▲ | ③ | 4■ | 1■ | 8▲ | ① | 9★ | 2■ | 5▲ | ② |
| 廊坊 | 障碍度 | 9.38 | 14.55 | 6.67 | 30.60 | 14.33 | 22.50 | 5.85 | 42.68 | 3.98 | 13.49 | 9.25 | 26.72 |
| | 排名 | 5▲ | 2■ | 7▲ | ② | 3■ | 1■ | 8▲ | ① | 9★ | 4■ | 6▲ | ③ |
| 衡水 | 障碍度 | 8.39 | 16.87 | 5.21 | 30.47 | 15.31 | 22.97 | 5.57 | 43.85 | 2.97 | 14.42 | 8.30 | 25.69 |
| | 排名 | 5▲ | 2■ | 8▲ | ② | 3■ | 1■ | 7▲ | ① | 9★ | 4■ | 6▲ | ③ |

注:表中"■""▲""★"分别表示重点障碍因子、一般障碍因子、轻度障碍因子。

（a）单位工业增加值用水量

（b）单位工业增加值能耗

（c）单位 GDP 电耗

（d）单位工业增加值废水排放

（e）单位工业增加值废气排放

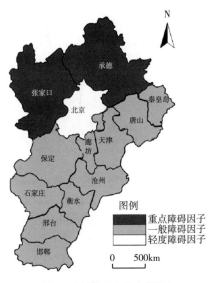

（f）工业固体废物综合利用率

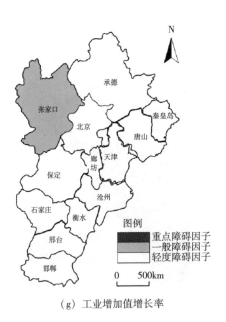

（g）工业增加值增长率

（h）科技投入强度

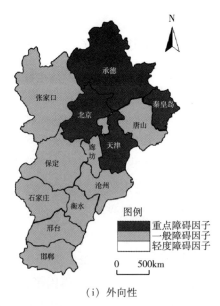

（i）外向性

**图 4 - 30 京津冀工业绿色区域协同障碍因子空间格局**

（3）"单位 GDP 电耗"（$X_{13}$）。如表 4 - 30 和图 4 - 30（c）所示，单位 GDP 电耗的时间加权障碍度在北京、天津市分别约为 11.73%、10.92%，为重点障碍因子；在承德市约为 4.66%，为轻度障碍因子；在其他 10 市均为一般障碍因子。在研究期间虽然 13 市的单位 GDP 电耗整体呈下降趋势，各市的用电效率普遍提高，但是由于北京市和天津市的年均单位 GDP 电耗分别约为 397.11 千瓦时/万元和 517.69 千瓦时/万元，与河北省各市的差距均较大，因此该指标对京津两市工业绿色区域协同的阻碍作用显著。

（4）"单位工业增加值废水排放"（$X_{21}$）和"单位工业增加值废气排放"（$X_{22}$）。如表 4 - 30、图 4 - 30（d）和图 4 - 30（e）所示，单位工业增加值废水排放除了在北京市为一般障碍因子外，在另外 12 市的时间加权障碍度均大于 10%，为重点障碍因子；"单位工业增加值废气排放"（$X_{22}$）的时间加权障碍度在京津冀 13 市中均大于 10%，为重点障碍因子。虽然 13 市均致力于减排治污，整体环境质量改善的态势较为明朗，但是由于各市在功能定位和产业结构方面的不同，使其内部仍存在较大差异，如邢台市年均单位工业增加值废水排放量高达约 11.92 吨/万元，而这与其第二产业占比高达约 57.11% 有关。

(5)"工业固体废物综合利用率"($X_{23}$)。如表 4 - 30 和图 4 - 30 (f) 所示,工业固体废物综合利用率的时间加权障碍度在张家口市和承德市分别约为 11.39% 和 17.31%,为重点障碍因子;在北京市约为 4.84%,为轻度障碍因子;在其他 10 市均介于 5% 和 10% 之间,为一般障碍因子。承德市和张家口市的年均工业固体废物综合利用率分别约为 16.98% 和 46.66%,居 13 个市中的后两位,甚至低于我国工业固体废物综合利用率约为 55.02% 的平均水平,这与张家口市和承德市致力打造京津绿色农副产品保障基地和旅游城市,在工业绿色发展方面进程受阻有关,使两市与其他市之间的差距始终较大。

(6)"工业增加值增长率"($X_{31}$)。如表 4 - 30 和图 4 - 30 (g) 所示,工业增加值增长率除了在张家口市为一般障碍因子以外,在其他 12 市均为轻度障碍因子。由于京津冀产业结构调整进入加速期,从原本注重经济发展速度转向更多地重视提质增效,经济增长也从高速增长转变为中高速增长,使工业增加值增长率整体上均呈现放缓趋势,而张家口市在 2018 年受到专用设备制造业和汽车制造业两大行业的明显拉动,使其工业增加值增长率在当年出现了约为 527.27% 的涨幅,达到 2012 年以来的最大值,使其与其他市之间的差距拉大。

(7)"科技投入强度"($X_{32}$)。如表 4 - 30 和图 4 - 30 (h) 所示,科技投入强度的时间加权障碍度在京津冀 13 个市均大于 10%,为重点障碍因子。北京市作为全国科技创新中心,以年均约 5.53% 的科技投入强度遥遥领先于其他 12 市,天津市作为全国先进制造研发基地紧随北京市,但是其年均科技投入强度仅为 2.82%,而河北省 11 市基本均低于 2%,而在研究期间,京津冀 13 市的科技投入强度基本均保持稳定态势,所以各市之间的差距始终较大。

(8)"外向性"($X_{33}$)。如表 4 - 30 和图 4 - 30 (i) 所示,外向性的时间加权障碍度在北京市、天津市、秦皇岛市和承德市分别约为 11.38%、10.61%、14.06% 和 11.21%,为重点障碍因子;在另外 9 市均介于 5% 和 10% 之间,为一般障碍因子。北京、天津市分别以年均约 10.79% 和 9.78% 的外向性领先于河北省 11 市,而在河北省内,秦皇岛市又以年均约 6.63% 的水平居河北省第一位，承德市则以年均约 0.59% 居于末位；北京市作为科技创新中心，在信息传输、计算机服务、软件业利用外资占比高达约 26.12%，而天津市和秦皇岛市则可以利用其临港优势地位对外资产生吸引力，所以三市在外资利用方面与其他市差距较为显著。

## 4.4　本章小结

为进一步分析导致京津冀工业绿色协同发展现有水平与理想水平之间存在差距的障碍因素，通过个体累加求和改进传统障碍度模型，对 2012 ~ 2018 年京津冀工业绿色发展及其区域协同障碍因素的障碍度进行测算并总结时间变化趋势，进而引入时间加权向量描述障碍因素的空间格局，结果发现，就工业绿色发展而言，单位工业增加值能耗、单位 GDP 电耗、科技投入强度和外向性为京津冀总体的重点障碍因子，且工业增长质量 > 工业资源利用 > 工业环境质量；单位工业增加值用水量仅为北京市的重点障碍因子，单位工业增加值能耗为石家庄、唐山、秦皇岛、邯郸、邢台、张家口、承德市的重点障碍因子，单位 GDP 电耗为河北省 11 市的重点障碍因子，单位工业增加值废水排放为邢台和保定市的重点障碍因子，单位工业增加值废气排放为唐山市和秦皇岛市的重点障碍因子，工业固体废物综合利用率为北京市、张家口市和承德市的重点障碍因子，工业增加值增长率为北京市、天津市、廊坊市的重点障碍因子，科技投入强度为除北京市以外 12 市的重点障碍因子，外向性为全部 13 市的重点障碍因子；从各市准则层障碍度来看，除北京市和唐山市外，其他 11 市均为工业增长质量 > 工业资源利用 > 工业环境质量。就工业绿色区域协同而言，单位工业增加值能耗、单位工业增加值废水排放、单位工业增加值废气排放和科技投入强度为京津冀总体的重点障碍因子，且工业环境质量 > 工业资源利用 > 工业增长质量；单位工业增加值用水量只是唐山市的重点障碍因子，单位工业增加值能耗、单位工业增加值废气排放和科技投入强度为京津冀 13 市的重点障碍因子，单位 GDP 电耗为北京市和天津市的重点障碍因子，单位工业增加值废水排放为除北京市以外 12 市的重点障碍因子，工业固体废物综合利用率为张家口市和承德市的重点障碍因子，工业增加值增长率在京津冀 13 市均不是重点障碍因子，外向性为北京市、天津市、秦皇岛市和承德市的重点障碍因子；从各市准则层障碍度来看，唐山、邯郸、邢台、保定、廊坊和衡水市为工业环境质量 > 工业资源利用 > 工业增长质量，其他 7 市均为工业环境质量 > 工业增长质量 > 工业资源利用。

# 第 5 章

# 京津冀工业绿色协同发展
# 水平的空间相关性分析

　　京津冀是以首都为核心的重要经济区域，为更好更快地实现一体化发展，中央政府提出京津冀协同发展战略。该战略提出后，为合理化产业布局、优化产业结构，北京市将大量工业企业迁移至津冀地区。受此影响，京津冀各市正在工业结构升级中产生工业绿色协同发展的空间相关性。基于工业绿色协同发展的定义，工业绿色协同发展空间相关性涉及工业绿色发展空间相关性和工业绿色区域协同空间相关性，因此本章利用 Moran's I 从两方面入手对工业绿色协同发展进行空间相关性分析。

## 5.1　探索性空间数据分析

　　根据地理学第一定律可知，事物之间均存在联系，距离越近的事物联系越大，这种联系被称为空间联系。为了量化这种空间联系，会将样本信息与距离信息融合，最常用的方法是将样本矩阵与空间权重矩阵相乘。空间权重矩阵是以两样本间距离为元素的对称矩阵，根据距离属性不同划分为两类：一类考虑样本的地理属性，利用地理位置关系构建空间权重矩阵，常见的有 0~1 矩阵和地理距离权重矩阵；另一类则结合所研究问题的特点，选择地理属性外的其他属性构建空间权重矩阵，如以 GDP 为基础的经济距离矩阵。这些包含空间信息的数据被称为空间数据，其中，高于平均值的称为高值，低于平均值的称为低值。这些空间数据样本产生的影响被称为空间效应。

空间自相关是常见的空间效应之一，用来描述某市与周围市间的空间相关关系，分为正相关、负相关和不相关。正相关是指同属性的观测数据在空间上集聚分布，包括高值与高值集聚、低值与低值集聚；负相关是指不同属性的观测数据在空间上相邻分布，即高值与低值相邻；不相关是指观测数据分布不具有规律性。

测度空间自相关的方法有 Moran's I、Geary's C、Getis'G 和半变异函数等。对比其他测度方法，Moran's I 的优势体现在两个方面：一方面，Moran's I 简洁明了，可直接用正负值反映正负相关；另一方面，关于 Moran's I 的研究较为充分，利用计算机可以在局部 Moran's I 的基础上绘制出 Moran 散点图和 LISA 集聚图，这两种表现形式的引入有助于研究不同空间的差异，即空间异质性。基于此，本书选择 Moran's I 进行探索性空间数据分析，Moran's I 分为全局 Moran's I 和局部 Moran's I。

### 5.1.1 全局 Moran's I

全局 Moran's I 用来描述样本的整体空间分布特征，其公式为：

$$Global\ Moran's\ I = \frac{\sum_{a=1}^{n} \sum_{b=1}^{n} W_{ab}(y_a - \bar{y})(y_b - \bar{y})}{s^2 \sum_{a=1}^{n} \sum_{b=1}^{n} W_{ab}} \qquad (5-1)$$

其中，$y_a$、$y_b$ 分别表示 $a$ 市与 $b$ 市的观测值，$\bar{y}$、$s^2$ 分别为观测值的均值与方差，$W_{ab}$ 为 $a$ 市与 $b$ 市的空间权重距离矩阵元素，$n$ 为市个数。全局 Moran's I 的取值范围为 $[-1, +1]$，该值趋向于 $+1$ 时，表示空间正相关性越强；趋向于 $-1$ 时，表示空间负相关性越强；趋向于 $0$ 时，表示各个市在空间上随机分布。

### 5.1.2 局部 Moran's I

由于全局 Moran's I 可能会忽略空间异质性，因此进一步引入局部

Moran's I 来描述观测值的局部空间分布特征，其公式为：

$$Local\ Moran's\ I = \frac{(y_a - \bar{y}) \sum_{j=1}^{n} W_{ab}(y_b - \bar{y})}{s^2} \tag{5-2}$$

其中，$y_a$、$y_b$、$\bar{y}$、$s^2$、$W_{ab}$ 与式（5-1）中同义，局部 Moran's I 的取值范围为 [-1, +1]，当趋向于 +1 时，表示该市与周围市均是高值或低值；当趋向于 -1 时，表示该市与周围市高低分布不同；当趋向于 0 时，表示该市与周围市位于均值附近。

对比公式可知，京津冀 13 市整体只具有一个全局 Moran's I，但每个市均具有一个局部 Moran's I，因此，相比全局 Moran's I，局部 Moran's I 可以体现更多的细节信息。但仅仅利用局部 Moran's I 数据值难以发现空间上的分布规律，需要借助 Moran 散点图和 LISA 集聚图进一步挖掘空间异质性。

（1）Moran 散点图。

Moran 散点图是以某市空间数据为横轴，周围市空间数据为纵轴的坐标系图。该图以全局 Moran's I 为界限将坐标系划分为四个象限，当某市位于右上角的高值—高值象限（H-H）时，表示其为高值并且被高值环绕；当位于右下角的高值—低值象限（H-L）时，表示其为高值但被低值环绕；当位于左下角的低值—低值象限（L-L）时，表示其为低值并且被低值环绕；当位于左上角的低值—高值象限（L-H）时，表示其为低值但被高值环绕。利用 Moran 散点图可以进一步划分各市的空间格局，如当全局 Moran's I 为正时，可以通过 Moran 散点图判断各市是集中位于 H-H 区（高值集聚）、L-L 区（低值集聚）或是均匀分布。

（2）LISA 集聚图。

LISA 集聚图是利用颜色区分各市高低值分布的信息地图。其以均值为标准进行高低值划分，借助蒙特卡洛模拟来检验每个市局部 Moran's I 的显著性，并且使用不同颜色体现各市空间分布特征，直观表现空间异质性，利用该特点可以将整体空间划分为不同性质的局部空间。

## 5.1.3 空间权重矩阵的选择

空间权重矩阵是分析京津冀工业绿色协同发展空间相关性的基础，其选择原则是：结合所研究问题准确体现市域间空间联系。

工业绿色发展涉及工业资源利用、工业环境质量和工业增长质量，三个方面市域间联系均与地理相关。工业资源利用和工业环境质量三级指标中涉及的单位工业增加值用水、单位工业增加值废气等指标会由于京津冀地理环境的共享性产生相互影响。另外，在京津冀协同发展过程中，随着现代化交通运输与管理网络的不断完善，市域间经济联系紧密，地理联系可以在一定程度上体现市域间工业增长质量的空间联系。因此本书使用具有地理属性的空间权重矩阵对京津冀工业绿色协同发展进行空间相关性分析。

该类空间权重矩阵包括邻接矩阵和地理距离权重矩阵。其中，邻接矩阵可以反映简单的几何空间关系，其将相邻市权重赋为 1，不相邻市权重赋为 0。这种方法简单明了，但认为不相邻市域间不具有空间联系不符合京津冀工业绿色协同发展实际，如京津高校会对河北省南部工业企业提供人才和技术支持以及京津冀"六横六纵"交通格局，均体现出不相邻市域间的空间联系。地理距离权重矩阵将市域间地理质心距离作为元素，其特点是市域间距离在合理范围内，均具有权重，且距离近的权重大，距离远的权重小。综上所述，本书选择可以正确体现京津冀空间联系的地理距离权重矩阵，其公式为：

$$w_{ab} = \begin{cases} 1/d_{ab}, & a \neq b \\ 0, & a = b \end{cases} \qquad (5-3)$$

其中，$d_{ab}$ 代表 $a$ 市与 $b$ 市的地理质心距离。

## 5.1.4 变形地图

为进一步挖掘京津冀工业绿色发展与其区域协同间的空间联系，利用变形地图绘制空间格局地图。变形地图是在保留空间单元位置关系的前提下，忽略空间单元的形状，反映与空间单元相关两种观测值大小的抽象地图。在京津冀 13 市工业绿色协同发展的变形地图中，圆圈大小代表工业绿色区域协同，圆圈越大代表区域协同越好；圆圈颜色代表工业绿色发展水平，颜色越红代表发展水平越高。

## 5.2　京津冀工业绿色发展水平的空间相关性分析

### 5.2.1　全局 Moran's I 检验

利用前面 2012 ~ 2018 年工业绿色发展的测度值，通过 Geoda 软件分别计算 0 ~ 1 矩阵下和地理距离权重矩阵下 2012 ~ 2018 年工业绿色发展全局 Moran's I，结果如表 5 − 1 所示。地理距离权重矩阵下的全局 Moran's I 每一年均至少通过了 10% 水平下显著性检验，0 ~ 1 矩阵下的全局 Moran's I 大多数年份没有通过显著性检验，通过两者显著性的对比，进一步验证地理距离权重矩阵的合理性。

表 5 −1　　　　　　　京津冀工业绿色发展全局 Moran's I

| 年份 | 0 ~ 1 矩阵 | | | | | 地理距离权重矩阵 | | | | |
|------|-----------|------|------|--------|------|-----------|------|------|--------|------|
|      | Moran's I | p 值 | mean | 标准误 | Z 值 | Moran's I | p 值 | mean | 标准误 | Z 值 |
| 2012 | 0. 1670 | 0. 1010 | − 0. 0833 | 0. 1855 | 1. 3490 | − 0. 1333 ** | 0. 0240 | − 0. 0827 | 0. 0251 | − 2. 0146 |
| 2013 | 0. 2223 * | 0. 0580 | − 0. 0895 | 0. 1914 | 1. 6290 | − 0. 1379 ** | 0. 0270 | − 0. 0836 | 0. 0270 | − 2. 0080 |
| 2014 | 0. 1809 | 0. 1070 | − 0. 0852 | 0. 2001 | 1. 3299 | − 0. 1438 ** | 0. 0130 | − 0. 0836 | 0. 0266 | − 2. 2664 |
| 2015 | 0. 1645 | 0. 1030 | − 0. 0830 | 0. 1887 | 1. 3122 | − 0. 1358 ** | 0. 0160 | − 0. 0818 | 0. 0266 | − 2. 0317 |
| 2016 | 0. 0711 | 0. 2210 | − 0. 0723 | 0. 1930 | 0. 7433 | − 0. 1338 ** | 0. 0370 | − 0. 0838 | 0. 0267 | − 1. 8707 |
| 2017 | 0. 0220 | 0. 2480 | − 0. 0856 | 0. 1757 | 0. 6129 | − 0. 1187 * | 0. 0670 | − 0. 0830 | 0. 0249 | − 1. 4354 |
| 2018 | 0. 0536 | 0. 2320 | − 0. 0719 | 0. 1830 | 0. 6856 | − 0. 1397 ** | 0. 0240 | − 0. 0834 | 0. 0255 | − 2. 2088 |

注：* 、** 和 *** 分别表示在 10% 、5% 和 1% 水平下显著。

2012 ~ 2018 年京津冀 13 市工业绿色发展全局 Moran's I 均显著为负，具有负空间相关性，呈现高值与低值交错分布的空间格局，说明工业绿色发展不平衡。通过比较历年全局 Moran's I 值，发现从 2012 年的 − 0. 1333 下降到 2014 年的 − 0. 1438，说明在此期间京津冀工业绿色发展不平衡的状况加剧；但此后全局 Moran's I 在 2018 年上升至 − 0. 1397，说明京津冀不平衡状况有所缓解。京津冀工业绿色发展空间演变规律在 2015 年前后发生改变，可能是由于京津冀协同发展战略的实施优化了整体产业布局，弥补了河北省短板，改善了工业绿色发展不平衡的状况。

## 5.2.2 局部 Moran's I 检验

（1）Moran 散点图。

前面已经从整体角度实证了京津冀工业绿色发展的负空间相关性，但京津冀工业绿色发展局部空间分布尚未可知。为了探究各市与周围市域间工业绿色发展的空间关系，利用 Geoda 软件分别绘制 2012～2018 年京津冀工业绿色发展的 Moran 散点图，结果如图 5 - 1 所示。

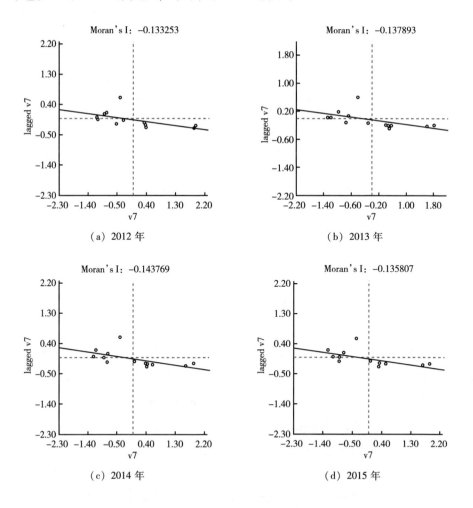

（a）2012 年  （b）2013 年

（c）2014 年  （d）2015 年

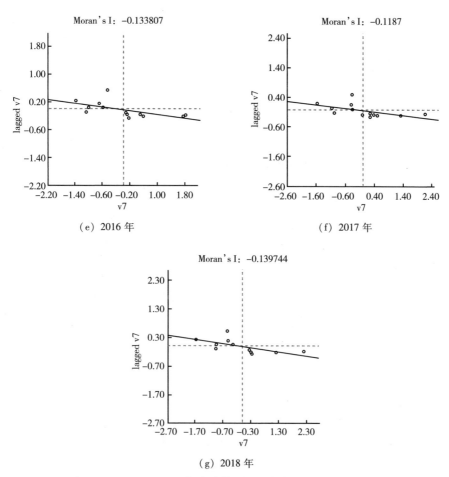

图 5 - 1　2012~2018 年京津冀工业绿色发展 Moran 散点图

Moran 散点图呈负斜率直线分布，以图像形式再次验证京津冀工业绿色发展的负空间相关性。在各个市局部 Moran's I 的分布中未出现位于 H - H 区的市，仅出现个别位于 L - L 区的市，大部分市始终均匀地分布在 H - L 区和 L - H 区，这除了说明京津冀工业绿色发展局部空间特征为高低值交错分布外，还说明某些市的局部空间特征类似，可能具有集聚趋势。

（2）LISA 集聚图。

为了确定相似市的地理位置，进而判断是否具有集聚趋势，需要进一步分析 LISA 集聚图，结果如图 5 - 2 所示。北京市、天津市、廊坊市、沧州市和衡水市工业绿色发展水平始终位于高值显著区，具有稳定良好的发展态势，呈现工业绿色发展空间集聚状态；唐山市和邯郸市始终位于低值显著区，两市的工业绿色发展水平较为落后。石家庄市在 2012～2013 年位于低值区，其余年份均位于高值区；保定市 2017 年位于低值区，其余年份均位于高值区，说明两市与周边市虽具有显著的空间相关性，但不稳定。

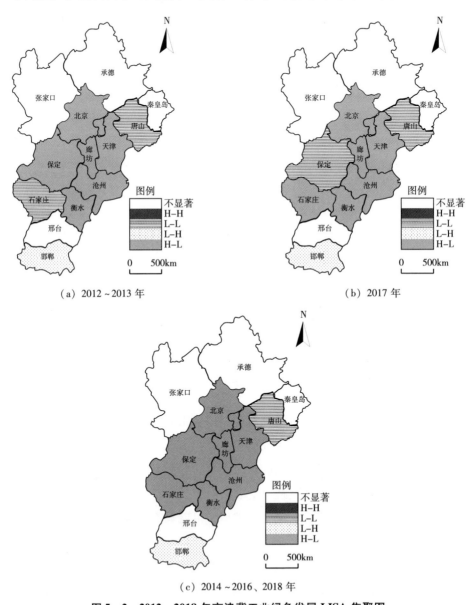

（a）2012～2013 年　　　　　（b）2017 年

（c）2014～2016、2018 年

**图 5-2　2012～2018 年京津冀工业绿色发展 LISA 集聚图**

2012～2018 年京津冀工业绿色发展空间格局具有显著的"以京津为中心，向南集聚"特点。具有集聚态势的市主要是京津和京津以南 5 市，由于京津的工业绿色发展测度值远远高于其他市，依据扩散效应一般是发展程度较高地区辐射发展程度较低地区的规律，因而可以认为京津为集聚中心。

2012～2018 年京津冀工业绿色发展的空间格局较为复杂，体现出空间异质性。京津冀工业绿色发展极不平衡，北京市、天津市、廊坊市、沧州市和衡水市已经初步形成工业绿色发展集聚态势，石家庄市和保定市在 2014 年后也加入了高值区。京津冀工业绿色发展虽具有空间集聚态势但是呈现全局负空间相关的主要原因是：唐山市和邯郸市是传统的重化工业城市，工业高能耗、高污染严重，进而工业绿色发展水平低；邢台市、张家口市、承德市和秦皇岛市的工业绿色发展水平尚未与其他市形成显著的空间相关关系。

# 5.3  京津冀工业绿色区域协同水平的空间相关性分析

工业绿色区域协同是工业绿色协同发展另一重要内容。某市工业绿色区域协同测度值体现了该市与周边市的工业绿色发展差距，因此工业绿色区域协同必然具有空间相关性，本节利用 Moran's I 探究工业绿色区域协同的空间相关性。

## 5.3.1  全局 Moran's I 检验

利用前面 2012～2018 年工业绿色区域协同的测度值，通过 Geoda 软件分别计算 0～1 矩阵下和地理距离权重矩阵下工业绿色区域协同全局 Moran's I，结果如表 5－2 所示。地理距离权重矩阵下的全局 Moran's I 每一年均通过了 10% 水平下显著性检验，0～1 矩阵下的全局 Moran's I 少数年份没有通过显著性检验，通过两者显著性的对比，进一步验证地理距离权重矩阵的合理性。

表 5 - 2 京津冀工业绿色区域协同发展全局 Moran's I

| 年份 | 0 ~ 1 矩阵 | | | | | 地理距离权重矩阵 | | | | |
|---|---|---|---|---|---|---|---|---|---|---|
| | Moran's I | p 值 | mean | 标准误 | Z 值 | Moran's I | p 值 | mean | 标准误 | Z 值 |
| 2012 | 0.0663 | 0.1970 | -0.0762 | 0.1764 | 0.8078 | -0.1122* | 0.0830 | -0.0831 | 0.0245 | -1.1837 |
| 2013 | 0.2730** | 0.0350 | -0.0801 | 0.1864 | 1.8944 | -0.1597*** | 0.0050 | -0.0827 | 0.0261 | -2.9536 |
| 2014 | 0.3437** | 0.0260 | -0.0890 | 0.1927 | 2.2455 | -0.1581*** | 0.0060 | -0.0824 | 0.0275 | -2.7494 |
| 2015 | 0.3194** | 0.0280 | -0.0823 | 0.1929 | 2.0826 | -0.1518*** | 0.0120 | -0.0832 | 0.0267 | -2.5670 |
| 2016 | 0.2573** | 0.0450 | -0.0922 | 0.1936 | 1.8051 | -0.1331** | 0.0290 | -0.0832 | 0.0268 | -1.8610 |
| 2017 | 0.2810** | 0.0380 | -0.0811 | 0.1845 | 1.963 | -0.1495** | 0.0140 | -0.0838 | 0.0255 | -2.5752 |
| 2018 | 0.1745 | 0.0770 | -0.0904 | 0.1836 | 1.4431 | -0.1375** | 0.0320 | -0.0831 | 0.0262 | -2.0728 |

注：*、** 和 *** 分别表示在10%、5%和1%水平下显著。

2012~2018 年京津冀13市的工业绿色区域协同全局 Moran's I 均显著为负，具有负空间相关性，呈现高值与低值交错分布的空间格局，说明工业绿色区域协同不平衡。通过比较历年全局 Moran's I 值，发现全局 Moran's I 从 2012 年的 -0.1122 下降到 2013 年的 -0.1597，说明在此期间京津冀市域间不平衡状况加剧。但此后全局 Moran's I 在 2018 年波折上升至 -0.1375，说明不平衡状况有所缓解。

比较工业绿色发展和工业绿色区域协同的空间演变规律，发现两者具有类似的先下降后上升规律，并且均在京津冀协同发展战略提出前后发生转变，说明京津冀协同战略的提出改善了工业绿色发展不平衡状况。

## 5.3.2 局部 Moran's I 检验

（1）Moran 散点图。

前面已经从整体角度实证了京津冀工业绿色区域协同的负空间相关性，但京津冀工业绿色区域协同局部空间分布尚未可知。为了探究各个市与周边市工业绿色区域协同的空间关系，利用 Geoda 软件分别绘制 2012~2018 年京津冀工业绿色区域协同的 Moran 散点图，结果如图 5 - 3 所示。

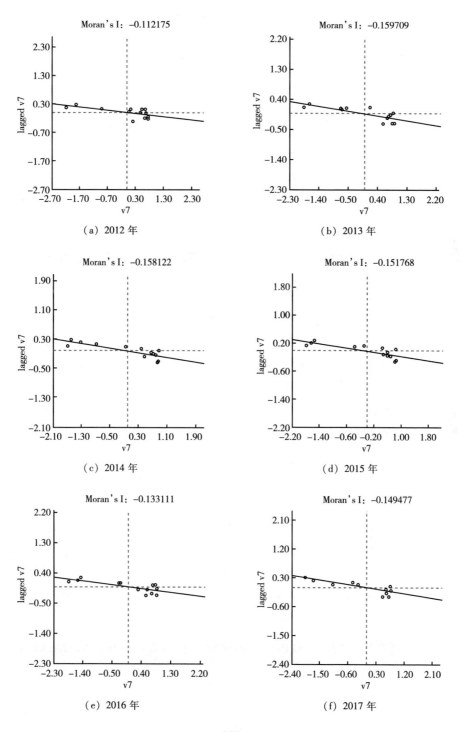

（a）2012 年

（b）2013 年

（c）2014 年

（d）2015 年

（e）2016 年

（f）2017 年

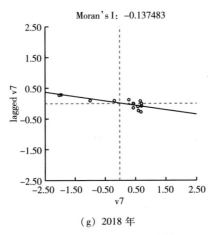

（g）2018 年

**图 5 - 3  2012 ~ 2018 年京津冀工业绿色区域协同 Moran's I 散点图**

Moran 散点图呈负斜率直线分布，以图像形式再次验证京津冀工业绿色区域协同的负空间相关性。在各个市局部 Moran's I 的分布中未出现位于 L - L 区的市，仅出现个别位于 H - H 区的市，大部分市始终均匀地分布在 H - L 区和 L - H 区，这说明京津冀工业绿色区域协同局部空间特征为高低值交错分布，某些市的局部空间特征类似，可能具有集聚趋势。

（2）LISA 集聚图。

为了确定相似市的地理位置，进而判断是否具有集聚趋势，需要进一步分析 LISA 集聚图。

如图 5 - 4 所示，保定、石家庄、廊坊、衡水和沧州市始终位于高值显著区，具有稳定良好的发展态势，呈现工业绿色区域协同空间集聚状态。北京市和天津市始终位于低值显著区，两市工业绿色区域协同指数较低的原因在于两市工业化阶段领先于河北省各市，并且在早年实行"环首都经济圈"等政策背景下，河北省向北京市输送大量工业资源和劳动力，逐渐拉开了京津与河北省各市的差距。唐山市在 2012 ~ 2013 年位于高值区，其余年份位于低值区，邢台市在 2015 年、2018 年工业绿色区域协同不显著，其余年份均位于高值区，说明两市与周边市尚未形成稳定的协同关系。

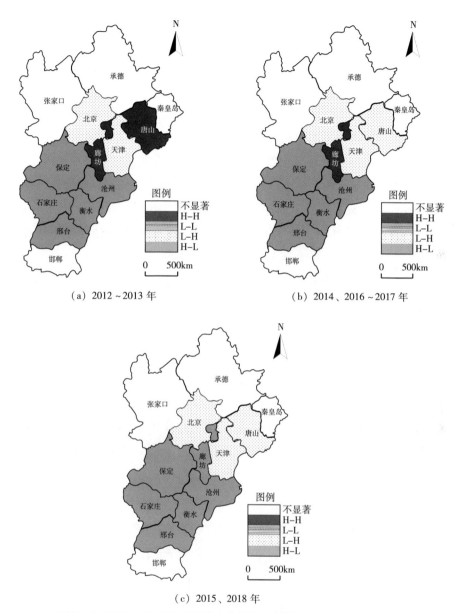

（a）2012～2013 年

（b）2014、2016～2017 年

（c）2015、2018 年

**图 5－4 2012～2018 年京津冀工业绿色区域协同 LISA 集聚图**

总的来说，2012～2018 年京津冀工业绿色区域协同的空间格局较为稳定，京津始终位于低值区，京津以南的 5 个市具有集聚态势。这说明京津始终与河北省各市差距较大，河北省内部协同态势良好。具体分析 2012～2018

年京津冀工业绿色区域协同的空间格局发现其局部特征稳定。北京市、天津市、唐山市与周边市协同较差，而保定、石家庄、廊坊、衡水和沧州市与周边市的协同较佳，其他各市的工业绿色区域协同未形成显著的空间相关关系。

结合京津冀工业绿色发展和工业绿色区域协同的空间格局，发现京津冀协同发展存在两个方面问题。

第一，京津两市与河北省各市空间关系存在不稳定因素。北京、天津、廊坊、沧州和衡水市虽然初步形成工业绿色发展集聚态势，但是由于京津的协同较差，集聚态势并不稳定。结合实际，两市的工业绿色发展处于领先地位，若不注重对周边地区的带动作用，很有可能会使河北省未来远远落后。

第二，河北省内部各市的工业绿色发展需要加强。唐山市是实现京津冀工业绿色协同发展的重要城市，其在工业绿色发展水平和工业绿色区域协同水平均较差，即该市的工业绿色协同发展效果不佳。承德、张家口和秦皇岛市在两个空间格局中均不具有显著的空间相关性，但并不代表没有空间联系，可能是由于工业基础相对较差使其与周边市的空间联系不显著。受地理条件影响，承德市与张家口市传统工业基础较为薄弱，而秦皇岛市作为旅游城市和中国最大的港口城市，其发展重心在于第三产业，因此尚未形成显著的空间格局。在供给侧结构性改革中，承德、张家口和秦皇岛市需要加快发展新型工业，完善产业链，密切与周围各市的工业绿色发展的空间联系。

## 5.4 京津冀工业绿色发展与工业绿色区域 协同的空间联系分析

京津冀工业绿色发展呈现以京津为高值中心的空间格局，而京津冀工业绿色区域协同呈现以京津为低值中心的空间格局，表现出一定的规律性。为了挖掘两者间空间联系，本节利用变形地图绘制京津冀工业绿色协同发展的空间格局地图。

　　利用 2012~2018 年工业绿色发展水平测度值和工业绿色区域协同指数，使用 Geoda 软件分别绘制 2012~2018 年京津冀工业绿色协同发展的变形地图，如图 5-5 所示。

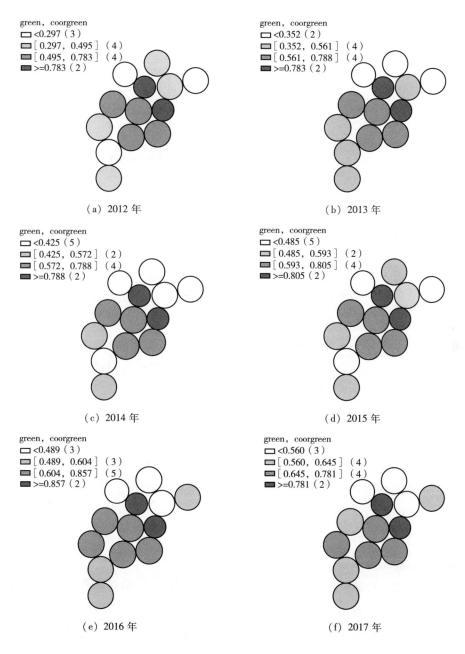

green, coorgreen
☐ <0.297（3）
☐ [0.297, 0.495]（4）
☐ [0.495, 0.783]（4）
■ >=0.783（2）

（a）2012 年

green, coorgreen
☐ <0.352（2）
☐ [0.352, 0.561]（4）
☐ [0.561, 0.788]（4）
■ >=0.783（2）

（b）2013 年

green, coorgreen
☐ <0.425（5）
☐ [0.425, 0.572]（2）
☐ [0.572, 0.788]（4）
■ >=0.788（2）

（c）2014 年

green, coorgreen
☐ <0.485（5）
☐ [0.485, 0.593]（2）
☐ [0.593, 0.805]（4）
■ >=0.805（2）

（d）2015 年

green, coorgreen
☐ <0.489（3）
☐ [0.489, 0.604]（3）
☐ [0.604, 0.857]（5）
■ >=0.857（2）

（e）2016 年

green, coorgreen
☐ <0.560（3）
☐ [0.560, 0.645]（4）
☐ [0.645, 0.781]（4）
■ >=0.781（2）

（f）2017 年

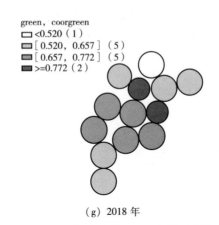

green, coorgreen
□ <0.520（1）
□ [0.520, 0.657]（5）
■ [0.657, 0.772]（5）
■ >=0.772（2）

（g）2018 年

**图 5 - 5　2012 ~ 2018 年京津冀工业绿色协同发展空间格局**

如图 5 - 5 所示，京津冀工业绿色协同发展空间格局总体呈现"中间深、两端浅"的颜色分布特点，"京津圈小、两端圈大"的大小分布特点，具有显著的空间异质性。

京津冀工业绿色协同发展的空间格局具有两个方面特征，一方面是京津与河北省各市的差异特征，实现工业绿色协同发展的理想状态为圈既深又大。但从目前的趋势来看，京津圈在颜色加深的同时也在变小，北京市在 2018 年甚至为最深最小的圈，说明其工业绿色发展水平极高但协同极差。另一方面是河北省南北各市的差异特征，京津以南邻近五市的圈大且颜色较深，京津以北四市的圈偏小且颜色较浅，说明以京津为界河北省南北各市差异较大，且河北省南部各市状况普遍好于北部各市，但河北省最南端两市圈适中且颜色较浅，说明协同程度良好但工业绿色发展水平较低。

京津冀工业绿色协同发展空间格局基本符合扩散效应理论，即以京津为中心向外扩散，但京津冀扩散又极具特点，呈现"向南扩散"的空间格局。产生这种现象的原因一方面是京津冀北部四市工业绿色协同发展水平低（唐山市虽然经济发展程度较高，但其为重化工业城市，其支柱产业为钢铁、能源等，特点是高污染、高能耗，工业绿色协同发展水平较低），根据产业梯度转移理论，产业转移的前提是转移目的地需要具备承接新产业的经济条件，而京津南部各市的承接条件优于京津北部各市，所以大多数企业转移至南部各市，从而导致差距扩大；另一方面是京津冀区域发展政策偏向"向南"发展，职能定位是北京副中心的通州区在北京东南部，雄安新区在北京南部，滨海新区在天津东南部，一系列向南发展的区域规划也使京津南部城市较北部城市发展快。

根据上述对京津冀工业绿色协同发展空间格局的分析，可以将京津冀划分为两个不同性质的空间。由于空间相关性普遍不显著、工业绿色协同发展水平相对较低，张家口、承德、秦皇岛、唐山、邢台和邯郸市被划分为低值集聚区；由于空间相关性普遍显著、工业绿色协同发展水平相对较高，北京市、天津市、廊坊市、保定市、沧州市、石家庄市和衡水市被划分为高值集聚区。

## 5.5　本 章 小 结

随着京津冀协同发展战略的深入推进，京津冀工业绿色发展的空间联系不断加强，运用探索性空间数据分析方法检验京津冀工业绿色发展及其区域协同的空间相关性，并利用变形地图进一步挖掘两者间的空间联系，结果发现：京津冀工业绿色发展及其区域协同均具有显著的负空间相关性但趋于减弱。根据 LISA 集聚图可知，京津冀工业绿色发展及其区域协同的空间格局相似但存在高低值市域分布差异，分别呈现"以京津为高值中心、周边逐渐递减"和"以京津为低值中心、周边逐渐递增"的空间格局。京津冀工业绿色协同发展的空间格局呈现"中间深、两端浅"的颜色分布特点，"京津圈小、两端圈大"的大小分布特点；京津圈在颜色加深的同时也在变小，说明其工业绿色发展水平极高但协同极差；京津以南邻近五市的圈大且颜色较深，京津以北四市的圈偏小且颜色浅，说明以京津为界河北省南北各市差异较大，南部各市普遍好于北部各市。根据上述特点，将京津冀 13 市划分为包含张家口、承德、秦皇岛、唐山、邢台和邯郸市的低值集聚区和包含北京、天津、廊坊、保定、沧州、石家庄和衡水市的高值集聚区。

# 第 6 章

# 京津冀工业绿色协同发展
# 水平的提升策略分析

　　京津冀协同发展要兼顾效率与公平，资源、环境和经济要共同发展[118]。但囿于各地处于不同的工业发展阶段，再加上北京"大城市病"凸显，亟须疏解非首都功能，中央基于对现实情况的高度研判，发布了《京津冀协同发展规划纲要》，明确了"一核、双城、三轴、四区、多节点"的空间布局。"一核"即北京，要紧抓有序疏解北京非首都功能这个"牛鼻子"，重点疏解一般制造业和部分第三产业；"双城"即北京和天津，将两者作为京津冀协同发展的两大动力，双城联动发挥对河北的辐射带动作用；"三轴"指的是京津、京保石、京唐秦三轴，以点带线、以线促面，共同促进区域繁荣；"四区"则是按照各地资源禀赋、发展状况以及政策需要进行功能分区，如图 6-1 所示，根据北京城市总体规划（2016~2035 年）明确的空间格局，河北省 11 市被划分为四个部分，这也意味着各地未来在产业布局、资源调配等方面将有所侧重；"多节点"是以河北省 11 市为节点，提高城市公共服务水平，推动产业和人口集聚。

　　如前所述，京津冀工业绿色协同发展既包括整体绿色发展水平的上升，也包括区域差距的缩小即绿色区域协同，两者均可以从工业资源利用、工业环境质量和工业增长质量三个方面来衡量。因此，从整体水平和区域间差距两个方面考察并判断各地目前的发展状况是实现工业绿色协同发展以及上述空间布局的基础和前提。

　　根据本书第 3 章中测度的个体时间加权工业绿色发展水平和区域协同指数，京津冀 13 市的工业绿色发展水平（绝对时间加权）均达到中等以上即

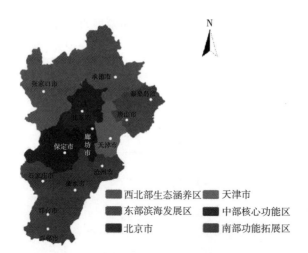

**图 6 - 1　京津冀协同发展的功能分区**

$C_1$、$C_2$、$C_3$三个级别；工业绿色区域协同绝对指数可分为不协同、初级协同、中级协同、良好协同以及优质协同五个级别，其中良好协同和优质协同可归为"协同"，初级协同和中级协同可归为"较为协同"。为了明晰京津冀工业绿色协同发展的短板区域，本章在去除工业绿色发展水平和工业绿色区域协同最高级别的区域（即 $C_1$ 和协同级别）基础上比对其他区域，筛选出工业绿色发展水平不高同时工业绿色区域协同指数较低的市。如图 6 - 2 所示，唐山、秦皇岛、邢台、张家口、承德和廊坊为京津冀工业绿色协同发展的短板区域。

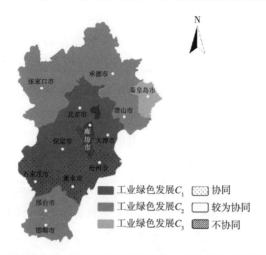

**图 6 - 2　京津冀各地工业绿色发展水平和工业绿色区域协同绝对指数**

为了进一步分析短板地区工业绿色协同发展水平不高的具体原因从而有针对性地提出意见，需要将实证结果和现实发展状况相结合并与京津冀各地的功能分区做比较。本书第 4 章中引入了时间加权障碍度模型来明确个体和总体的障碍因子，上述六地工业绿色发展和绿色区域协同水平的最大障碍因子如图 6 – 3 所示。

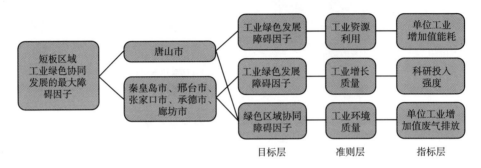

**图 6 – 3　短板区域工业绿色协同发展的最大障碍因子**

唐山市的工业绿色发展障碍因子为工业资源利用，其中单位工业增加值能耗是工业资源利用的最大障碍因子；除唐山外五市的工业绿色发展障碍因子均为工业增长质量，其中科研投入强度均为五市工业增长质量的最大障碍因子；包括唐山在内六市的绿色区域协同障碍因子均为工业环境质量，其中单位工业增加值废气排放是各市工业环境质量的最大障碍因子。

实证结果的背后是深刻的现实原因。六个短板地区中唐山距京津最近，拥有雄厚的工业基础，在世界钢铁产业中有着举足轻重的地位。但是粗放型的重工业发展模式在拉动经济增长的同时不可避免地造成了资源浪费，在经济、资源、环境协调发展的大背景下工业资源利用自然成为其工业绿色发展的最大障碍因子。因此，改用新能源、淘汰落后产能、促进产业结构转型升级成为唐山促进工业绿色发展水平上升的必由之路。

与唐山类似，邢台和邯郸也是重工业城市，并且唐山—邢台—邯郸之间在黑色金属冶炼及压延加工业、煤炭开采和洗选业、黑色金属矿采选业等产业上存在明显的同构现象[119]，重复建设不利于形成完整的产业链条，也会因为马太效应进一步加剧区域结构失衡[120]。邢台和邯郸在功能分区中为南部功能拓展区，利用自然能资源优势的同时整合资源，减少内耗，发展规模经济是未来两地努力方向之一。

秦皇岛是典型的旅游城市,本身工业发育程度不高,为了保护环境发展旅游业也在限制工业的发展,这就使工业增长质量成为其工业绿色发展的最大障碍因子。唐山和秦皇岛靠海,是功能分区中的东部滨海发展区,但是津冀六百多公里的海岸线上除秦皇岛港和唐山港外还有天津港和黄骅港,各个港口功能相近,同质化竞争非常激烈,导致资源得不到合理利用[120]。

张家口和承德位于河北北部,作为京津后花园承担着防风固沙、涵养水源的重任。张家口与北京合办冬奥会,力推冰雪旅游,而承德是传统的"避暑胜地",两地都将旅游业作为支柱产业发展,这就限制了第二产业的发展,使工业增长质量成为两者工业绿色发展的最大障碍因子。除此以外,交通也极大地限制了两地的发展。以承德为例,虽然天津和承德仅距300公里,但是至今天津到承德没有直达的动车或者高铁,需要坐六个小时的普通列车才能到达,这会使各种要素不能畅通流动。张家口和承德在功能分区中属于西北部生态涵养区,而环境保护具有正外部性,张家口和承德牺牲了自己的工业发展来保障京津冀的生态环境却没有得到对等的补偿[121],"政策致贫"也是环首都贫困带形成的原因之一。

京津冀的创新资源集中在京津,但六短板地区中除唐山市外,其余五市距京津较远,受京津辐射作用不大,且工业增长质量不高导致地方的科研投入不多,而这又会进一步降低工业增长质量,形成恶性循环。再加上科研投入的周期长、见效慢,种种原因造成五市中科研投入强度成为工业增长质量的最大障碍因子。

就绿色区域协同而言,六个短板区域的最大障碍因子均为工业环境质量,但原因略有不同。唐山、邢台和廊坊均为重工业城市,环境被破坏的同时污染治理水平也不高;秦皇岛、张家口和承德生态环境较为脆弱,尤其张家口、承德是京津重要的供水地,生态一旦破坏修复难度和成本都非常高。在工业环境质量中,废气的排放较为隐秘且不易治理,再加上气体的扩散速度快,一个地区有污染很快就会扩散到整个京津冀,因此单位工业增加值废气排放是工业环境治理的最大障碍因子。

在供给侧结构性改革的三个因素中,产业供给是核心,要素供给是手段,制度供给是保障;2014年2月26日,习近平总书记在听取京津冀协同发展专题汇报时专门强调要以优化区域分工和产业布局为重点。因此要想疏解短板地区工业绿色协同发展的障碍，归根到底要靠绿色产业协同，而要促进绿色产业协同，就需要绿色要素推动以及制度保驾护航。产业为"一体"，要素和制度为"两翼"，"一体两翼"共同驱动京津冀工业绿色协同发展。

具体而言，京津冀工业绿色产业协同可以按照产业的兴起与发展过程细化为绿色产业创新、绿色产业分工、绿色产业转移和绿色产业合作四个方面，随着现代产业体系的逐步建立，四者之间的关系更加密切而有序，如图6-4所示。产业创新是现代产业体系的逻辑起点，就像蒸汽机之于第一次工业革命，发电机之于第二次工业革命，每一次范式创新都源于一项新技术的发明及广泛运用。新技术一方面可以与旧产业结合来提高劳动生产率，从而增加比较优势；另一方面可以催生出全新的产业，为经济注入新的活力，两者都会促使要素流向利润率高的产业。也就是说，在市场机制下，率先进行产业创新的地区会自动对产业进行扬弃，即产生了产业分工。除此之外，政府基于对区域发展水平和各地资源禀赋的考量也会通过政府规制来引导产业分工。产业分工加快了产业转移的速度，同时也是产业合作的基础[123]。在产业转移过程中会涉及很多问题，如转入地是否具备承接能力、转移后"业走人留"现象等，这就需要企业之间进行产业合作。处于不同产业、同一产业不同产品或者同一产品不同生产环节的企业可以通过共用基础设施、高新技术、大型机器设备等方式进行合作，优势互补将成本摊薄，从而提高当地的承接能力。产业合作导致的企业集聚会将地区优势放大，包括劳动力在内的各种要素会充分涌流[124]。承接产业转移后，转出地可能会因产业转移出现产业"空心化"，这将倒逼转出地进行产业创新；而转入地也会因地

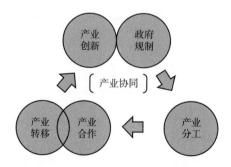

**图6-4　京津冀工业绿色产业协同的内部关系**

制宜地进行吸收和改造，从而促进转入地的产业创新。基于此，产业创新、产业分工、产业转移和产业合作形成了完整闭环，共同促进工业绿色产业协同[125-129]。

　　在以上过程中，政府和市场都大有可为。因此本章从京津冀工业绿色产业协同出发，提出以下五点建议来深化要素和制度改革，平衡政府和市场的关系，推动京津冀工业绿色协同发展。

# 6.1　培育多主体的京津冀绿色产业创新体系

　　无论是企业出于逐利目的主动进行创新还是发达地区由于产业"空心化"被倒逼创新，都需要政府、实体企业、中介机构、高等院校等共同参与，才能充分发挥各主体的作用和优势。如图 6-5 所示，各主体之间的关系紧密而复杂，当绿色产业创新体系形成良性循环后，新技术新思想就会相继迸发[61]。

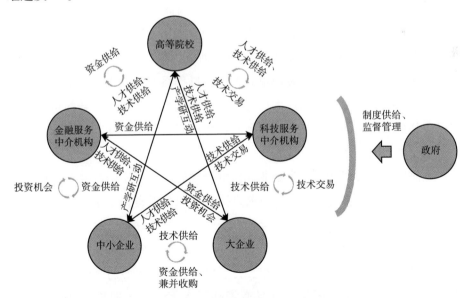

**图 6-5　京津冀多主体的绿色产业创新体系**

注：横线上为左侧主体对右侧主体的作用，反之则反。

北京市具有其他省区市无法比拟的教育优势，高等院校林立为京津冀绿色产业创新奠定了坚实的人才基础。一方面高等院校可以作为各实体企业和中介机构的人才储备基地；另一方面实体企业、中介机构的高管与高校老师可以进行双向互动——老师在企业内获得行业前沿信息，高管在高校深造挖掘理论根源，产学研结合形成创新的正反馈机制。

科技服务中介机构是撮合新技术交易的做市商。它们首先收集各类企业和高校对于新技术的供求信息，经过筛选后公布在统一的平台上，通过自有资金的买卖及撮合交易使技术交易市场逐渐活跃和成熟，扩大其知名度和影响力，让更多的人参与进来，这样既鼓励了新技术的诞生又可以减少重复研发造成的资源浪费。而金融服务中介机构可以在科技服务中介机构成立初期为其提供资金支持，也可以作为交易主体本身参与新技术的买卖。通过扩大创新主体，增加创新主体的活跃度和能动性，就能建立创新导向型社会。

中小企业和大企业之间竞争和合作并存。中小企业对于市场变化拥有更敏锐的洞察力和更快的反应，但是由于抗风险能力弱以及资金约束等问题创新活动会受到阻碍；大企业占有的资源更加丰富但是其在经营方向、技术更新等方面转换成本较高，调整较为困难[130]。因此大企业可以在技术流通市场上购买中小企业的新技术，或者直接收购有潜力的中小企业，用自己的资源支持其发展。另外，中小企业通过降低创新门槛，也可以鼓励员工创新。例如，利用先进技术优势开发简单好上手的操作系统，让没有太多计算机专业知识但是实践经验丰富的广大员工都可以利用操作系统生成新的可以提高自己工作效率的新系统。当一个个新系统生成时，小的创新就可以推动社会生产效率的巨大进步。

金融服务中介机构可以为企业提供资金周转帮助，不同金融机构根据项目的不同风险来选择性参与。在目前京津冀企业的融资渠道中，依靠企业自主融资和金融机构信贷得到的资金远少于政府的财政性资金投入，这在一定程度上制约了京津冀产业协同的质量和速度[129]。因此，拓宽融资渠道，加大金融机构对企业的支持力度势在必行。例如，银行可参与企业的日常运营借贷活动，而新技术的研发过程具有期初投入多、回收期长、风险大的特点，较为适合风投、私募等参与。另外还可以将风险不同的几个项目进行打包评级，发行资产支持型证券（ABS），鼓励投资者可以根据自己的风险偏好进行选择。这不仅解决了绿色创新产业发展的资金约束问题，还为投资者提供了多样化的投资方式，并且加深了人们对于绿色产业的认识和接受程度，增加了总需求[131]。

政府在整个绿色产业创新体系中处于管理和监督的角色，既要对高校创新活动给予支持、引导银行等金融机构增加对中小企业的贷款；也要监督各类中介机构按规运营并防止大企业对市场垄断；还要建立健全完善的知识产权保护体系，严厉打击"搭便车"侵权行为，提高企业创新收益，解决创新的后顾之忧，增加各主体的创新意愿。

## 6.2　立足比较优势深化绿色产业链分工

产业结构优化升级会提高工业绿色发展水平，但地区间产业差距缩小会抑制工业绿色协同发展。由于京津冀目前工业化进程不同，阶段性存在合理的产业梯度和分工是京津冀工业绿色协同发展的必经之路。

在目前的发展阶段，并不是每一个城市都要一味做大，停止扩张并利用自己的比较优势进行发展反而会促进区域共同繁荣。因此，应整合现有资源，优势互补，在京津冀区域内构建完整产业链，补短板、锻长板，避免因产品同质造成不必要的资源浪费和恶性竞争。北京利用科研创新优势解决新能源的开发、储存、运输等技术问题以及高新技术产品的研发，天津负责将新技术转化为生产力而河北则负责生产制造。这也与《京津冀协同发展规划纲要》中对于各地区的不同功能定位以及 2019 年国家发改委提出的"收缩型城市"的概念相契合。收缩不意味着衰败，尤其对河北省 11 市而言，根据各自功能定位、发挥自然资源和地理位置等优势专注发展农业、旅游业等产业比全部发展低端制造业对于促进整体京津冀工业绿色协同发展的作用更大。例如，承德和张家口受限于功能定位，两地不具备承接京津制造业的政策优势和基础条件，难以通过产业转移实现产业转型升级，因此应将重点放在把握与京津建设协同创新共同体的契机改造升级传统工业上；衡水应依托滨湖新区建设大力发展高新技术产业，借助政策优势着力构建农产品生产加工的全产业链，提高产品附加值；邢台应依托邢东新区建设，把握新能源产业基地建设的政策优势，加大科技投入强度，聚焦新能源汽车充电桩技术、传统能源的清洁化技术等关键领域，积极投身能源替代产业。

京津冀地区整体跨越维度较广，而北京天津两个增长极都位于中北部，对于河北南部地区的辐射效果较差，因此为了带动邯郸、邢台、衡水、沧州等地的产业链发展，亟须培育南部新的增长极。石家庄是河北省会城市，位于河北南部的中心位置，又是京广、石太、石德三条铁路干线的交汇点，地理位置极其优越。未来将石家庄培育为新的增长极，形成京津石三点，在目前京津冀交通网络的基础上，北京向北、天津向东、石家庄向南向东，分别引出交通线，发挥增长极对周边城市的扩散效应，点线面结合可以更快促进京津冀共同发展。

目前京津冀城市等级存在断层，区域之间发展差距过大，甚至出现"环首都贫困带"。因此，除了培育石家庄这一南部增长极外，还需要建设 3 ~ 4 个中型城市。另外，距增长极较远的城市可以通过政策鼓励靠近增长极的地区优先发展，如张家口、承德市向南，邯郸、邢台市向北，用"先富"带动"后富"。

## 6.3　便利绿色产业转移与承接

基于绿色产业分工的绿色产业转移不仅涉及企业的去留，还涉及劳动力、基础设施、投资质量、交通等多个方面，否则就会产生"业走人留"的现象。因此对于承接地政府来说，要从多角度入手畅通要素流动，便利产业转移与承接，如图 6 – 6 所示。

（1）劳动力质量和数量并重，变人口红利为人才红利。

劳动力质量的提高可以显著提升工业绿色发展水平，但供给侧结构性改革对于人力资本发挥作用的影响并不明显，甚至削弱了人力资本协同对京津冀工业绿色协同发展的作用。这主要由于教育是百年大计，长期作用明显但短期内支出增加，效果却不显著。同时，由于近年来我国人口红利逐渐消失，放开生育增加人口数量也成为促进经济发展的必然选择。因此，为了提高人力资本水平，要从提高劳动力质量和增加劳动力数量两个方面入手，同

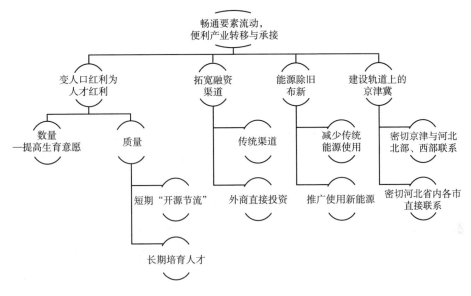

**图 6 - 6　推动绿色产业转移的路径**

时考虑政策的长期和短期效果。

想要提高人口质量，除了加大教育投资来培养优秀人才外，引进人才和防止人才外流也须格外重视，长、短期政策叠加才能发挥最好的效果。劳动力是最活跃的生产要素，人口流向受基础设施以及公共服务供给的影响很大，因此政府在出台相关政策吸引人才的同时，还要在城市建设以及配套公共服务上下功夫，这样才能真正留住人才。当劳动力质量上升时，人才就会反哺城市，提高城市竞争力，从而形成良性循环。另外，城市文化建设水平的提高如图书馆、艺术馆数量的增加会有利于优秀文化的传播和普及。

第七次人口普查数据显示，2020 年我国出生人口较 2019 年下降了约18%，平均每个家庭户规模降至 2.62 人，这除了与我国特殊的户籍制度有关外，还与目前的"少子化"倾向有很大关系。要提高年轻人的生育意愿，就必须降低抚育成本，这就要求降低房价收入比、完善产假制度、普及公办幼托机构以及减轻教育压力，突破"内卷"。而要突破"内卷"，关键就是通过创新增加更多的就业岗位，这又与提高人口质量息息相关，因此提高劳动力的数量和质量缺一不可。

（2）拓宽融资渠道，提高投资质量。

除了上述金融服务中介机构通过银行借贷、私募融资、风险投资等方式给予企业支持外，河北省利用秦皇岛、黄骅等地的港口优势同样可以提高投资质量。引入外商直接投资（FDI）既可以拓宽融资渠道，还可以引进国外的先进技术和制度体系，从而提高自身的要素利用效率，促进经济高质量发展。政府应严格监管外商引进方向，提高外商投资的绿色标准，促进其向清洁型、高效型制造业倾斜，避免投资进入"三高"企业。例如，衡水应依托滨湖新区建设大力发展高新技术产业，借助政策优势着力构建农产品生产加工的全产业链，提高产品附加价值。另外，充分利用"一带一路"倡议的政策优势以及港口的地理优势强化外向性。唐山、沧州、秦皇岛市分别依托曹妃甸工业区、渤海新区、北戴河新区，加强与其他地区的经济联系，主动融入"一带一路"倡议和环渤海合作大格局，成为京津冀经济连接世界的窗口城市。

（3）减少传统能源使用，促进可再生能源使用。

工业能源的使用效率对工业绿色发展无促进作用，供给侧结构性改革在此基础上又起抑制作用，这与工业绿色发展的目标——谋求经济与能源消耗脱钩以及工业化进程中能源使用效率提高导致的第二产业比重减少，工业经济增速放缓有关。对于能源使用来说，除旧布新是大势所趋。企业应积极提高资源的利用效率，主动开发和使用新能源，改善能源消耗结构。在京津冀工业企业中，大多企业依旧使用能耗高、效率低、高污染的落后设备和生产方式，政府应适当给予补贴，激励企业更换淘汰这样的落后设备，积极进行生产方式的绿色转型。同时，单一的设备和生产方式改进并不能彻底提高资源利用效率，各地政府应推广新能源的使用，鼓励成立开发新能源服务公司，政府和市场共同引导企业降低传统能源的使用量，增加太阳能、风能等新能源的使用，以及水资源的循环利用等。例如，唐山和邯郸市的工业基础雄厚，应加快先进技术对传统工业的改造，合理规划工业园区，发展循环经济；邢台依托邢东新区建设，把握新能源产业基地建设的政策优势，加大科技投入强度，聚焦新能源汽车充电桩技术、传统能源的清洁化技术等关键领域，积极投身能源替代产业。

（4）以交通枢纽建设为抓手，畅通要素流动。

长三角城市群建设较为成功的重要原因之一是其以黄金水道为依托建立

起了四通八达的综合立体交通网[132]，而目前京津冀的交通网络多集中在以北京、天津市为核心的中部和东部，西、北部较少且河北省内部 11 市之间的直接联系并不紧密。因此，只有真正建设起"轨道上的京津冀"，使 13 个市之间以及内部的要素流动畅通，才能促进产业转移和承接，促进工业绿色协同发展。

## 6.4　加强绿色产业合作

　　绿色产业合作和绿色产业转移密不可分，目前北京向天津、天津向河北以及北京向河北的产业梯度转移以及三地之间初步形成跨行政区的产业链是京津冀第二产业合作的主要表现形式[133]。为了深化绿色产业合作，在制度保障下加速绿色产业融合、集群化发展已是大势所趋，如图 6 - 7 所示。另外，在绿色产业合作过程中也要注意协调好市场和政府的关系，避免"市场失灵"与"政府失灵"。

**图 6 - 7　制度保障绿色产业合作**

### 6.4.1　全方位发挥京津对河北的扩散效应

　　根据第 3 章的分析结果，目前京津的产业扩散效应多集中在京津以南地区，并且扩散范围并不大，仅限于石家庄、保定、廊坊、沧州等市，河北南部的邢台、邯郸以及北部的张家口、承德等市受京津辐射较小。扩散效应与极化效应相对，是包含在梯度经济中的概念。极化效应指如果地区间尤其是相邻城市之间存在发展差距，经济状况好的地区就会吸引落后地区的要素和产业流入，这样就会进一步拉大地区间的差距，造成两极分化。扩散效应是指在极化效应发生后，发达城市利用自己的资源优势促进了周边落后地区的发展。对于京津冀地区来说，目前京津的扩散效应对于南部的作用强于北部的原因有三个方面：第一，北京地理上被河北包围，而河北西有太行山、北有燕山、东部沿海、南部为平原，特殊的地形使北京西、北、东三面环山。河北像一个坚硬的头盔，在拱卫首都的同时也限制了北京对西部和北部的影响力，使北京不得不选择向南发展。第二，2012 年北京为了纾解中心城区的功能，将位于城市东南部的通州定位为城市副中心，此后北京市级行政中心和大批学校迁入通州。城市副中心的建立使北京对于南部的影响力扩大。另外，天津位于北京东南方，两市的中心城区相距不过 150 公里，北京向南发展有利于和天津形成合力，共同促进区域发展。第三，对于天津来说，习近平总书记在天津考察时强调要以滨海新区为龙头，吸引在京科技服务资源投资。滨海新区位于天津东南部，是环渤海的中心，其地理位置优越，又有港口优势和国家优惠政策，所以天津向南的扩散效应较强。

为了让京津辐射范围更广，产业集群数字化是必由之路[134]。目前产能过剩倒逼企业升级，但企业却面临资金和技术的双重约束，这就需要地方政府联合产业云创新中心给予企业帮助。政府提供资金补贴和政策支持，产业云创新中心提供软硬件技术和培训。地方政府的动力来自企业转型成功后会为地方创造更大的经济效益以及就业岗位，让城市在激烈竞争中领先；当新的产业链培育起来后，产业云创新中心作为产业链的一部分自然也会获益；就企业而言，数字化使生产的各个过程直接上云，上下游企业之间沟通和联系更加紧密，并且在研发过程中，云工业软件也会为企业节省大量的人力物力，缩短研发时间。对于京津冀来说，产业集群数字化不受空间位置的限制，北京和天津的技术优势可以直接覆盖整个京津冀地区，各地之间的沟通交流更加方便快捷，促进了京津冀地区的产业升级和优化。

提高投资质量可以显著促进工业绿色发展，但是市域间差距的缩小却降低了工业绿色区域协同，换言之，要想促进京津冀工业绿色协同发展，要允许区域间投资质量存在差距，这也较为符合京津冀目前的发展现状。京津分别处于后工业化向现代化社会过渡以及后工业化时期，投资效益较高，所以差距主要在河北。河北目前面临产能过剩的困境，使用化石能源的重化工业投资效益不高；而风电、光伏等新能源还处于起步阶段，资金约束明显，规模效应还未形成，投资效益也并不高。因此，为了发挥投资质量对工业绿色发展的促进作用，要在政府的引导下利用市场机制逐步淘汰落后产能，建立风电光伏产业集群。在低碳经济的大背景下，风电光伏产业必然会成为投资的风口。而河北的风能和太阳能储量丰富[135]，具有发展风电光伏产业的天然优势，再加上京津技术优势和政策支持，河北发展新能源占据了天时地利人和。建立风电光伏产业集群后，上下游企业可以共用基础设施、先进技术与设备，节约资源利用。当河北在新能源开发利用储存方面形成规模效应和成本优势后，投资收益会呈倍数增长。

除此之外，三次产业的融合发展也是未来的发展趋势之一。例如，传统农业和5G、工业互联网的融合以及第二产业和第三产业的融合会碰撞出新的火花。5G可以极大地提高上传和下载的数据量和速度，因此河北农村的田间地头就可以安装5G热敏摄像头，通过摄像头对农作物进行24小时的监控，采集到的数据可以立即上传到云端，由北京、天津研发的系统对病虫害、成熟度等进行分析，而系统也会及时将结果传送到消杀病虫害及收割农作物的企业，企业就会派出专人进行处理。同时，大数据还可以针对各地的农作物生长状况进行综合分析，结合市场需求对农民提出种植建议，防止"谷贱伤农"的状况发生。工业和农业的结合极大地解放了生产力，减少农业生产成本的同时也增加了生产效率。在未来，三大产业之间的界限会逐渐模糊，类似先进制造业和现代服务业"双业融合"的概念会越来越多，从而为经济高质量发展赋能。

## 6.4.2　短期供给管理及利益协调机制

制度供给不能有效促进工业绿色发展，制度区域协同同样抑制了京津冀工业绿色协同发展。供给侧结构性改革本身侧重对长期经济发展进行调节，而政府制定和推行政策的整个过程都存在时滞，两种效果叠加使供给侧结构性改革对短期经济的促进作用并不明显，并且一些政策如关闭重污染企业等还会引起短期经济波动。因此在深化供给侧结构性改革过程中，还需要使用一些短期供给管理政策以及利益协调机制来进行短期管理和减少经济波动[136]。

（1）加快推进碳交易及个人碳交易平台和市场的建设。

供给管理可以在长期内提高资源存量和技术水平，也可以在短期内通过提高资源和技术水平利用率来促进经济发展，据此可分为长期政策和短期政策[137]。想要在短期内提高资源和技术水平利用率，以结果为导向利用市场机制倒逼企业改变生产方式是最有效、最迅速的方式之一。企业对成本和利润的变动极为敏感，当政府逐步建立起成熟且活跃的碳交易市场时，企业在生产、包装、运输的全过程就会主动寻求新的技术提高资源利用率以减少碳排放。从需求端来说，建立个人碳交易市场会让消费者"用脚投票"，通过需求的转型来促使企业优化生产过程。因此无论从企业本身降低成本、提高利润角度还是增加产品的市场占有率角度来说，企业都有足够的动力提高资源和技术水平利用率。

（2）建立多层次的利益协调机制。

本书建立了两轴三元四维的利益协调机制。如图6-8所示，"两轴"指从中央到地方协调的纵轴以及各地区之间协调的横轴。纵轴主要由中央通过行政力量制定奖惩制度，是对京津冀协同发展的硬约束；横轴则要求各地区之间根据各自发展状况进行沟通，因地制宜从细节着手制订计划，市场力量主导的同时辅以政府规制，是对京津冀协同发展的软约束。政府、企业和个人是京津冀

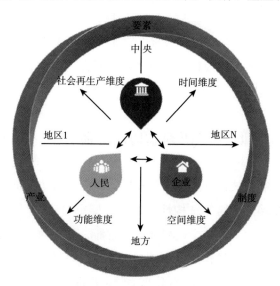

**图6-8 利益协调机制**

协同发展最重要的主体，为"三元"，三个主体在空间维度（各行政区—经济圈—全国）、时间维度、功能维度（资源—环境—经济）、社会再生产维度（生产—分配—交换—消费）之间进行深度交流和合作，形成动态平衡，最终促进区域内绿色发展水平差距的缩小，各地区共同繁荣[60-62]。

　　在三个主体中，政府之间的利益协调是最复杂的，不仅需要协调各地政府之间经济、政治利益，还要避免同一行政区不同届政府由于短期行为而造成的"政府失灵"。对于企业来说，国企和中小企业之间、僵尸企业和创新型企业之间、创新型企业与创新型企业之间都存在资源、资金、人才等的争夺。合理的利益协调机制除了考虑经济成本外，还需要兼顾生态成本和社会成本，如"谁污染谁治理"以及因产业结构升级导致的产业"空心化"、失业率升高等[63]。个人是三个主体中最活跃、最具创造力的因素，同时个人选择受企业、政府影响很深，如企业的搬迁、转型以及政府配套公共设施、福利设施都会对个人的职业选择、常住地等产生非常大的影响。

　　在四个维度中，功能维度是最主要的变量，工业绿色发展的目标就是要在经济发展的同时保持环境承载力不变且不增加资源的消耗。时间和空间维度贯穿于利益协调的始终，时间维度有两层含义：第一，利益协调机制不能仅考虑当下，要以经济发展可持续为目标，这也意味着地区之间一方对另一方的持续性"输血"和牺牲是不可行的；第二，要减少各主体的短期行为，如避免企业为了享受政策优惠和规避处罚而谎报污染物排放等。空间维度则是从系统性和整体性出发，强调各行政区之间"一荣俱荣、一损俱损"。社会再生产维度是功能维度的具体化，即在生产、分配、交换以及消费四个方面都要注意环境、资源、经济的协调发展。

　　在我国的三大经济圈中，只有京津冀位于北方，京津冀可以视为北方城市协同发展的试点和缩影[138]，在"北方重政、南方重商"的背景下，如何开辟京津冀地区协同发展道路成为目前亟待解决的问题。与其他两大经济圈相比，京津冀地区具有独特的历史惯性和现实基础，因此本章在第2章建立的两轴三元四维利益协调机制基础上加入了京津冀特色，形成了京津冀工业绿色协同发展的利益协调机制，如图6-9、图6-10所示。长三角地区协同发展水平高的一个重要原因就是在组织架构上建立了包括决策层、协调层和执行层的"三级运作"机制[60][62][139]，各省市域间都有联席会议定期进行利益协调。与长三角地区不同的是，河北与北京、天津之间的差距较大，河北各市在行政级别上与京津不对等，只靠地方很难建立行之有效的联席会议制度，因此要依靠中央的力量主导建立定期的多层次运作机制。除了京津冀之间外，河北省内各市也要加强联系与沟通，对于涉及地方切身利益的财税制度、环境保护的利益补偿等进行进一步协商。因此，在京津冀协同发展顶层设计中的组织架构方面，需要建立市域间横向协调机制以及从中央到地方的纵向仲裁机制，形成对京津冀协同发展的软约束和硬约束，如图 6-9 所示。

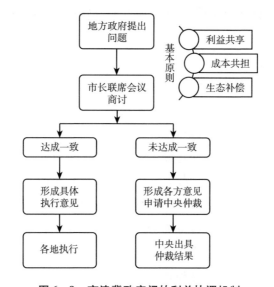

**图 6-9　京津冀政府间的利益协调机制**

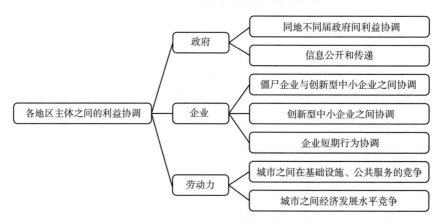

**图 6-10　京津冀各主体之间的利益协调机制**

"燕赵多义士"，自元朝起北京成为首都，河北就成为畿辅重地，扮演着保卫北京的角色。在"蓝天保卫战"中，处在工业化中期向后期过渡的河北关停大批重污染企业，在保护生态环境的同时也在经济上作出了牺牲。河北不仅放弃了部分潜在的发展机会，在一些地区还出现了因生态治理致贫的情况。但是京津的发展不能以牺牲河北为代价，河北和京津差距过大会造成更为严重的隐患[140]。环境保护具有显著的正外部性，同时环境破坏也具有显著的负外部性。京、津、冀三地地缘相接、人缘相亲，共荣共生，因此河北在环境保护中作出贡献的同时需京津在产业转移、基础设施建设以及财政转移支付等方面给予补偿，以利益共享、成本共担、生态补偿为原则建立机制。

就利益共享机制而言，河北放弃的发展机会，京津要在产业转移中首先考虑河北来予以补偿。但是由于产业转移涉及税收问题，北京"不想放"河北"接不着"问题较为严重。即使一些企业迁入河北，在目前制度下税收权仍掌握在北京手中[141]。因此，除了促进产业分工和产业转移外，还要改革现有的注册地纳税制度。京、津、冀三地可基于对企业成本—收益的区域贡献度来分享税收，即如产品的研发地位于北京，制造地位于河北，属于北京的应纳税所得额即总收益×研发成本占总成本的比重；属于河北的应纳税所得额即总收益×制造成本占总成本的比重。若河北降低制造业企业的税率，则会促使大批制造业企业落地河北，加速产业转移。

就成本共担机制而言，京津冀工业绿色协同发展中会涉及基础设施的建设，尤其是以 5G 基站建设、特高压、人工智能等为代表的新基建将成为经济发展的新动力。京津冀三地政府可依据基础设施对本地区贡献度为权重共同分摊成本，在计算权重时，不应仅考虑经济成本，还应该将社会成本、生态成本以及机会成本考虑在内，减少各地"搭便车"现象，达成共赢。

就生态补偿机制而言，污染治理和环境保护是亟须的公共物品，会产生大量的交易成本[172]，因此为了避免各地考虑交易费用后出现"理性无知"，需要建立适当的生态补偿机制，同时对京津和河北进行约束。具体而言，生态补偿主要包括恢复或破坏生态系统的成本补偿、经济活动破坏生态系统产生的外部成本内部化、区域保护生态系统的机会成本补偿、保护生态系统的投入。应根据"谁受益，谁付费"的原则建立生态补偿机制，包括补偿主体、对象、形式、标准等。其中，恢复或破坏生态系统的成本补偿、区域保护生态系统的机会成本补偿和保护生态系统的投入主体主要是地方政府，但地方政府财力有限，因此应加大中央政府的财政支持，建立京津冀生态补偿中心，并引入公益性组织、私人部门参与；外部成本内部化的主体主要是企业，但由于市场机制不成熟，外部成本内部化并没有发挥减少破坏的作用，因此应尽快健全市场机制，包括碳排放权交易市场、排污权交易市场等。补偿形式单一化，补偿标准缺乏持续性，对补偿对象没有起到真正的激励作用，生态补偿机制将不能发挥效应，因此应针对不同对象，建立多元化机制，通过项目、资金、技术等多种形式给予补偿。例如，河北省为保护京津冀生态环境，关停了大量"三高两低"企业，放弃了很多发展机会，在短期内造成了经济损失，因此京津应通过产业转移给予补偿，中央政府应给予重大项目补偿。

在促进京津冀工业绿色协同发展过程中，除了京津冀三地政府之间要建立上述利益协调机制外，在各地区内也要注意政府、企业和劳动力三个主体之间的利益协调，如图6-10所示。对于政府而言，首先同一地区不同届政府之间存在利益协调问题。囿于目前的政绩考核标准，当届政府可能会出现一些短期行为，这就可能会损害当地经济长远发展以及下一届政府的利益，因此将地区长远发展纳入考核标准是未来努力方向之一。其次，引入数字化治理模式可以打破"信息孤岛"，增强政企人之间的沟通互联，便利各主体之间的利益协调。利用北京技术优势，打造数字化治理模式，将所有的政务信息、科技创新信息、经济运行状况、环境联防联控信息、文化旅游信息等全部上云，在提高办事效率、提升政府对经济控制力的同时便于企业和个人搜索信息，减少不必要的资源浪费。最后，政府为了让经济、资源、环境协调发展，必须在社会再生产的各个环节即生产、分配、交换和消费中完善其监管。重视生态成本和社会成本，通过碳交易以及征收碳税等方式促使企业重视污染的防治；通过就业的税收优惠等方式鼓励企业增加就业岗位。

企业受政府政策影响并发挥主观能动性追求利润最大化，不同企业之间也存在利益的协调。首先，在国企与中小企业尤其是国企中的"僵尸企业"和创新型中小企业之间存在资源的竞争。在解决产能过剩问题中，"僵尸企业"大而不倒的现象十分突出。一方面"僵尸企业"已经生产不出市场需要的产品但是仍然占有大量的土地、银行贷款等资源；另一方面"僵尸企业"解决了一定数量的就业问题，骤然其破产会造成失业率的上升以及经济动荡，同时一旦"僵尸企业"破产，银行就会产生大量的坏账，由于金融机构之间的借贷关系复杂，资金链的一部分断裂就有可能会产生连锁反应，引发金融市场的动荡。因此，政府应逐步减少对"僵尸企业"的支持，迫使其在破产和主动转型之间进行抉择，引导其利用自己的低成本资金以及劳动力、土地等优势投资或者收购创新型中小企业，同时针对其内部管理进行改革，用壮士断腕的决心让企业重获生机。其次，在创新型企业之间也存在资源竞争。生产同质产品很容易引发恶性竞争，因此在政府的逐步引导下利用上述数字化云平台在产业链中找到适合本企业的位置既有利于各企业之间优势互补，减少资源浪费，还有利于补全地区的产业链，发挥规模效应和成本优势。在创新型企业中，还可以继续发展技术与大型设备租赁的生产性服务业，创新资源共享有利于企业的共同发展。最后，企业也会为了追求眼前利益而存在短期行为，如套取国家创新补偿以及不经处理就任意排污等，这就损害了政府和其他企业的利益。因此除了加强政府监管外，还要倡导行业自律以及公众舆论监督。

劳动力是最活跃的生产要素，基础设施的差异在很大程度上影响了人口集聚的方向，而公共服务的跨区域供给则可以阻碍或者促进人口在各区域之间流动。因此人民与企业和政府之间存在隐形的利益协调问题，如果人民对现状不满意就可以"用脚投票"离开城市，而企业和城市失去了人才的支持则会进一步衰落，所以企业和政府之间的竞争也是人才的竞争。政府在布局新产业时需要将公共服务和配套生活设施考虑在内，企业在搬迁以及设立分部时也要衡量当地的经济发展水平。

《周易》言"利者，义之和也"，最高的道义就是满足最大多数利益相关者的需求。随着社会的发展以及新事物的产生，会有更多的新情况新现象出现，利益协调机制也要不断与时俱进，才能更好地促进京津冀工业绿色协同发展，才能加快形成以国内大循环为主体、国内国际双循环相互促进的新发展格局。

### 6.4.3 政府—市场共推产业合作

供给侧结构性改革核心内容之一就是打破经济发展的桎梏，让制度变革推动先进生产力发展。在推动工业绿色协同发展过程中，制度是制约各类社会活动的"天花板"，个人、企业等都在制度的约束下行动[25]，这就涉及了政府力量和市场力量的博弈问题。市场对于资源的配置较为准确，但是需要的时间较长且市场调整过程中可能会由于外部性、信息不对称等原因导致"市场失灵"，"市场失灵"将进一步导致区域差距扩大，降低工业绿色协同发展水平；政府规制对经济的影响作用大、见效快但很容易会对经济造成过度干预，再加上可能出现的政府"寻租"行为就会造成"政府失灵"[24]。制度阻碍了先进生产力的发展导致产业升级缓慢，政府为了尽快促进经济发展对要素的价格、配置进行干预，但当干预过度时就会造成要素市场扭曲，进一步阻碍了工业绿色发展，形成恶性循环。因此，在工业绿色发展的不同阶段需要不断调整和平衡政府与市场的关系。

我国有政府调控的历史惯性。不管是古代"大一统"的中央集权制度还是新中国成立后持续实行四十多年的计划经济体制，都强调了政府的主导作用，形成了以政府调控为主、市场调控为辅的格局。由于我国的市场经济还不够成熟和不够完善，贸然放开管制会造成经济剧烈波动，因此在未来一段时期内有力政府调控的格局仍将持续，但是政府将在一些领域逐渐退出、简政放权，使经济逐步向完全市场化方向发展。

我国有市场调控的现实需要。2012年经济进入"新常态"，随着我国全方面与世界接轨，经济社会不断发展，"弱市场"在要素合理配置、产业优化升级上无法发挥最大作用，"强政府—弱市场"的格局不再适应现实需要[24]。因此要培育发展"强市场"，让市场在资源配置中发挥决定性作用，政府调控与市场调控共同推进京津冀工业绿色协同发展。供给侧结构性改革的目标之一就是释放企业活力[6]，正确处理好政府和市场的关系[142]。因此为突出市场的重要作用，推动京津冀产业协同从而促进京津冀工业绿色协同发展，政府就要不缺位不越位，只做"裁判员"，不做"运动员"。在政府进行制度的顶层设计后，通过要素自由流动来促进产业协同，使经济达到帕累托最优。

（1）打破预算软约束，减少价格扭曲和资源错配。

政府为促进地区经济增长、增加就业，通过一些形式引导银行等金融机构将贷款资源向这些企业倾斜，使企业的资金运用超过了其当期收益，即产生了预算软约束问题[143]。但这样一方面可能使企业产生道德风险，对经营风险、市场变化变得不敏感；另一方面又会迫使银行不能完全履行对贷款企业的监管和审查职责，当企业的经营发生问题不能及时归还贷款时，为了避免企业破产造成银行坏账过多从而引发连锁的系统风险，银行只能继续为这些"僵尸企业"贷款。因此，政府应逐步减少对"僵尸企业"的支持，在适当领域打破垄断，引入市场竞争，让市场逐步淘汰落后产业。对于债务来说，存量债务银行要加强成本控制和预算约束，通过资产管理公司对不良资产进行收购、管理和处置，逐渐消化存量；增量债务要严格审批，完善信息披露制度，加强银行监管和大众监督。实现资源"腾笼换鸟"，利用"僵尸企业"退出后腾出的资源促进高新技术企业发展，这在促进产业结构优化升级的同时也降低了系统性金融风险[144]。

（2）引导社会资本投资流向，让企业在竞争中发展。

目前形成的过剩产能除了政府通过行政手段促成以外，大批社会投资者根据政府产业政策指导来进行投资也是重要的原因[14]。因此，当地政府可以根据本地区的功能定位以及资源禀赋适当放出信号引导社会资本流向，但须注意政府扶持的尺度，不能重蹈目前落后产能的覆辙，再成立一批"僵尸企业"。目前市场上企业鱼龙混杂，甚至有企业"挂羊头卖狗肉"，套取政府补贴，造成"劣币驱逐良币"现象[145]。因此政府不能直接通过拉低要素价格对企业利润进行补贴，而应该让企业在竞争中发展，减少不必要的政府干预，降低制度性交易成本，为企业减负；将政府的工作重心转移至监督与提高公共事业水平中，强化政府的服务功能，优化创新环境，营造公平公正的市场环境，使企业能够自由进入或退出，这样通过市场机制筛选出来的企业才能经受考验，才能促进产业升级，使各地区协同发展。

## 6.5 深化供给侧结构性改革

京津冀工业绿色发展面临要素市场扭曲、产业结构失衡、制度供给不足等供给侧问题，具体包括劳动力供求失衡、信贷资源错配、资源利用效率低下、创新不足等，供给侧结构性改革势在必行。

由于供给侧改革偏重从长期来调节经济，而需求侧改革在短期调节中效果明显，再加上供给侧和需求侧息息相关，供给为需求创造对象，需求倒逼供给的转型升级，因此为了更好地促进工业绿色发展，需要供给侧和需求侧两端共同发力。传统的需求侧改革是靠投资、出口和消费"三驾马车"来拉动经济增长，但是随着经济进入"新常态"，投资增速逐步下降，出口增速负增长，传统凯恩斯需求管理尤其是投资和出口管理的效果逐渐变弱。从消费方面来说，由于我国人均可支配收入不断提高，居民的消费意愿和消费能力也在上升，对于产品的要求也从"有没有"转变为"好不好"。但是，国内低质产能过剩同时优质产品供给不足，就使国内的消费外流，反而拉动了国外经济发展。因此，在提高供给质量的同时促使消费回流，让消费者信赖并选择国内产品也是促进工业绿色发展的重要命题。供给侧为主，配合需求端尤其是扩大内需的相关政策，就可以促进京津冀工业绿色发展水平的整体上升。

但在供给侧结构性改革驱动过程中可能会出现工业绿色区域差距扩大等新问题，无论是基于政策原因还是现实原因，都需要供给侧结构性改革区域协同来促进京津冀工业绿色区域协同发展。因此，供给侧结构性改革驱动京津冀工业绿色协同发展的机制分为供给侧结构性改革驱动工业绿色发展以及供给侧结构性改革区域协同驱动京津冀工业绿色区域协同两大部分，如图6-11所示，两部分以2014年京津冀协同发展战略的提出为分界点，体现了供给侧结构性改革驱动京津冀工业绿色协同发展过程中的动态变化。

由于我国在工业绿色发展中供给侧问题凸显，因此供给侧结构性改革是工业绿色发展的必然要求。供给侧结构性改革和工业绿色发展的含义都较为丰富，两者之间的关系复杂，如图6-12所示。

供给侧结构性改革是一个"滚石上山、爬坡过坎"的过程，随着经济社会的发展，在解决问题的同时不断会有新的情况出现，促使政策逐步调整来适应新变化。2014年，习近平总书记在听取京津冀协同发展专题汇报时，提出要将京津冀协同发展上升到国家战略层面，同年，京津冀协同发展领导小组成立。中央将从规划一体化、交通一体化、产业一体化、市场一体化等多

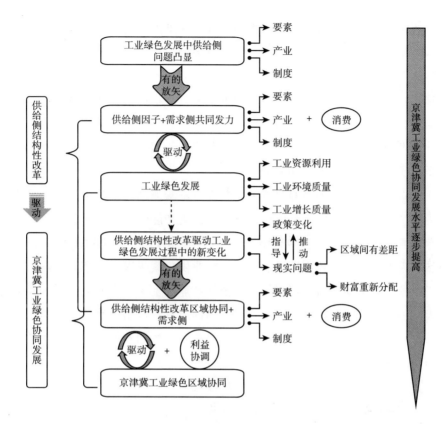

**图6-11　供给侧结构性改革驱动京津冀工业绿色协同发展的机制**

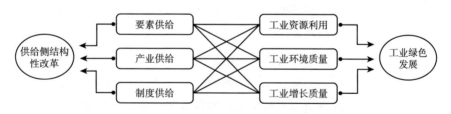

**图6-12　供给侧结构性改革驱动工业绿色发展的机制**

个方面打造以首都为核心的世界级城市群。这表明中央高度重视京津冀协同发展，力推三地优势互补，使"一加一大于二、一加二大于三"。

政策的推行源于中央对现实情况的准确研判。供给侧结构性改革的驱动过程中，京津冀的绿色发展水平得到了明显提升，但是由于各地的财政状况、生态基础、产业结构等差异明显，在京津冀13市之间，绿色发展水平差异明显，长此以往将损害区域整体利益。以工业环境质量为例，北京的重化工业比重低，污染排放量小，再加上其对污染的治理水平较高，所以从北京的角度，其工业环境质量较高，但北京地理上被河北包围，从北京转移的重污染企业大多集聚在河北，如果河北的污染得不到有效控制，北京也不会独善其身，即区域间绿色发展水平的不平衡对于京津冀整体绿色发展存在不利影响。

在供给侧结构性改革驱动工业绿色发展中，还涉及了财富再分配问题，其本质是产业和要素的重新分配。

首先，去产能过程中的财富重新分配。供给侧结构性改革的一个痛点就是去除过剩产能，如果完全依靠市场机制，去产能的过程会非常缓慢并且可能存在的"市场失灵"会对宏观经济产生巨大打击；如果过度依赖行政手段，人为去产能会导致焦炭等过剩产能行业供应紧张以及大宗原材料价格暴涨，引发成本推动性通货膨胀。这又会使产业链上下游企业之间、中小企业和大型国企之间的财富分配不均，并且国内原材料价格上涨会增加进口，造成财富外流。在去产能过程中，不仅要权衡好市场和政府的关系，也要刀刃向内，从改革现存制度出发，促进各地区各主体协同发展。

其次，旧的要素调配和产业升级也涉及财富重新分配。北京、天津将资本密集型产业转移给河北，京津就会面临产业"空心化"和失业率上升等问题；而河北也存在是否有能力承接的问题。京津冀在利益协调方面也尚未达成共识，以生态治理为例，修复环境以减少重污染企业、产生经济损失为代价，同时需要大量的财政支持，但对于区域内各个城市都会有正外部性。目前河北第二产业比重较高，相比京津财政也并不宽裕，却承担着大部分的生态治理压力。京津享受了河北生态治理的红利但是对河北的利益补偿并不完全，河北部分地区甚至出现了因生态治理致贫的现象。除此以外，京津冀在财税制度、信息共享等方面都还未形成完善的利益协调机制。

最后，对于工业绿色发展过程中催生的新的产业和要素也需要进行财富再分配。美国和欧洲等国由于在工业革命的先发优势，在 2010 年以前就实现了碳达峰[116]，而我国的碳排放还处在上升阶段，这就导致欧美会对我国在碳排放方面实行碳关税等限制，降低我国产品的竞争力。所以要想实现在资源、环境、经济三个方面的发展，减少碳排放是重中之重。这就要求减少煤炭等重污染能源的使用，增加新能源的利用。在新能源中，光伏发电和风力发电由于其发展最成熟，在我国既具有规模效应又有成本优势因而可行性最高。新能源的使用就像一颗石头掷入水中，让要素和产业迸发出新的活力。分布式光伏、电力的储存和运输等行业会随之兴起，而用电成本下降也会利好数字产业，劳动力、资本等要素也将转移到新的产业当中。这些新产业的布局和要素的跨区域调配就会对京津冀工业绿色发展产生重要影响。另外，碳交易会形成新的金融市场，打破目前的利益格局，将财富重新分配。小到人们的衣食住行，大到世界货币体系以及各国之间的综合国力较量，新能源的使用都会对他们产生巨大的影响。

## 6.6　本章小结

在分析短板地区工业绿色协同发展水平不高原因的基础上，以绿色产业协同为目标，沿绿色产业创新、绿色产业分工、绿色产业转移和绿色产业合作的脉络分析促进京津冀工业绿色协同发展的提升策略。

# 结 论

加强生态文明建设是打造京津冀世界级城市群的重要突破口，绿色发展是推进京津冀生态文明建设的题中之义，产业绿色化是构成京津冀绿色发展的内核。京津冀工业绿色发展当前面临传统要素驱动效应下降而新动能培育不足、资源环境约束严重、产品质量低下、产能过剩、区域间梯度差异显著、转型升级难等困境，必须立足京津冀协同发展战略，坚持供给侧结构性改革加强要素创新、产业升级、制度改革才能走出一条新型工业绿色化道路。有鉴于此，本书以京津冀工业绿色协同发展（京津冀工业绿色发展＋京津冀工业绿色区域协同）为研究对象，立足绿色发展实践始于2012年、"绿色发展"提出于2015年的理论认知，通过分阶段比较，总结时间异质性；立足京津冀发展不平衡的现实基础，通过分地区比较，总结空间异质性；立足京津冀协同发展的战略推进，论证空间相关性；提炼能够实现京津冀优势互补、错位发展、协同共进的绿色发展路径。本书的主要观点和结论体现在以下几个方面。

在国际学术界，虽然没有正式提出"绿色发展"这一概念，但存在诸如绿色增长、绿色经济、低碳经济、循环经济等很多类似概念，它们均是绿色发展的具体实践。工业绿色发展是绿色发展在工业领域的延展和深化，其核心目的是为突破有限的资源环境承载力的制约，谋求经济增长与资源环境消耗的脱钩，促进人口经济资源环境相协调。基于此，参考已有研究，构建了涵盖工业资源利用、工业环境质量、工业增长质量3个准则9个指标的区域工业绿色发展指标体系，兼顾主观与客观，综合运用AHP法和改进熵权法计算权重。在此基础上，得出以下结论：（1）设置分级标准，结合未确知模型，对2012～2018年京津冀工业绿色发展的相对水平和绝对水平进行测度并总结时空特征。结果发现，2012年以来京津冀总体的工业绿色发展、工业资源利用以及工业环境质量水平均呈逐年上升趋势且均已达到 $C_1$（好）级别，工业增长质量水平呈扁平"$W$"形发展且一直处于 $C_4$（较差）级别。相对于 2012～2014 年，自 2015 年"绿色发展"和"供给侧结构性改革"提出以来，工业绿色发展、工业资源利用以及工业环境质量水平的年均增长率有所降低，工业增长质量水平由下降变为波动上升趋势。京津冀市域间工业发展不平衡，2012～2018 年京津冀 13 市工业绿色发展、工业资源利用以及工业环境质量水平均呈上升趋势，且北京、天津、沧州、廊坊、衡水市等在大多年份均处于 $C_1$（好）级别，石家庄、保定、秦皇岛市等由 $C_3$（中等）升至 $C_1$（好）级别，唐山、邯郸、邢台、张家口市等由 $C_4$（较差）升至 $C_2$（较好）级别，承德稳定在 $C_3$（中等）级别；工业增长质量水平变动趋势有所不同，北京呈上升趋势，天津、承德、沧州、衡水等市均呈波动下降趋势，石家庄、唐山、秦皇岛、邯郸、邢台、保定、张家口、廊坊等市均呈"U"形趋势，除北京和天津已处于 $C_1$（好）级别外，其余市大多年份均处于较低级别。相对于 2012～2014 年，自 2015 年以来，13 市工业资源利用、工业环境质量以及工业绿色发展水平的平均增速均有所降低；除天津、承德、沧州、衡水等市进一步降低但速度减缓外，其余市工业增长质量水平平均增速由负转正，均有所回升。为进一步明确空间格局，根据"厚今薄古"的原则引入时间加权向量，结果发现研究期内，以京津为中心的空间分布格局较为明显，且两极分化较为严重，逐渐形成以京津为中心的高水平区域和西北、西南的低水平区域。（2）为进一步分析导致京津冀工业绿色发展现有水平与理想水平之间存在差距的障碍因素，通过个体累加求和改进传统障碍度模型，对 2012～2018 年京津冀工业绿色发展障碍因素的障碍度进行测算并总结时间变化趋势，进而引入时间加权向量描述障碍因素的空间格局，结果发现，单位工业增加值能耗、单位 GDP 电耗、科技投入强度和外向性为京津冀总体的重点障碍因子，且工业增长质量 > 工业资源利用 > 工业环境质量；单位工业增加值用水量仅为北京市的重点障碍因子，单位工业增加值能耗为石家庄、唐山、秦皇岛、邯郸、邢台、张家口、承德市的重点障碍因子，单位 GDP 电耗为河北省 11 市的重点障碍因子，单位工业增加值废水排放为邢台市和保定市的重点障碍因子，单位工业增加值废气排放为唐山和秦皇岛市的重点障碍因子，工业固体废物综合利用率为北京、张家口和承德市的重点障碍因子，工业增加值增长率为北京、天津、廊坊市的重点障碍因子，科技投入强度为除北京市以外12市的重点障碍因子，外向性为全部13市的重点障碍因子；从各市准则层障碍度来看，除北京市和唐山市外，其他11市均为工业增长质量>工业资源利用>工业环境质量。（3）随着京津冀协同发展战略的深入推进，京津冀工业绿色发展的空间联系不断加强，运用探索性空间数据分析方法检验京津冀工业绿色发展的空间相关性，结果发现：京津冀市域间工业绿色发展具有显著的负空间相关性但趋于减弱，呈现显著的"以京津为中心，向南集聚"特点。京津工业绿色发展水平极高但协同极差；以京津为界河北省南北各市差异较大，南部各市普遍好于北部各市。根据上述特点，将京津冀13市划分为包含张家口、承德、秦皇岛、唐山、邢台和邯郸市的低值集聚区和包含北京、天津、廊坊、保定、沧州、石家庄和衡水市的高值集聚区。

绿色协同发展在促进各区域绿色发展的同时还要求缩小区域差距。综合运用协同度模型和收敛性模型，设置分级标准，对2012～2018年京津冀工业绿色区域协同指数进行测度并总结时空特征，结果发现：（1）自2012年以来京津冀总体工业绿色发展、工业资源利用与工业环境质量区域协同指数均呈持续上升趋势且已跨入协同区间；但工业增长质量区域协同指数呈波浪式下降趋势且已跌入不协同区间。相对于2012～2014年，2015年以来京津冀总体工业绿色区域协同指数增速更加明显，突破初级协同区间跨入良好协同区间，但"偏科"现象仍十分明显；工业资源利用与工业环境质量区域协同指数增速放缓，分别跨入中级协同、良好协同区间；工业增长质量区域协同指数降速明显减缓，始终处于不协同区间，成为制约京津冀总体区域协同发展的主要指标。根据收敛性分析，工业绿色发展相对低水平地区与相对高水平地区的发展速度趋同，工业绿色区域协同将可以稳定在一定水平。京津冀市域间工业绿色发展不平衡，2012～2018年，除承德市外，其余12市的工业绿色区域协同指数均出现不同程度的上升，其中北京市从不协同跨入初级协同区间，天津市从不协同跨入中级协同区间，石家庄、秦皇岛、邯郸、邢台、保定、沧州、廊坊、衡水等从中级协同跨入良好协同区间，张家口则从不协同跨入良好协同区间，区域协同指数年均上升约3.23%，这主要得益于工业环境质量及工业资源利用区域协同指数的上升趋势。而工业增长质量区域协同指数基本呈波动下降趋势，其中承德市深受其害，一直在不协同和初级协同之间徘徊。相对于 2012～2014 年，2015 年以来各市工业绿色区域协同进步更加明显，其中各市工业环境质量与工业资源利用的区域协同指数持续上升，但唐山市工业资源利用区域协同指数仍低于其余 12 市，致使其一直维持于中级协同区间，未能实现突破；工业增长质量区域协同指数中天津、石家庄、保定、张家口四市出现正向增长，扭转了京津冀负协同的局面。截至 2018 年，京津冀各市已完全消除不协同区间，工业绿色区域协同发展迈上了新台阶。京津冀的空间格局基本可分成三个部分，冀南部的"心肌"地区区域协同指数最高，包括石家庄、衡水等；冀西北的"左心房"地区区域协同指数次之，包括张家口、保定等市，冀东北部的"左心室"地区区域协同指数最低，包括北京、天津市等。工业资源利用和工业环境质量区域协同指数较高的市聚集于冀中南部，包括保定、石家庄、衡水、沧州等市；工业增长质量区域协同指数较高的市多处在京津冀外围，包括廊坊、唐山、邯郸、邢台等市，大多位于京津冀中部的"主动脉"区域和"左心室"区域。(2) 单位工业增加值能耗、单位工业增加值废水排放、单位工业增加值废气排放和科技投入强度为京津冀总体的重点障碍因子，且工业环境质量＞工业资源利用＞工业增长质量；单位工业增加值用水量只是唐山市的重点障碍因子，单位工业增加值能耗、单位工业增加值废气排放和科技投入强度为京津冀 13 市的重点障碍因子，单位 GDP 电耗为北京市和天津市的重点障碍因子，单位工业增加值废水排放为除北京市以外 12 市的重点障碍因子，工业固体废物综合利用率为张家口市和承德市的重点障碍因子，工业增加值增长率在京津冀 13 市均不是重点障碍因子，外向性为北京市、天津市、秦皇岛市和承德市的重点障碍因子；从各市准则层障碍度来看，唐山、邯郸、邢台、保定、廊坊和衡水市为工业环境质量＞工业资源利用＞工业增长质量，其他 7 市均为工业环境质量＞工业增长质量＞工业资源利用。(3) 京津冀工业绿色区域协同具有显著的负空间相关性但趋于减弱，呈现"以京津为低值中心、周边逐渐递增"的空间格局。

对京津冀工业绿色发展与工业绿色区域协同的互动关系进行格兰杰因果检验，结果表明，工业绿色发展不是工业绿色区域协同的格兰杰原因，而工业绿色区域协同是工业绿色发展的格兰杰原因；京津冀工业绿色发展尚未对工业绿色区域协同产生显著影响。

　　基于以上分析，从京津冀工业绿色发展水平和工业绿色区域协同指数均较低的短板区域入手，以促进京津冀绿色产业区域协同为出发点，提出促进京津冀工业绿色协同发展的提升策略：（1）培育由政府、实体企业、金融和科技中介机构以及高等院校等多主体共同参与的京津冀绿色产业创新体系；（2）整合现有资源、立足比较优势，补短板、锻长板，深化绿色产业链分工并以此为基础培育新的经济增长极；（3）以畅通劳动力、资本、能源等要素的自由流动为抓手，建设轨道上的京津冀，便利绿色产业转移与承接；（4）通过短期供给管理政策及利益协调机制促进绿色产业融合和产业集群化发展，同时处理好政府与市场的关系，避免"市场失灵"与"政府失灵"；（5）深化供给侧结构性改革。

# 附　录

## 附表 1　北京市 2012～2018 年工业绿色发展测度指标、标准化数据及区域协同指数

| 类型 | 原数据 | | | | | | | | | 标准化数据 | | | | | | | | | 区域协同指数 | | | | | | | | |
|---|---|---|---|---|---|---|---|---|---|---|---|---|---|---|---|---|---|---|---|---|---|---|---|---|---|---|---|
| 年份 | $X_{11}$ | $X_{12}$ | $X_{13}$ | $X_{21}$ | $X_{22}$ | $X_{23}$ | $X_{31}$ | $X_{32}$ | $X_{33}$ | $X_{11}$ | $X_{12}$ | $X_{13}$ | $X_{21}$ | $X_{22}$ | $X_{23}$ | $X_{31}$ | $X_{32}$ | $X_{33}$ | $X_{11}$ | $X_{12}$ | $X_{13}$ | $X_{21}$ | $X_{22}$ | $X_{23}$ | $X_{31}$ | $X_{32}$ | $X_{33}$ |
| 2012 | 15.86 | 0.74 | 479.38 | 2.97 | 29.18 | 78.96 | 6.10 | 5.59 | 7.86 | 0.61 | 0.81 | 0.87 | 0.89 | 0.93 | 0.78 | 0.37 | 0.94 | 0.42 | 0.65 | 0.61 | 0.45 | 0.43 | 0.24 | 0.58 | 0.48 | 0.17 | 0.29 |
| 2013 | 15.29 | 0.58 | 429.96 | 2.84 | 23.74 | 86.58 | 7.30 | 5.61 | 7.53 | 0.63 | 0.88 | 0.92 | 0.89 | 0.94 | 0.86 | 0.45 | 0.94 | 0.40 | 0.65 | 0.53 | 0.42 | 0.47 | 0.21 | 0.76 | 0.70 | 0.19 | 0.30 |
| 2014 | 14.48 | 0.53 | 407.14 | 2.60 | 17.90 | 87.67 | 5.90 | 5.53 | 7.34 | 0.66 | 0.91 | 0.94 | 0.91 | 0.96 | 0.87 | 0.36 | 0.93 | 0.39 | 0.66 | 0.52 | 0.41 | 0.46 | 0.16 | 0.78 | 0.79 | 0.20 | 0.30 |
| 2015 | 11.28 | 0.52 | 383.89 | 2.60 | 10.14 | 83.33 | 0.20 | 5.59 | 10.10 | 0.76 | 0.92 | 0.96 | 0.91 | 0.98 | 0.83 | 0.00 | 0.94 | 0.54 | 0.67 | 0.53 | 0.42 | 0.49 | 0.12 | 0.79 | 0.04 | 0.21 | 0.23 |
| 2016 | 10.45 | 0.48 | 377.29 | 2.34 | 4.99 | 86.33 | 4.50 | 5.49 | 10.17 | 0.79 | 0.93 | 0.97 | 0.92 | 0.99 | 0.86 | 0.27 | 0.93 | 0.55 | 0.66 | 0.51 | 0.43 | 0.60 | 0.12 | 0.81 | 0.81 | 0.22 | 0.23 |
| 2017 | 9.01 | 0.44 | 357.02 | 2.19 | 2.08 | 74.01 | 5.00 | 5.29 | 18.41 | 0.84 | 0.95 | 0.99 | 0.93 | 1.00 | 0.73 | 0.30 | 0.91 | 1.00 | 0.67 | 0.51 | 0.41 | 0.68 | 0.09 | 0.75 | 0.69 | 0.24 | 0.14 |
| 2018 | 7.97 | 0.34 | 345.07 | 2.03 | 4.08 | 68.93 | 4.00 | 5.65 | 14.15 | 0.87 | 1.00 | 1.00 | 0.94 | 0.99 | 0.67 | 0.24 | 1.00 | 0.77 | 0.68 | 0.41 | 0.39 | 0.68 | 0.20 | 0.77 | 0.70 | 0.23 | 0.16 |

## 附表 2　天津市 2012～2018 年工业绿色发展测度指标、标准化数据及区域协同指数

| 类型 | 原数据 | | | | | | | | | 标准化数据 | | | | | | | | | 区域协同指数 | | | | | | | | |
|---|---|---|---|---|---|---|---|---|---|---|---|---|---|---|---|---|---|---|---|---|---|---|---|---|---|---|---|
| 年份 | $X_{11}$ | $X_{12}$ | $X_{13}$ | $X_{21}$ | $X_{22}$ | $X_{23}$ | $X_{31}$ | $X_{32}$ | $X_{33}$ | $X_{11}$ | $X_{12}$ | $X_{13}$ | $X_{21}$ | $X_{22}$ | $X_{23}$ | $X_{31}$ | $X_{32}$ | $X_{33}$ | $X_{11}$ | $X_{12}$ | $X_{13}$ | $X_{21}$ | $X_{22}$ | $X_{23}$ | $X_{31}$ | $X_{32}$ | $X_{33}$ |
| 2012 | 8.16 | 0.84 | 617.55 | 3.06 | 43.91 | 99.22 | 16.10 | 2.75 | 10.69 | 0.87 | 0.76 | 0.74 | 0.88 | 0.89 | 0.99 | 1.00 | 0.42 | 0.58 | 0.52 | 0.61 | 0.54 | 0.43 | 0.31 | 0.44 | 0.70 | 0.27 | 0.22 |
| 2013 | 7.66 | 0.80 | 568.60 | 2.65 | 38.37 | 98.88 | 12.80 | 2.92 | 10.32 | 0.89 | 0.78 | 0.79 | 0.90 | 0.90 | 0.99 | 0.79 | 0.45 | 0.56 | 0.54 | 0.60 | 0.51 | 0.44 | 0.29 | 0.70 | 0.67 | 0.28 | 0.23 |
| 2014 | 6.96 | 0.74 | 535.59 | 2.45 | 39.61 | 98.91 | 10.10 | 2.91 | 9.94 | 0.91 | 0.80 | 0.82 | 0.92 | 0.89 | 0.99 | 0.62 | 0.45 | 0.54 | 0.53 | 0.59 | 0.50 | 0.43 | 0.28 | 0.72 | 0.59 | 0.30 | 0.23 |
| 2015 | 6.25 | 0.67 | 505.72 | 2.24 | 26.92 | 98.58 | 9.30 | 3.04 | 10.04 | 0.93 | 0.84 | 0.85 | 0.93 | 0.93 | 0.99 | 0.57 | 0.47 | 0.54 | 0.55 | 0.58 | 0.51 | 0.45 | 0.25 | 0.77 | 0.42 | 0.30 | 0.23 |
| 2016 | 5.97 | 0.60 | 469.24 | 1.96 | 12.15 | 98.99 | 8.50 | 3.01 | 18.10 | 0.94 | 0.87 | 0.88 | 0.94 | 0.97 | 0.99 | 0.52 | 0.46 | 0.98 | 0.56 | 0.55 | 0.50 | 0.52 | 0.23 | 0.74 | 0.56 | 0.31 | 0.15 |
| 2017 | 5.84 | 0.55 | 450.52 | 1.92 | 9.22 | 98.93 | 2.30 | 2.47 | 6.36 | 0.95 | 0.90 | 0.90 | 0.95 | 0.98 | 0.99 | 0.13 | 0.37 | 0.34 | 0.57 | 0.56 | 0.48 | 0.64 | 0.30 | 0.73 | 0.59 | 0.41 | 0.28 |
| 2018 | 5.59 | 0.53 | 476.59 | 1.83 | 7.01 | 99.15 | 2.60 | 2.62 | 3.00 | 0.95 | 0.91 | 0.87 | 0.95 | 0.98 | 0.99 | 0.15 | 0.40 | 0.16 | 0.58 | 0.54 | 0.49 | 0.65 | 0.29 | 0.70 | 0.55 | 0.40 | 0.48 |

**附表 3　石家庄市 2012～2018 年工业绿色发展测度指标、标准化数据及区域协同指数**

| 类型 | 原数据 | | | | | | | | | 标准化数据 | | | | | | | | | 区域协同指数 | | | | | | | | |
| --- | --- | --- | --- | --- | --- | --- | --- | --- | --- | --- | --- | --- | --- | --- | --- | --- | --- | --- | --- | --- | --- | --- | --- | --- | --- | --- | --- |
| 年份 | $X_{11}$ | $X_{12}$ | $X_{13}$ | $X_{21}$ | $X_{22}$ | $X_{23}$ | $X_{31}$ | $X_{32}$ | $X_{33}$ | $X_{11}$ | $X_{12}$ | $X_{13}$ | $X_{21}$ | $X_{22}$ | $X_{23}$ | $X_{31}$ | $X_{32}$ | $X_{33}$ | $X_{11}$ | $X_{12}$ | $X_{13}$ | $X_{21}$ | $X_{22}$ | $X_{23}$ | $X_{31}$ | $X_{32}$ | $X_{33}$ |
| 2012 | 17.57 | 1.56 | 1038.78 | 16.40 | 146.99 | 49.47 | 12.40 | 1.42 | 1.44 | 0.55 | 0.40 | 0.34 | 0.13 | 0.60 | 0.47 | 0.77 | 0.19 | 0.07 | 0.65 | 0.64 | 0.79 | 0.52 | 0.54 | 0.75 | 0.90 | 0.49 | 0.55 |
| 2013 | 16.41 | 1.46 | 981.18 | 13.58 | 140.26 | 98.61 | 10.50 | 1.50 | 1.38 | 0.59 | 0.45 | 0.39 | 0.29 | 0.62 | 0.99 | 0.65 | 0.21 | 0.07 | 0.65 | 0.63 | 0.77 | 0.53 | 0.54 | 0.78 | 0.82 | 0.49 | 0.56 |
| 2014 | 15.36 | 1.33 | 928.53 | 11.20 | 121.35 | 95.10 | 7.40 | 1.61 | 1.23 | 0.63 | 0.52 | 0.44 | 0.43 | 0.67 | 0.95 | 0.45 | 0.23 | 0.06 | 0.65 | 0.63 | 0.76 | 0.55 | 0.52 | 0.80 | 0.77 | 0.51 | 0.56 |
| 2015 | 13.63 | 1.24 | 857.61 | 9.80 | 89.57 | 98.00 | 5.70 | 1.83 | 1.24 | 0.69 | 0.56 | 0.51 | 0.50 | 0.76 | 0.98 | 0.35 | 0.26 | 0.06 | 0.62 | 0.63 | 0.77 | 0.52 | 0.54 | 0.83 | 0.71 | 0.49 | 0.58 |
| 2016 | 12.35 | 1.14 | 822.88 | 5.54 | 58.96 | 94.96 | 4.50 | 1.95 | 1.35 | 0.73 | 0.61 | 0.54 | 0.74 | 0.84 | 0.95 | 0.27 | 0.28 | 0.07 | 0.63 | 0.62 | 0.77 | 0.60 | 0.44 | 0.82 | 0.81 | 0.48 | 0.60 |
| 2017 | 11.39 | 1.05 | 795.98 | 3.46 | 26.17 | 92.00 | 3.20 | 2.23 | 1.49 | 0.76 | 0.65 | 0.57 | 0.86 | 0.93 | 0.92 | 0.19 | 0.33 | 0.07 | 0.63 | 0.61 | 0.76 | 0.61 | 0.38 | 0.81 | 0.70 | 0.50 | 0.58 |
| 2018 | 9.76 | 0.94 | 793.59 | 2.64 | 22.12 | 84.00 | 5.40 | 2.19 | 1.51 | 0.82 | 0.71 | 0.57 | 0.91 | 0.95 | 0.83 | 0.33 | 0.32 | 0.07 | 0.65 | 0.61 | 0.76 | 0.64 | 0.43 | 0.81 | 0.67 | 0.52 | 0.64 |

**附表 4　唐山市 2012～2018 年工业绿色发展测度指标、标准化数据及区域协同指数**

| 类型 | 原数据 | | | | | | | | | 标准化数据 | | | | | | | | | 区域协同指数 | | | | | | | | |
| --- | --- | --- | --- | --- | --- | --- | --- | --- | --- | --- | --- | --- | --- | --- | --- | --- | --- | --- | --- | --- | --- | --- | --- | --- | --- | --- | --- |
| 年份 | $X_{11}$ | $X_{12}$ | $X_{13}$ | $X_{21}$ | $X_{22}$ | $X_{23}$ | $X_{31}$ | $X_{32}$ | $X_{33}$ | $X_{11}$ | $X_{12}$ | $X_{13}$ | $X_{21}$ | $X_{22}$ | $X_{23}$ | $X_{31}$ | $X_{32}$ | $X_{33}$ | $X_{11}$ | $X_{12}$ | $X_{13}$ | $X_{21}$ | $X_{22}$ | $X_{23}$ | $X_{31}$ | $X_{32}$ | $X_{33}$ |
| 2012 | 23.61 | 2.38 | 1390.44 | 6.32 | 235.58 | 79.67 | 12.00 | 0.99 | 2.53 | 0.35 | 0.00 | 0.00 | 0.70 | 0.36 | 0.79 | 0.74 | 0.12 | 0.13 | 0.62 | 0.56 | 0.76 | 0.52 | 0.57 | 0.58 | 0.89 | 0.53 | 0.51 |
| 2013 | 24.19 | 2.22 | 1388.50 | 3.74 | 226.15 | 73.32 | 9.70 | 1.10 | 2.31 | 0.33 | 0.08 | 0.00 | 0.84 | 0.39 | 0.72 | 0.60 | 0.14 | 0.12 | 0.57 | 0.56 | 0.73 | 0.50 | 0.56 | 0.68 | 0.83 | 0.56 | 0.55 |
| 2014 | 23.04 | 2.05 | 1329.85 | 3.97 | 223.44 | 70.00 | 4.60 | 1.16 | 2.05 | 0.37 | 0.16 | 0.06 | 0.83 | 0.39 | 0.69 | 0.28 | 0.15 | 0.10 | 0.54 | 0.56 | 0.74 | 0.52 | 0.56 | 0.69 | 0.74 | 0.59 | 0.56 |
| 2015 | 23.11 | 1.95 | 1151.58 | 3.23 | 185.05 | 72.50 | 4.60 | 1.13 | 1.67 | 0.37 | 0.21 | 0.23 | 0.87 | 0.50 | 0.71 | 0.28 | 0.14 | 0.08 | 0.46 | 0.56 | 0.77 | 0.53 | 0.57 | 0.74 | 0.77 | 0.61 | 0.52 |
| 2016 | 21.05 | 1.92 | 1065.99 | 3.43 | 148.38 | 70.79 | 4.90 | 1.08 | 1.95 | 0.44 | 0.22 | 0.31 | 0.86 | 0.60 | 0.69 | 0.30 | 0.14 | 0.10 | 0.47 | 0.54 | 0.78 | 0.64 | 0.46 | 0.74 | 0.84 | 0.61 | 0.61 |
| 2017 | 21.83 | 1.85 | 1012.43 | 2.34 | 91.31 | 79.64 | 3.80 | 1.26 | 2.03 | 0.41 | 0.26 | 0.36 | 0.92 | 0.76 | 0.79 | 0.23 | 0.17 | 0.10 | 0.43 | 0.53 | 0.81 | 0.67 | 0.43 | 0.78 | 0.74 | 0.61 | 0.58 |
| 2018 | 19.92 | 1.73 | 987.69 | 1.87 | 74.87 | 74.41 | 5.30 | 1.65 | 2.08 | 0.48 | 0.32 | 0.39 | 0.95 | 0.80 | 0.73 | 0.32 | 0.23 | 0.11 | 0.43 | 0.54 | 0.83 | 0.69 | 0.43 | 0.81 | 0.68 | 0.56 | 0.66 |

附表 5

秦皇岛市 2012～2018 年工业绿色发展测度指标、标准化数据及区域协同指数

| 类型 | 原数据 | | | | | | | | | 标准化数据 | | | | | | | | | 区域协同指数 | | | | | | | | |
|---|---|---|---|---|---|---|---|---|---|---|---|---|---|---|---|---|---|---|---|---|---|---|---|---|---|---|---|
| 年份 | $X_{11}$ | $X_{12}$ | $X_{13}$ | $X_{21}$ | $X_{22}$ | $X_{23}$ | $X_{31}$ | $X_{32}$ | $X_{33}$ | $X_{11}$ | $X_{12}$ | $X_{13}$ | $X_{21}$ | $X_{22}$ | $X_{23}$ | $X_{31}$ | $X_{32}$ | $X_{33}$ | $X_{11}$ | $X_{12}$ | $X_{13}$ | $X_{21}$ | $X_{22}$ | $X_{23}$ | $X_{31}$ | $X_{32}$ | $X_{33}$ |
| 2012 | 20.44 | 1.87 | 1350.51 | 14.78 | 367.44 | 37.04 | 12.10 | 1.32 | 5.36 | 0.46 | 0.25 | 0.04 | 0.23 | 0.00 | 0.34 | 0.75 | 0.18 | 0.29 | 0.64 | 0.62 | 0.78 | 0.55 | 0.41 | 0.61 | 0.90 | 0.50 | 0.35 |
| 2013 | 15.60 | 1.72 | 1266.42 | 14.19 | 347.04 | 49.32 | 2.90 | 1.05 | 5.83 | 0.62 | 0.32 | 0.12 | 0.26 | 0.06 | 0.47 | 0.17 | 0.13 | 0.31 | 0.65 | 0.61 | 0.78 | 0.52 | 0.40 | 0.52 | 0.30 | 0.56 | 0.34 |
| 2014 | 14.62 | 1.65 | 1143.49 | 13.82 | 274.80 | 65.00 | 4.60 | 1.12 | 6.17 | 0.65 | 0.36 | 0.24 | 0.28 | 0.25 | 0.63 | 0.28 | 0.14 | 0.33 | 0.66 | 0.61 | 0.79 | 0.49 | 0.53 | 0.65 | 0.74 | 0.59 | 0.32 |
| 2015 | 11.54 | 1.51 | 999.29 | 15.39 | 172.42 | 68.55 | 4.00 | 1.08 | 5.99 | 0.76 | 0.43 | 0.37 | 0.19 | 0.53 | 0.67 | 0.24 | 0.14 | 0.32 | 0.67 | 0.62 | 0.81 | 0.38 | 0.59 | 0.72 | 0.74 | 0.61 | 0.27 |
| 2016 | 10.58 | 1.45 | 956.35 | 7.87 | 146.57 | 81.89 | 5.00 | 1.14 | 6.69 | 0.79 | 0.45 | 0.42 | 0.61 | 0.60 | 0.81 | 0.30 | 0.15 | 0.36 | 0.66 | 0.62 | 0.82 | 0.49 | 0.47 | 0.80 | 0.84 | 0.60 | 0.28 |
| 2017 | 8.86 | 1.60 | 953.21 | 4.43 | 81.64 | 85.39 | 5.30 | 1.18 | 7.77 | 0.85 | 0.38 | 0.42 | 0.81 | 0.78 | 0.85 | 0.32 | 0.15 | 0.42 | 0.67 | 0.59 | 0.82 | 0.55 | 0.46 | 0.80 | 0.66 | 0.61 | 0.27 |
| 2018 | 7.80 | 1.51 | 930.80 | 3.59 | 67.86 | 77.46 | 8.00 | 1.34 | 7.22 | 0.88 | 0.43 | 0.44 | 0.85 | 0.82 | 0.76 | 0.49 | 0.18 | 0.39 | 0.68 | 0.60 | 0.82 | 0.56 | 0.45 | 0.82 | 0.50 | 0.57 | 0.27 |

附表 6

邯郸市 2012～2018 年工业绿色发展测度指标、标准化数据及区域协同指数

| 类型 | 原数据 | | | | | | | | | 标准化数据 | | | | | | | | | 区域协同指数 | | | | | | | | |
|---|---|---|---|---|---|---|---|---|---|---|---|---|---|---|---|---|---|---|---|---|---|---|---|---|---|---|---|
| 年份 | $X_{11}$ | $X_{12}$ | $X_{13}$ | $X_{21}$ | $X_{22}$ | $X_{23}$ | $X_{31}$ | $X_{32}$ | $X_{33}$ | $X_{11}$ | $X_{12}$ | $X_{13}$ | $X_{21}$ | $X_{22}$ | $X_{23}$ | $X_{31}$ | $X_{32}$ | $X_{33}$ | $X_{11}$ | $X_{12}$ | $X_{13}$ | $X_{21}$ | $X_{22}$ | $X_{23}$ | $X_{31}$ | $X_{32}$ | $X_{33}$ |
| 2012 | 13.49 | 2.31 | 1097.56 | 3.95 | 266.74 | 50.02 | 12.50 | 0.81 | 2.12 | 0.69 | 0.03 | 0.28 | 0.83 | 0.28 | 0.48 | 0.77 | 0.09 | 0.11 | 0.64 | 0.57 | 0.80 | 0.46 | 0.54 | 0.75 | 0.90 | 0.54 | 0.54 |
| 2013 | 12.49 | 2.18 | 1109.88 | 4.42 | 247.39 | 95.40 | 7.90 | 0.77 | 1.99 | 0.72 | 0.10 | 0.27 | 0.81 | 0.33 | 0.95 | 0.48 | 0.08 | 0.10 | 0.64 | 0.56 | 0.79 | 0.52 | 0.53 | 0.78 | 0.74 | 0.60 | 0.58 |
| 2014 | 11.21 | 2.00 | 1041.55 | 3.77 | 264.50 | 95.00 | 5.00 | 0.88 | 1.79 | 0.77 | 0.19 | 0.33 | 0.84 | 0.28 | 0.95 | 0.30 | 0.10 | 0.09 | 0.63 | 0.57 | 0.80 | 0.52 | 0.55 | 0.80 | 0.77 | 0.62 | 0.60 |
| 2015 | 10.54 | 1.92 | 996.99 | 3.45 | 170.66 | 97.00 | 4.50 | 1.09 | 1.44 | 0.79 | 0.22 | 0.38 | 0.86 | 0.54 | 0.97 | 0.27 | 0.14 | 0.07 | 0.66 | 0.56 | 0.81 | 0.54 | 0.59 | 0.83 | 0.77 | 0.61 | 0.56 |
| 2016 | 10.03 | 1.83 | 923.22 | 2.59 | 101.94 | 85.70 | 4.80 | 0.97 | 1.77 | 0.81 | 0.27 | 0.45 | 0.91 | 0.73 | 0.85 | 0.29 | 0.12 | 0.09 | 0.66 | 0.56 | 0.81 | 0.62 | 0.48 | 0.81 | 0.84 | 0.61 | 0.64 |
| 2017 | 9.42 | 1.71 | 914.35 | 1.43 | 67.91 | 93.52 | 3.60 | 1.05 | 1.84 | 0.83 | 0.33 | 0.46 | 0.97 | 0.82 | 0.93 | 0.21 | 0.13 | 0.09 | 0.67 | 0.57 | 0.81 | 0.56 | 0.47 | 0.81 | 0.73 | 0.61 | 0.61 |
| 2018 | 9.04 | 1.58 | 935.09 | 1.30 | 53.43 | 80.00 | 3.70 | 1.19 | 1.71 | 0.84 | 0.39 | 0.44 | 0.98 | 0.86 | 0.79 | 0.22 | 0.15 | 0.09 | 0.67 | 0.58 | 0.82 | 0.61 | 0.47 | 0.82 | 0.69 | 0.56 | 0.67 |

**附表 7　邢台市 2012～2018 年工业绿色发展测度指标、标准化数据及区域协同指数**

| 类型 | 原数据 | | | | | | | | | 标准化数据 | | | | | | | | | 区域协同指数 | | | | | | | | |
|---|---|---|---|---|---|---|---|---|---|---|---|---|---|---|---|---|---|---|---|---|---|---|---|---|---|---|---|
| 年份 | $X_{11}$ | $X_{12}$ | $X_{13}$ | $X_{21}$ | $X_{22}$ | $X_{23}$ | $X_{31}$ | $X_{32}$ | $X_{33}$ | $X_{11}$ | $X_{12}$ | $X_{13}$ | $X_{21}$ | $X_{22}$ | $X_{23}$ | $X_{31}$ | $X_{32}$ | $X_{33}$ | $X_{11}$ | $X_{12}$ | $X_{13}$ | $X_{21}$ | $X_{22}$ | $X_{23}$ | $X_{31}$ | $X_{32}$ | $X_{33}$ |
| 2012 | 12.25 | 1.59 | 1386.53 | 18.81 | 240.16 | 48.25 | 0.64 | 11.20 | 0.50 | 0.73 | 0.38 | 0.00 | 0.00 | 0.35 | 0.46 | 0.69 | 0.06 | 0.02 | 0.63 | 0.64 | 0.76 | 0.46 | 0.57 | 0.74 | 0.85 | 0.55 | 0.26 |
| 2013 | 10.26 | 1.41 | 1344.18 | 16.75 | 222.16 | 94.47 | 0.70 | 8.60 | 1.92 | 0.80 | 0.48 | 0.04 | 0.12 | 0.40 | 0.94 | 0.53 | 0.07 | 0.10 | 0.61 | 0.63 | 0.75 | 0.45 | 0.56 | 0.78 | 0.78 | 0.61 | 0.59 |
| 2014 | 8.89 | 1.33 | 1309.48 | 16.03 | 249.04 | 95.29 | 0.75 | 4.50 | 1.75 | 0.84 | 0.51 | 0.08 | 0.16 | 0.32 | 0.95 | 0.27 | 0.08 | 0.09 | 0.61 | 0.63 | 0.75 | 0.43 | 0.57 | 0.80 | 0.72 | 0.63 | 0.60 |
| 2015 | 8.55 | 1.25 | 1196.31 | 12.88 | 190.07 | 95.31 | 0.88 | 4.10 | 0.72 | 0.86 | 0.55 | 0.19 | 0.33 | 0.49 | 0.95 | 0.25 | 0.10 | 0.03 | 0.64 | 0.63 | 0.75 | 0.44 | 0.56 | 0.83 | 0.75 | 0.61 | 0.49 |
| 2016 | 7.87 | 1.18 | 1204.02 | 9.47 | 145.60 | 96.03 | 0.99 | 5.50 | 1.74 | 0.88 | 0.59 | 0.18 | 0.52 | 0.61 | 0.96 | 0.33 | 0.12 | 0.09 | 0.62 | 0.63 | 0.71 | 0.42 | 0.47 | 0.81 | 0.82 | 0.61 | 0.64 |
| 2017 | 7.76 | 1.10 | 1222.48 | 5.66 | 64.03 | 97.00 | 1.06 | 5.20 | 1.88 | 0.88 | 0.63 | 0.16 | 0.74 | 0.83 | 0.97 | 0.31 | 0.13 | 0.09 | 0.65 | 0.61 | 0.70 | 0.44 | 0.46 | 0.80 | 0.67 | 0.61 | 0.61 |
| 2018 | 7.16 | 1.06 | 1259.54 | 3.82 | 46.44 | 95.60 | 0.68 | 5.00 | 1.84 | 0.90 | 0.65 | 0.13 | 0.84 | 0.88 | 0.95 | 0.30 | 0.07 | 0.09 | 0.66 | 0.61 | 0.68 | 0.54 | 0.46 | 0.77 | 0.70 | 0.50 | 0.68 |

**附表 8　保定市 2012～2018 年工业绿色发展测度指标、标准化数据及区域协同指数**

| 类型 | 原数据 | | | | | | | | | 标准化数据 | | | | | | | | | 区域协同指数 | | | | | | | | |
|---|---|---|---|---|---|---|---|---|---|---|---|---|---|---|---|---|---|---|---|---|---|---|---|---|---|---|---|
| 年份 | $X_{11}$ | $X_{12}$ | $X_{13}$ | $X_{21}$ | $X_{22}$ | $X_{23}$ | $X_{31}$ | $X_{32}$ | $X_{33}$ | $X_{11}$ | $X_{12}$ | $X_{13}$ | $X_{21}$ | $X_{22}$ | $X_{23}$ | $X_{31}$ | $X_{32}$ | $X_{33}$ | $X_{11}$ | $X_{12}$ | $X_{13}$ | $X_{21}$ | $X_{22}$ | $X_{23}$ | $X_{31}$ | $X_{32}$ | $X_{33}$ |
| 2012 | 9.19 | 0.72 | 1055.68 | 13.86 | 98.46 | 48.16 | 12.90 | 1.51 | 1.75 | 0.83 | 0.32 | 0.32 | 0.28 | 0.74 | 0.46 | 0.80 | 0.21 | 0.09 | 0.58 | 0.60 | 0.79 | 0.56 | 0.53 | 0.74 | 0.89 | 0.47 | 0.57 |
| 2013 | 8.66 | 0.71 | 1014.98 | 11.29 | 93.61 | 89.64 | 11.10 | 1.75 | 1.76 | 0.85 | 0.36 | 0.36 | 0.42 | 0.75 | 0.89 | 0.69 | 0.25 | 0.09 | 0.59 | 0.61 | 0.78 | 0.56 | 0.53 | 0.77 | 0.81 | 0.45 | 0.59 |
| 2014 | 7.74 | 0.61 | 998.11 | 10.53 | 87.84 | 86.20 | 6.70 | 1.72 | 1.50 | 0.88 | 0.38 | 0.38 | 0.46 | 0.77 | 0.86 | 0.41 | 0.24 | 0.07 | 0.60 | 0.57 | 0.79 | 0.55 | 0.50 | 0.78 | 0.78 | 0.49 | 0.60 |
| 2015 | 7.05 | 0.56 | 938.43 | 7.75 | 57.92 | 93.00 | 4.40 | 1.80 | 0.94 | 0.91 | 0.43 | 0.43 | 0.62 | 0.85 | 0.93 | 0.26 | 0.26 | 0.04 | 0.60 | 0.56 | 0.80 | 0.57 | 0.46 | 0.83 | 0.77 | 0.50 | 0.57 |
| 2016 | 6.13 | 0.56 | 959.44 | 4.96 | 28.12 | 98.84 | 6.20 | 2.10 | 1.57 | 0.94 | 0.41 | 0.41 | 0.78 | 0.93 | 0.99 | 0.38 | 0.31 | 0.08 | 0.59 | 0.56 | 0.82 | 0.62 | 0.39 | 0.80 | 0.76 | 0.46 | 0.63 |
| 2017 | 6.05 | 0.53 | 993.42 | 4.28 | 11.64 | 42.00 | 1.80 | 2.38 | 1.69 | 0.94 | 0.38 | 0.38 | 0.81 | 0.97 | 0.39 | 0.10 | 0.36 | 0.08 | 0.61 | 0.57 | 0.81 | 0.56 | 0.37 | 0.51 | 0.53 | 0.49 | 0.61 |
| 2018 | 5.35 | 0.51 | 990.47 | 4.12 | 9.16 | 76.00 | 4.30 | 2.27 | 2.09 | 0.96 | 0.38 | 0.38 | 0.82 | 0.98 | 0.75 | 0.26 | 0.34 | 0.11 | 0.60 | 0.56 | 0.83 | 0.51 | 0.37 | 0.82 | 0.70 | 0.51 | 0.66 |

附表 9　张家口市 2012～2018 年工业绿色发展测度指标、标准化数据及区域协同指数

| 类型 | 原数据 | | | | | | | | | 标准化数据 | | | | | | | | | 区域协同指数 | | | | | | | | |
| --- | --- | --- | --- | --- | --- | --- | --- | --- | --- | --- | --- | --- | --- | --- | --- | --- | --- | --- | --- | --- | --- | --- | --- | --- | --- | --- | --- |
| 年份 | $X_{11}$ | $X_{12}$ | $X_{13}$ | $X_{21}$ | $X_{22}$ | $X_{23}$ | $X_{31}$ | $X_{32}$ | $X_{33}$ | $X_{11}$ | $X_{12}$ | $X_{13}$ | $X_{21}$ | $X_{22}$ | $X_{23}$ | $X_{31}$ | $X_{32}$ | $X_{33}$ | $X_{11}$ | $X_{12}$ | $X_{13}$ | $X_{21}$ | $X_{22}$ | $X_{23}$ | $X_{31}$ | $X_{32}$ | $X_{33}$ |
| 2012 | 23.99 | 2.33 | 1090.32 | 13.77 | 249.64 | 23.27 | 12.30 | 0.49 | 1.33 | 0.34 | 0.02 | 0.29 | 0.28 | 0.32 | 0.19 | 0.76 | 0.04 | 0.06 | 0.61 | 0.57 | 0.80 | 0.56 | 0.56 | 0.41 | 0.90 | 0.54 | 0.54 |
| 2013 | 23.65 | 2.22 | 1024.16 | 12.09 | 241.02 | 38.93 | 9.70 | 0.62 | 1.33 | 0.35 | 0.08 | 0.35 | 0.38 | 0.35 | 0.36 | 0.60 | 0.06 | 0.06 | 0.57 | 0.56 | 0.78 | 0.56 | 0.54 | 0.43 | 0.83 | 0.60 | 0.54 |
| 2014 | 21.47 | 2.08 | 988.38 | 11.81 | 242.78 | 44.10 | 5.30 | 0.66 | 1.40 | 0.42 | 0.15 | 0.38 | 0.39 | 0.34 | 0.41 | 0.32 | 0.06 | 0.07 | 0.56 | 0.55 | 0.79 | 0.54 | 0.57 | 0.47 | 0.78 | 0.61 | 0.60 |
| 2015 | 19.86 | 1.87 | 888.27 | 8.35 | 178.20 | 57.16 | 4.20 | 0.51 | 1.31 | 0.48 | 0.25 | 0.48 | 0.59 | 0.52 | 0.55 | 0.25 | 0.04 | 0.06 | 0.51 | 0.57 | 0.79 | 0.56 | 0.58 | 0.62 | 0.76 | 0.50 | 0.57 |
| 2016 | 16.99 | 1.75 | 853.04 | 6.21 | 91.95 | 57.16 | 2.60 | 0.37 | 1.84 | 0.57 | 0.31 | 0.51 | 0.71 | 0.75 | 0.55 | 0.15 | 0.02 | 0.09 | 0.54 | 0.57 | 0.79 | 0.57 | 0.47 | 0.65 | 0.50 | 0.35 | 0.63 |
| 2017 | 15.01 | 1.69 | 902.78 | 3.44 | 74.93 | 57.93 | 2.20 | 0.44 | 1.68 | 0.64 | 0.34 | 0.47 | 0.86 | 0.80 | 0.56 | 0.13 | 0.03 | 0.08 | 0.56 | 0.58 | 0.81 | 0.61 | 0.47 | 0.64 | 0.61 | 0.37 | 0.61 |
| 2018 | 11.85 | 1.54 | 945.45 | 2.80 | 56.17 | 48.09 | 13.80 | 0.28 | 1.80 | 0.75 | 0.41 | 0.43 | 0.90 | 0.85 | 0.46 | 0.86 | 0.00 | 0.09 | 0.60 | 0.59 | 0.83 | 0.63 | 0.47 | 0.57 | 0.31 | 0.24 | 0.68 |

附表 10　承德市 2012～2018 年工业绿色发展测度指标、标准化数据及区域协同指数

| 类型 | 原数据 | | | | | | | | | 标准化数据 | | | | | | | | | 区域协同指数 | | | | | | | | |
| --- | --- | --- | --- | --- | --- | --- | --- | --- | --- | --- | --- | --- | --- | --- | --- | --- | --- | --- | --- | --- | --- | --- | --- | --- | --- | --- | --- |
| 年份 | $X_{11}$ | $X_{12}$ | $X_{13}$ | $X_{21}$ | $X_{22}$ | $X_{23}$ | $X_{31}$ | $X_{32}$ | $X_{33}$ | $X_{11}$ | $X_{12}$ | $X_{13}$ | $X_{21}$ | $X_{22}$ | $X_{23}$ | $X_{31}$ | $X_{32}$ | $X_{33}$ | $X_{11}$ | $X_{12}$ | $X_{13}$ | $X_{21}$ | $X_{22}$ | $X_{23}$ | $X_{31}$ | $X_{32}$ | $X_{33}$ |
| 2012 | 31.82 | 1.66 | 1343.73 | 2.74 | 215.15 | 4.74 | 13.10 | 0.54 | 0.81 | 0.08 | 0.35 | 0.04 | 0.90 | 0.42 | 0.00 | 0.81 | 0.04 | 0.04 | 0.48 | 0.64 | 0.78 | 0.40 | 0.57 | 0.10 | 0.89 | 0.54 | 0.39 |
| 2013 | 32.06 | 1.59 | 1310.19 | 2.84 | 181.04 | 5.49 | 11.30 | 0.53 | 0.21 | 0.07 | 0.39 | 0.08 | 0.89 | 0.51 | 0.01 | 0.70 | 0.04 | 0.00 | 0.44 | 0.63 | 0.77 | 0.47 | 0.55 | 0.07 | 0.80 | 0.56 | 0.10 |
| 2014 | 31.79 | 1.50 | 1288.17 | 2.52 | 239.96 | 6.00 | 7.50 | 0.59 | 0.64 | 0.08 | 0.43 | 0.10 | 0.91 | 0.35 | 0.01 | 0.46 | 0.05 | 0.03 | 0.41 | 0.62 | 0.75 | 0.45 | 0.57 | 0.07 | 0.76 | 0.56 | 0.36 |
| 2015 | 34.20 | 1.50 | 1080.95 | 2.13 | 165.11 | 24.00 | 3.80 | 0.52 | 0.65 | 0.00 | 0.43 | 0.30 | 0.93 | 0.55 | 0.20 | 0.23 | 0.04 | 0.03 | 0.33 | 0.62 | 0.80 | 0.44 | 0.58 | 0.28 | 0.71 | 0.50 | 0.45 |
| 2016 | 31.29 | 1.48 | 1027.32 | 2.06 | 132.30 | 27.50 | 4.30 | 0.54 | 0.81 | 0.10 | 0.44 | 0.35 | 0.94 | 0.64 | 0.24 | 0.26 | 0.04 | 0.04 | 0.33 | 0.61 | 0.80 | 0.56 | 0.47 | 0.33 | 0.79 | 0.48 | 0.41 |
| 2017 | 28.58 | 1.38 | 1047.43 | 1.95 | 100.40 | 28.00 | 4.00 | 0.63 | 0.15 | 0.19 | 0.49 | 0.33 | 0.94 | 0.73 | 0.24 | 0.24 | 0.06 | 0.00 | 0.35 | 0.60 | 0.79 | 0.68 | 0.40 | 0.36 | 0.74 | 0.51 | 0.07 |
| 2018 | 22.24 | 1.35 | 1019.26 | 1.38 | 78.60 | 23.12 | 1.90 | 0.61 | 0.83 | 0.40 | 0.50 | 0.36 | 0.98 | 0.79 | 0.19 | 0.11 | 0.06 | 0.04 | 0.40 | 0.60 | 0.82 | 0.63 | 0.41 | 0.30 | 0.44 | 0.47 | 0.40 |

**附表 11** 沧州市 2012～2018 年工业绿色发展测度指标、标准化数据及区域协同指数

| 类型 | 原数据 | | | | | | | | | 标准化数据 | | | | | | | | | 区域协同指数 | | | | | | | | |
|---|---|---|---|---|---|---|---|---|---|---|---|---|---|---|---|---|---|---|---|---|---|---|---|---|---|---|---|
| 年份 | $X_{11}$ | $X_{12}$ | $X_{13}$ | $X_{21}$ | $X_{22}$ | $X_{23}$ | $X_{31}$ | $X_{32}$ | $X_{33}$ | $X_{11}$ | $X_{12}$ | $X_{13}$ | $X_{21}$ | $X_{22}$ | $X_{23}$ | $X_{31}$ | $X_{32}$ | $X_{33}$ | $X_{11}$ | $X_{12}$ | $X_{13}$ | $X_{21}$ | $X_{22}$ | $X_{23}$ | $X_{31}$ | $X_{32}$ | $X_{33}$ |
| 2012 | 25.49 | 0.81 | 799.82 | 8.98 | 71.05 | 49.95 | 13.40 | 0.28 | 1.15 | 0.29 | 0.77 | 0.56 | 0.55 | 0.81 | 0.47 | 0.83 | 0.00 | 0.05 | 0.59 | 0.63 | 0.67 | 0.56 | 0.44 | 0.75 | 0.87 | 0.35 | 0.50 |
| 2013 | 21.94 | 0.75 | 776.82 | 6.19 | 66.07 | 99.58 | 11.00 | 0.36 | 1.08 | 0.41 | 0.80 | 0.59 | 0.71 | 0.82 | 1.00 | 0.68 | 0.01 | 0.05 | 0.59 | 0.62 | 0.66 | 0.54 | 0.44 | 0.78 | 0.82 | 0.40 | 0.46 |
| 2014 | 17.47 | 0.71 | 772.65 | 6.04 | 65.73 | 99.88 | 8.90 | 0.40 | 0.75 | 0.56 | 0.82 | 0.59 | 0.72 | 0.83 | 1.00 | 0.55 | 0.02 | 0.03 | 0.62 | 0.61 | 0.68 | 0.55 | 0.42 | 0.79 | 0.68 | 0.40 | 0.41 |
| 2015 | 12.29 | 0.76 | 719.95 | 5.33 | 49.87 | 100.00 | 6.70 | 0.48 | 0.93 | 0.73 | 0.80 | 0.64 | 0.76 | 0.87 | 1.00 | 0.41 | 0.03 | 0.04 | 0.66 | 0.61 | 0.69 | 0.56 | 0.42 | 0.82 | 0.63 | 0.47 | 0.57 |
| 2016 | 13.35 | 0.79 | 715.87 | 2.53 | 19.71 | 59.73 | 6.60 | 0.51 | 1.06 | 0.70 | 0.78 | 0.65 | 0.91 | 0.95 | 0.58 | 0.40 | 0.04 | 0.05 | 0.62 | 0.60 | 0.71 | 0.62 | 0.33 | 0.67 | 0.73 | 0.46 | 0.52 |
| 2017 | 13.26 | 0.74 | 746.24 | 1.67 | 13.23 | 99.28 | 4.60 | 0.64 | 1.12 | 0.70 | 0.80 | 0.62 | 0.96 | 0.97 | 0.99 | 0.28 | 0.06 | 0.05 | 0.59 | 0.60 | 0.72 | 0.63 | 0.37 | 0.78 | 0.72 | 0.51 | 0.47 |
| 2018 | 12.59 | 0.77 | 796.53 | 1.74 | 16.00 | 99.41 | 3.40 | 0.85 | 1.22 | 0.72 | 0.79 | 0.57 | 0.96 | 0.96 | 0.99 | 0.20 | 0.10 | 0.06 | 0.59 | 0.60 | 0.76 | 0.68 | 0.43 | 0.75 | 0.67 | 0.52 | 0.57 |

**附表 12** 廊坊市 2012～2018 年工业绿色发展测度指标、标准化数据及区域协同指数

| 类型 | 原数据 | | | | | | | | | 标准化数据 | | | | | | | | | 区域协同指数 | | | | | | | | |
|---|---|---|---|---|---|---|---|---|---|---|---|---|---|---|---|---|---|---|---|---|---|---|---|---|---|---|---|
| 年份 | $X_{11}$ | $X_{12}$ | $X_{13}$ | $X_{21}$ | $X_{22}$ | $X_{23}$ | $X_{31}$ | $X_{32}$ | $X_{33}$ | $X_{11}$ | $X_{12}$ | $X_{13}$ | $X_{21}$ | $X_{22}$ | $X_{23}$ | $X_{31}$ | $X_{32}$ | $X_{33}$ | $X_{11}$ | $X_{12}$ | $X_{13}$ | $X_{21}$ | $X_{22}$ | $X_{23}$ | $X_{31}$ | $X_{32}$ | $X_{33}$ |
| 2012 | 6.40 | 0.79 | 1309.86 | 7.18 | 99.02 | 49.61 | 11.50 | 0.47 | 2.98 | 0.93 | 0.78 | 0.08 | 0.65 | 0.73 | 0.47 | 0.71 | 0.03 | 0.15 | 0.44 | 0.63 | 0.79 | 0.54 | 0.54 | 0.75 | 0.87 | 0.53 | 0.47 |
| 2013 | 6.20 | 0.75 | 1274.31 | 5.92 | 85.01 | 98.90 | 9.40 | 0.56 | 2.70 | 0.93 | 0.80 | 0.11 | 0.72 | 0.77 | 0.99 | 0.58 | 0.05 | 0.14 | 0.47 | 0.62 | 0.78 | 0.54 | 0.51 | 0.78 | 0.82 | 0.58 | 0.51 |
| 2014 | 5.83 | 0.75 | 1215.71 | 5.70 | 94.10 | 100.00 | 5.60 | 0.66 | 2.34 | 0.95 | 0.80 | 0.17 | 0.73 | 0.75 | 1.00 | 0.34 | 0.06 | 0.12 | 0.48 | 0.62 | 0.78 | 0.55 | 0.52 | 0.79 | 0.79 | 0.61 | 0.52 |
| 2015 | 5.45 | 0.72 | 1155.95 | 4.75 | 90.49 | 97.00 | 5.90 | 0.81 | 2.17 | 0.96 | 0.82 | 0.22 | 0.79 | 0.76 | 0.97 | 0.36 | 0.09 | 0.11 | 0.51 | 0.61 | 0.77 | 0.56 | 0.54 | 0.83 | 0.69 | 0.61 | 0.44 |
| 2016 | 5.17 | 0.67 | 1142.92 | 4.45 | 51.20 | 94.29 | 5.40 | 1.05 | 2.13 | 0.97 | 0.84 | 0.24 | 0.80 | 0.87 | 0.94 | 0.33 | 0.13 | 0.11 | 0.53 | 0.59 | 0.75 | 0.63 | 0.43 | 0.82 | 0.82 | 0.62 | 0.58 |
| 2017 | 4.70 | 0.61 | 1117.66 | 1.96 | 32.01 | 90.00 | 2.00 | 1.41 | 2.51 | 0.98 | 0.87 | 0.26 | 0.94 | 0.92 | 0.90 | 0.11 | 0.19 | 0.13 | 0.50 | 0.59 | 0.76 | 0.68 | 0.40 | 0.81 | 0.58 | 0.59 | 0.51 |
| 2018 | 4.55 | 0.60 | 1098.17 | 0.98 | 18.01 | 90.37 | 2.70 | 1.54 | 2.33 | 0.99 | 0.87 | 0.28 | 1.00 | 0.96 | 0.90 | 0.16 | 0.21 | 0.12 | 0.54 | 0.58 | 0.77 | 0.50 | 0.44 | 0.79 | 0.59 | 0.57 | 0.62 |

附表 13　　衡水市 2012～2018 年工业绿色发展测度指标、标准化数据及区域协同指数

| 类型 | 原数据 | | | | | | | | | 标准化数据 | | | | | | | | | 区域协同指数 | | | | | | | | |
|---|---|---|---|---|---|---|---|---|---|---|---|---|---|---|---|---|---|---|---|---|---|---|---|---|---|---|---|
| 年份 | $X_{11}$ | $X_{12}$ | $X_{13}$ | $X_{21}$ | $X_{22}$ | $X_{23}$ | $X_{31}$ | $X_{32}$ | $X_{33}$ | $X_{11}$ | $X_{12}$ | $X_{13}$ | $X_{21}$ | $X_{22}$ | $X_{23}$ | $X_{31}$ | $X_{32}$ | $X_{33}$ | $X_{11}$ | $X_{12}$ | $X_{13}$ | $X_{21}$ | $X_{22}$ | $X_{23}$ | $X_{31}$ | $X_{32}$ | $X_{33}$ |
| 2012 | 8.51 | 0.69 | 1153.54 | 9.97 | 102.38 | 49.94 | 12.70 | 0.40 | 1.71 | 0.86 | 0.83 | 0.23 | 0.50 | 0.73 | 0.47 | 0.79 | 0.02 | 0.09 | 0.56 | 0.58 | 0.80 | 0.57 | 0.54 | 0.75 | 0.90 | 0.47 | 0.57 |
| 2013 | 7.83 | 0.64 | 1112.38 | 10.86 | 94.11 | 99.77 | 10.90 | 0.61 | 1.51 | 0.88 | 0.85 | 0.27 | 0.45 | 0.75 | 1.00 | 0.67 | 0.06 | 0.07 | 0.57 | 0.57 | 0.79 | 0.56 | 0.53 | 0.78 | 0.82 | 0.60 | 0.57 |
| 2014 | 7.79 | 0.57 | 1106.95 | 8.83 | 102.01 | 99.60 | 7.90 | 0.77 | 1.35 | 0.88 | 0.89 | 0.27 | 0.56 | 0.73 | 1.00 | 0.48 | 0.08 | 0.07 | 0.60 | 0.55 | 0.79 | 0.55 | 0.53 | 0.79 | 0.74 | 0.63 | 0.59 |
| 2015 | 6.38 | 0.50 | 1048.75 | 7.74 | 72.02 | 99.30 | 4.70 | 0.79 | 0.92 | 0.93 | 0.92 | 0.33 | 0.62 | 0.81 | 0.99 | 0.28 | 0.09 | 0.04 | 0.58 | 0.52 | 0.81 | 0.57 | 0.50 | 0.82 | 0.76 | 0.60 | 0.57 |
| 2016 | 5.37 | 0.43 | 970.97 | 3.59 | 27.01 | 98.97 | 5.00 | 0.74 | 1.25 | 0.96 | 0.96 | 0.40 | 0.85 | 0.93 | 0.99 | 0.30 | 0.08 | 0.06 | 0.55 | 0.47 | 0.81 | 0.65 | 0.39 | 0.80 | 0.84 | 0.55 | 0.58 |
| 2017 | 5.51 | 0.46 | 974.09 | 0.95 | 10.68 | 93.32 | 4.30 | 0.75 | 1.34 | 0.96 | 0.94 | 0.40 | 1.00 | 0.98 | 0.93 | 0.26 | 0.08 | 0.07 | 0.58 | 0.53 | 0.82 | 0.39 | 0.36 | 0.81 | 0.73 | 0.55 | 0.54 |
| 2018 | 4.22 | 0.45 | 1006.14 | 1.10 | 11.48 | 78.29 | 4.90 | 0.67 | 1.38 | 1.00 | 0.95 | 0.37 | 0.99 | 0.97 | 0.77 | 0.30 | 0.07 | 0.07 | 0.51 | 0.52 | 0.82 | 0.55 | 0.40 | 0.82 | 0.70 | 0.50 | 0.62 |

# 参 考 文 献

[1] 常纪文. 推动经济社会发展全面绿色转型 [N]. 人民日报, 2021 - 09 - 28 (007).

[2] 张智光. 绿色经济模式的演进脉络与超循环经济趋势 [J]. 中国人口·资源与环境, 2021, 31 (1): 78 - 89.

[3] 李梦欣, 任保平. 中国特色绿色发展道路的阶段性特征及其实现的路径选择 [J]. 经济问题, 2019 (10): 32 - 38.

[4] Pearce D, Markandya A, Barbier E B. Blueprint for a green economy: a Report [M]. London: Earthscan publications Ltd, 1989.

[5] Meyer B, Meyer M, Distelkamp M. Modeling green growth and resource efficiency: New results [J]. Mineral Economics, 2012, 24 (2 - 3): 145 - 154.

[6] 刘思华. 绿色经济论 [M]. 北京: 中国财政经济出版社, 2001.

[7] 李晓西, 胡必亮, 等. 中国: 绿色经济与可持续发展 [M]. 北京: 人民出版社, 2012.

[8] 王海芹, 高世楫. 我国绿色发展萌芽、起步与政策演进: 若干阶段性特征观察 [J]. 改革, 2016 (3): 6 - 26.

[9] 周小亮, 吴武林. 中国包容性绿色增长的测度及分析 [J]. 数量经济技术经济研究, 2018 (8): 3 - 20.

[10] 秦书生. 马克思主义视野下的绿色发展理念解析 [M]. 南京: 南京大学出版社, 2020.

[11] 诸大建. 从 "里约 + 20" 看绿色经济新理念和新趋势 [J]. 中国人口·资源与环境, 2012, 22 (9): 1 - 7.

[12] 唐啸. 绿色经济理论最新发展述评 [J]. 国外理论动态, 2014 (1): 125 - 132.

［13］蔡宁，丛雅静，吴婧文．中国绿色发展与新型城镇化——基于SBM－DDF模型的双维度研究［J］．北京师范大学学报（社会科学版），2014（5）：130－139．

［14］黄贤金．长江经济带资源环境与绿色发展［M］．南京：南京大学出版社，2020．

［15］Chen. Measuring environmental efficiency：critical issues and solutions［J/OL］．Social Science Research Network，2012－9－24，http：//ssrn. com / abstract ＝ 2151675 or http：// dx. Doi. org /10. 2139/ ssrn. 2151675．

［16］Kumar S，Rao D N. Estimating marginal abatement costs of SPM：An application to the thermal power sectorin India［J］．Energy Studies Review，2002，11：76－92．

［17］Atkinson S E，Fare R，Primont D. Stochastic estimation of firm inefficiency using distance functions［J］．South Econ J，2003，69（3）：596－611．

［18］何爱平，安梦天．地方政府竞争、环境规制与绿色发展效率［J］．中国人口·资源与环境，2019，29（3）：21－30．

［19］吴进红．绿色发展与产业结构变迁［M］．南京：南京大学出版社，2019．

［20］Kim S E，Kim H，Chae Y. A New Approach to Measuring Green Growth：Application to the OECD and Korea［J］．Futures，2014（63）：37－48．

［21］李维明，高世楫，许杰．国际比较视角的中国绿色增长进程与对策［J］．改革，2018（12）：27－41．

［22］北京师范大学科学发展观与经济可持续发展研究基地，等.2012年中国绿色指数年度报告——区域比较［M］．北京：北京师范大学出版社，2012．

［23］曾贤刚，毕瑞亨．绿色经济发展总体评价与区域差异分析［J］．环境科学研究，2014，27（12）：1564－1570．

［24］王勇，李海英，俞海．中国省域绿色发展的空间格局及其演变特征［J］．中国人口·资源与环境，2018，28（10）：96－104．

［25］武春友，郭玲玲，于惊涛．基于TOPSIS—灰色关联分析的区域绿色增长系统评价模型及实证［J］．管理评论，2017，29（1）：228－239．

［26］王兵，黄人杰．中国区域绿色发展效率与绿色全要素生产率：2000－

2010 [J]. 产经评论, 2014 (1): 16-35.

[27] 刘华军, 李超, 彭莹. 中国绿色全要素生产率的地区差距及区域协同提升研究 [J]. 中国人口科学, 2018 (4): 30-41.

[28] 钱争鸣, 刘晓晨. 我国绿色经济效率的区域差异及收敛性研究 [J]. 厦门大学学报 (哲学社会科学版), 2014 (1): 110-118.

[29] 李妍, 朱建民. 生态城市规划下绿色发展竞争力评价指标体系构建与实证研究 [J]. 中央财经大学学报, 2017 (12): 130-138.

[30] 王兵, 唐文狮, 吴延瑞, 等. 城镇化提高中国绿色发展效率了吗? [J]. 经济评论, 2014 (4): 38-49.

[31] 班斓, 袁晓玲. 中国八大区域绿色经济效率的差异与空间影响机制 [J]. 改革, 2016, 36 (3): 22-30.

[32] 彭星. 环境分权有利于中国工业绿色转型吗? ——产业结构升级视角下的动态空间效应检验 [J]. 产业经济研究, 2016 (2): 21-31.

[33] 马丽梅, 史丹. 京津冀绿色协同发展进程研究: 基于空间环境库兹涅茨曲线的再检验 [J]. 中国软科学, 2017 (10): 82-93.

[34] Musango J K, Brent A C, Bassi A M. Modelling the transition towards a green economy in South Africa [J]. Technological Forecasting & Social Change, 2014, 87 (9): 257-273.

[35] 邓慧慧, 杨露鑫. 雾霾治理、地方竞争与工业绿色转型 [J]. 中国工业经济, 2019 (10): 118-136.

[36] 彭星, 李斌. 不同类型环境规制下中国工业绿色转型问题研究 [J]. 财经研究, 2016, 42 (7): 134-144.

[37] 陈超凡. 中国工业绿色全要素生产率及其影响因素 [J]. 统计研究, 2016, 33 (3): 53-62.

[38] 于惊涛, 王珊珊. 基于低碳的绿色增长及绿色创新——中、美、英、德、日、韩实证与比较研究 [J]. 科学学研究, 2016, 34 (4): 528-538.

[39] 万伦来, 朱琴. R&D 投入对工业绿色全要素生产率增长的影响 [J]. 经济学动态, 2013 (9): 20-26.

[40] 赵领娣, 张磊, 李荣杰, 等. 能源禀赋、人力资本与中国绿色经济绩效 [J]. 当代经济科学, 2013, 35 (4): 74-84.

［41］袁华锡，刘耀彬，封亦代．金融集聚如何影响绿色发展效率？——基于时空双固定的 SPDM 与 PTR 模型的实证分析［J］．中国管理科学，2019，27（11）：61 - 75．

［42］Jouvet P A，Perthuis C. Green growth：From intention to implementation［J］．International Economics，2013（134）：29 - 55．

［43］孙瑾，刘文革，周钰迪．中国对外开放、产业结构与绿色经济增长［J］．管理世界，2014（6）：172 - 173．

［44］涂正革，王秋皓．中国工业绿色发展的评价及动力研究——基于地级以上城市数据门限回归的证据［J］．中国地质大学学报（社会科学版），2018，18（1）：47 - 56．

［45］林伯强，谭睿鹏．中国经济集聚与绿色经济效率［J］．经济研究，2019，54（2）：119 - 132．

［46］史丹．中国工业绿色发展的理论与实践——兼论十九大深化绿色发展的政策选择［J］．当代财经，2018（1）：3 - 11．

［47］韩晶．以绿色发展理念引领经济高质量发展［N］．经济日报，2020 - 05 - 03（004）．

［48］谷树忠，王兴杰．绿色发展的源起与内涵［N］．中国经济时报，2016 - 05 - 20（016）．

［49］张云飞，周鑫．中国生态文明新时代［M］．北京：中国人民大学出版社，2020．

［50］胡岳岷，刘甲库．绿色发展转型：文献检视与理论辨析［J］．当代经济研究，2013（6）：33 - 42．

［51］冯之浚，刘燕华，金涌，等．坚持与完善中国特色绿色化道路［J］．中国软科学，2015（9）：1 - 7．

［52］中国科学院可持续发展战略研究组．2010 中国可持续发展战略报告：绿色发展与创新［M］．北京：科学出版社，2010．

［53］沈满洪，马永喜，谢慧明，等．资源与环境经济学（第二版）［M］．北京：中国环境出版社，2015．

［54］洪向华，杨发庭．绿色发展理念的哲学意蕴［N］．光明日报，2016 - 12 - 03（007）．

［55］曹立．新时代经济热点解读［M］．北京：新华出版社，2018.

［56］钟茂初．从"双循环"新发展格局视角推进绿色发展［N］．人民政协报，2020 - 12 - 29（003）．

［57］苏利阳，郑红霞，王毅．中国省际工业绿色发展评估［J］．中国人口·资源与环境，2013，23（8）：116 - 122.

［58］黄磊，吴传清．长江经济带城市工业绿色发展效率及其空间驱动机制研究［J］．中国人口·资源与环境，2019，29（8）：40 - 49.

［59］孙久文，孙翔羽，夏添．中国区域经济发展报告［M］．北京：中国人民大学出版社，2018.

［60］孙久文．区域经济前沿：区域协调发展的理论与实践［M］．北京：中国人民大学出版社，2020.

［61］魏进平，刘鑫洋，魏娜．京津冀协同发展的历程回顾、现实困境与突破路径［J］．河北工业大学学报（社会科学版），2014，6（2）：1 - 6，12.

［62］田智宇，杨宏伟．我国城市绿色低碳发展问题与挑战——以京津冀地区为例［J］．中国能源，2014，36（11）：25 - 29.

［63］薄文广，陈飞．京津冀协同发展：挑战与困境［J］．南开学报（哲学社会科学版），2015（1）：110 - 118.

［64］张燕，魏后凯．中国区域协调发展的 U 型转变及稳定性分析［J］．江海学刊，2012（2）：78 - 85.

［65］李红锦，张宁，李胜会．区域协调发展：基于产业专业化视角的实证［J］．中央财经大学学报，2018（6）：106 - 118.

［66］许宪春，任雪，常子豪．大数据与绿色发展［J］．中国工业经济，2019（4）：5 - 22.

［67］黄跃，李琳．中国城市群绿色发展水平综合测度与时空演化［J］．地理研究，2017，36（7）：1309 - 1322.

［68］程钰，王晶晶，王亚平，等．中国绿色发展时空演变轨迹与影响机理研究［J］．地理研究，2019，38（11）：2745 - 2765.

［69］张玥，乔琦，姚扬，等．国家级经济技术开发区绿色发展绩效评估［J］．中国人口·资源与环境，2015，25（6）：12 - 16.

［70］史丹．绿色发展与全球工业化的新阶段：中国的进展与比较［J］．

中国工业经济，2018（10）：5-18．

［71］赵会杰，于法稳．基于熵值法的粮食主产区农业绿色发展水平评价［J］．改革，2019（11）：136-146．

［72］巩前文，李学敏．农业绿色发展指数构建与测度：2005-2018年［J］．改革，2020（1）：133-145．

［73］孙久文，蒋治．中国沿海地区高质量发展的路径［J］．地理学报，2021，76（2）：277-294．

［74］张波，温旭新．我国工业绿色低碳发展水平的省际测度及比较［J］．经济问题，2018（5）：68-74．

［75］肖宏伟，李佐军，王海芹．中国绿色转型发展评价指标体系研究［J］．当代经济管理，2013，35（8）：24-30．

［76］王兵，刘光天．节能减排与中国绿色经济增长——基于全要素生产率的视角［J］．中国工业经济，2015（5）：57-69．

［77］王珂，秦成逊．西部地区实现绿色发展的路径探析［J］．经济问题探索，2013（1）：89-93．

［78］孙振清，成晓斐，谷文姗．异质性环境规制对工业绿色发展绩效的影响［J］．华东经济管理，2021，35（8）：1-10．

［79］王勇，刘厚莲．中国工业绿色转型的减排效应及污染治理投入的影响［J］．经济评论，2015（4）：18-44．

［80］朱海玲．绿色经济评价指标体系的构建［J］．统计与决策，2017（5）：27-30．

［81］孙传旺．加快低碳转型 助推"十四五"绿色发展［N］．经济参考报，2021-03-23（001）．

［82］斯丽娟，曹昊煜．排污权交易制度下污染减排与工业发展测度研究［J］．数量经济技术经济研究，2021，38（6）：107-128．

［83］向书坚，郑瑞坤．中国绿色经济发展指数研究［J］．统计研究，2013，30（3）：72-77．

［84］姚婷，曹霞，吴朝阳．一般工业固体废物治理及资源化利用研究［J］．经济问题，2019（9）：53-61．

［85］史丹．新发展阶段走好新型工业化之路［J］．智慧中国，2021

（4）：27-29.

[86] 聂长飞，简新华．中国高质量发展的测度及省际现状的分析比较 [J]．数量经济技术经济研究，2020，37（2）：26-47.

[87] 张涛．高质量发展的理论阐释及测度方法研究 [J]．数量经济技术经济研究，2020，37（5）：23-43.

[88] 刘戈非，任保平．地方经济高质量发展新动能培育的路径选择 [J]．财经科学，2020（5）：52-64.

[89] 干春晖，郑若谷，余典范．中国产业结构变迁对经济增长和波动的影响 [J]．经济研究，2011（5）：4-31.

[90] 师傅，任保平．中国省级经济高质量发展的测度与分析 [J]．经济问题，2018（4）：1-6.

[91] 李金昌，史龙梅，徐蔼婷．高质量发展评价指标体系探讨 [J]．统计研究，2019，36（1）：4-14.

[92] 韩永辉，黄亮雄，王贤彬．产业结构优化升级改进生态效率了吗？ [J]．数量经济技术经济研究，2016，33（4）：40-59.

[93] 刘军，陈嘉钦．智能化能促进中国产业结构转型升级吗？ [J]．现代经济探讨，2021（7）：105-111.

[94] 晏蒙，孟令杰．基于 DEA 方法的中国工业科技创新效率分析 [J]．中国管理科学，2015（23）：77-82.

[95] 刘思明，张世瑾，朱惠东．国家创新驱动力测度及其经济高质量发展效应研究 [J]．数量经济技术经济研究，2019（4）：3-23.

[96] 杨丽，孙之淳．基于熵值法的西部新型城镇化发展水平测评 [J]．经济问题，2015（3）：115-119.

[97] 张旭，魏福丽，袁旭梅．中国省域高质量绿色发展水平评价与演化 [J]．经济地理，2020，40（2）：108-116.

[98] 郭亚军，姚远，易平涛．一种动态综合评价方法及应用 [J]．系统工程理论与实践，2007（10）：154-158.

[99] 周佳宁．京津冀城市群绿色发展水平测度与提升路径研究 [D]．北京：中国矿业大学，2019.

[100] 丁斌，孙政晓，桂斌．基于粗糙集与未确知模型的供应商风险评

估方法研究 [J]. 中国管理科学, 2008 (S1): 507-513.

[101] 范德成, 王韶华, 张伟, 等. 低碳经济范式下能源结构优化程度评价研究 [J]. 运筹与管理, 2013 (6): 168-176.

[102] 刘慧. 区域差异测度方法与评价 [J]. 地理研究, 2006 (4): 710-718.

[103] 段小微, 叶信岳, 房会会. 区域经济差异常用测度方法与评价——以河南省为例 [J]. 河南科学, 2014, 32 (4): 632-638.

[104] 李胜会, 宗洁. 优势制造业与区域协调发展的耦合研究——珠三角的实证 [J]. 南方经济, 2016 (8): 75-93.

[105] Barro R J, Sala-I-Martin X. Technology Diffusio Convergenceand Growth [J]. Journal of Economic Growth, 1997, 2 (1): 1-26.

[106] 王莎, 童磊, 贺玉德. 京津冀产业结构与生态环境交互耦合关系的定量测度 [J]. 软科学, 2019, 33 (3): 75-79.

[107] 吕明元. 构建生态型产业结构 促天津经济高质量绿色发展 [N]. 天津日报, 2018-06-25 (009).

[108] 王东峰. 牢固树立和践行绿色发展理念 加快建设生态宜居的现代化天津 [N]. 天津日报, 2017-06-05 (001).

[109] 王成果. 推进河北工业加快转型绿色发展跨越提升 [N]. 河北日报, 2017-05-04 (006).

[110] 王晓乐, 皮家琪, 周万良. 渤海新区全力推进绿色发展 [N]. 河北日报, 2018-04-27 (013).

[111] 李云燕, 殷晨曦. 绿色发展背景下的京津冀大中型城市产业转型模式研究 [J]. 环境保护, 2017, 45 (4): 33-39.

[112] 赵新峰, 袁宗威, 马金易. 京津冀大气污染治理政策协调模式绩效评析及未来图式探究 [J]. 中国行政管理, 2019 (3): 80-87.

[113] 李健, 王尧, 王颖. 京津冀区域经济发展与资源环境的脱钩状态及驱动因素 [J]. 经济地理, 2019, 39 (4): 43-49.

[114] 韩永辉, 韦东明. 中国省域高质量发展评价研究 [J]. 财贸研究, 2021, 32 (1): 26-37.

[115] 赵新峰, 袁宗威. 京津冀区域政府间大气污染治理政策协调问题

研究［J］. 中国行政管理, 2014 (11): 18 – 23.

［116］孙才志, 董璐, 郑德凤. 中国农村水贫困风险评价、障碍因子及阻力类型分析［J］. 资源科学, 2014 (5): 895 – 905.

［117］张旭, 袁旭梅, 魏福丽. 县域经济高质量发展内部耦合协调水平评价与障碍因子诊断［J］. 统计与信息论坛, 2020, 35 (2): 59 – 66.

［118］毛汉英. 京津冀协同发展的机制创新与区域政策研究［J］. 地理科学进展, 2017, 36 (1): 2 – 14.

［119］刘作丽, 贺灿飞. 京津冀地区工业结构趋同现象及成因探讨［J］. 地理与地理信息科学, 2007 (5): 62 – 66, 76.

［120］徐永利. 国际竞争力视域下京津冀区域产业分工研究［J］. 河北学刊, 2016, 36 (5): 141 – 145.

［121］薄文广, 殷广卫. 京津冀协同发展: 进程与展望［J］. 南开学报 (哲学社会科学版), 2017 (6): 65 – 75.

［122］芮明杰. 构建现代产业体系的战略思路、目标与路径［J］. 中国工业经济, 2018 (9): 24 – 40.

［123］李雯轩, 李晓华. 新发展格局下区域间产业转移与升级的路径研究——对 "雁阵模式" 的再探讨［J］. 经济学家, 2021 (6): 81 – 90.

［124］张晖, 漆肖琪. 产业空间分布与地区差距变动: 基于文献的评论［J］. 经济与管理评论, 2021, 37 (4): 137 – 148.

［125］从屹, 王焱. 协同发展、合作治理、困境摆脱与京津冀体制机制创新［J］. 改革, 2014 (6): 75 – 81.

［126］孙虎, 乔标. 京津冀产业协同发展的问题与建议［J］. 中国软科学, 2015 (7): 68 – 74.

［127］孙久文. 京津冀协同发展的目标、任务与实施路径［J］. 经济社会体制比较, 2016 (3): 5 – 9.

［128］祝合良, 叶堂林, 张贵祥, 等. 京津冀发展报告 (2017)［M］. 北京: 社会科学文献出版社, 2017.

［129］刘宾. 非首都功能疏解背景下京津冀产业协同发展研究［J］. 宏观经济管理, 2018 (8): 68 – 73.

［130］王孝松, 张瑜. 企业规模与创新效率——基于中国高技术产业

的经验分析 [J]. 吉林大学社会科学学报, 2021, 61 (3): 129 - 141, 236 - 237.

[131] 赵红梅. 京冀合作启动永定河绿色发展股权投资基金 [N]. 河北日报, 2021 - 08 - 02 (005).

[132] 熊娜, 郑军, 汪发元. 长三角区域交通高质量一体化发展水平评估 [J]. 改革, 2019 (7): 141 - 149.

[133] 李子彪, 李少帅. 产业链视角下京津冀产业创新合作发展 [J]. 技术经济, 2017, 36 (10): 38 - 46.

[134] 张晓. 充分发挥数字经济对供给侧改革的驱动和支撑作用 [N]. 人民邮电, 2020 - 06 - 15 (003).

[135] 张焕波, 齐晔. 中国低碳经济发展战略思考: 以京津冀经济圈为例 [J]. 中国人口·资源与环境, 2010, 20 (5): 6 - 11.

[136] 王东京. 推进供给侧结构性改革的路径选择 [N]. 经济日报, 2019 - 01 - 22 (012).

[137] 李停. 经济新常态下供给侧结构性改革的理论逻辑与路径选择 [J]. 现代经济探讨, 2016 (6): 20 - 24.

[138] 刘秉镰, 孙哲. 京津冀区域协同的路径与雄安新区改革 [J]. 南开学报 (哲学社会科学版), 2017 (4): 12 - 21.

[139] 张学良, 林永然, 孟美侠. 长三角区域一体化发展机制演进: 经验总结与发展趋向 [J]. 安徽大学学报 (哲学社会科学版), 2019, 43 (1): 138 - 147.

[140] 王淑佳, 任亮, 孔伟, 等. 京津冀区域生态环境—经济—新型城镇化协调发展研究 [J]. 华东经济管理, 2018, 32 (10): 61 - 69.

[141] 齐子翔. 府际关系背景的利益协调与均衡: 观察京津冀 [J]. 改革, 2014 (2): 79 - 89.

[142] 曹芳, 陆卫明. 供给侧结构性改革研究谱系——概念厘定、理论旨趣与实践创制 [J]. 现代经济探讨, 2016 (8): 24 - 29.

[143] 中国人民银行营业管理部课题组, 周学东, 李宏瑾, 等. 预算软约束、融资溢价与杠杆率——供给侧结构性改革的微观机理与经济效应研究 [J]. 经济研究, 2017, 52 (10): 53 - 66.

［144］徐立文. 多措并举推动央企绿色发展［N］. 中国环境报，2021 – 09 – 27（003）.

［145］薛洲，耿献辉，曹光乔，等. 定额补贴模式能够促进农机装备制造企业创新吗——以拖拉机制造行业为例［J］. 农业经济问题，2021（2）：98 – 106.